# エンニオ・モリコーネ
# 映画音楽術

エンニオ・モリコーネ
＋
ジュゼッペ・トルナトーレ
著

真壁邦夫
訳

Translated by Kunio Makabe
Published in Japan
by Disk Union Co., Ltd., Tokyo

This book is based on the interview released by
Ennio Morricone to Giuseppe Tornatore for the docufilm ENNIO
produced by Piano B produzioni of Gianni Russo and Gabriele Costa

# ENNIO UN MAESTRO

*by*


Ennio Morricone
and
Giuseppe Tornatore



DU BOOKS

目次

第1章　霊感などありえません――より少ない音のために　1
第2章　貴方はキャリアを築けません――アレンジャーの戦い　30
第3章　作曲家の弱点――わが青春のペトラッシ　76
第4章　トランペットと威厳――金管のエクスタシー／即興のプロ部隊　106
第5章　母の名前のように――対決：映画音楽と純音楽　145
第6章　ひと握りの西部劇――レオーネの追憶　166
第7章　音楽の死――沈黙の監督　232

第8章　失われたオレンジ――影の暗躍者／レオーネの陰謀　283
第9章　脳内音楽――音楽が静かにやって来る　331
第10章　隠された愛のテーマ――アンドレア／果てしなき成長　369
第11章　エンニオ革命――聴衆にそっと寄り添って　386
第12章　100歳で引退――現役のままでいて　399
訳者あとがき　412
索引　421

## 凡例

**・表記について**

イタリア語などは発音に準じたが、すでに一般的になっている人名表記についてはそれに従った。

例：セルジオ、ドゥッチョ、ベロッキオ、ソリーマ、ピッチオーニなど。

**・略号について**

【作品】

日本語題名は日本で劇場公開された作品名。

原題でそのまま表記されているのは日本未公開・未放映・未ビデオ化作品。

その他未公開作品については以下のように分類・表記する。

テレビ放映、ビデオ発売後に劇場公開された場合は劇場公開題名を優先した。劇場公開題名とビデオ題名が異なる場合は両者を併記した。

〈TV〉……テレビで放映された作品＝テレビ放映題。

〈V〉……ビデオで発売された作品。

〈D〉……DVD題名＝DVDで発売された作品。

〈M〉……サントラ題名＝サントラ盤の発売時に付けられた邦題。

※本文中の＊は訳者注釈。

# 1章　霊感などありえません――より少ない音のために

秘密があるとしたら、無音の中を探ってみることですね。何故なら無音は音楽であり、少なくとも音、おそらくそれ以上のものでしょう。私の音楽の核心に迫りたいのなら、空白や休止の中を探ってごらんなさい。どの音も無音が休止しているということにすぎないのです。ペップッチョ(ジュゼッペ)、私の音楽はこうした発想から始まっているんですよ。それから二人の巨大な存在、ヨハン・セバスティアン・バッハとイーゴリ・ストラヴィンスキーからもね。

――幼い頃に作曲を始められたとなると、ほぼ１００年近く活動されていると言えますね。今でもご自身の音楽の原点について考えておられますか？

勿論です。長年やってきたところで私が何を考えているかわかる？　私の妻マリアに曲を捧げていないのが残念でならないのです。一方で多くの時間をオーケストラや映画監督と過ごしてきたというのにね。もっとも今の彼女はその事について責めたり、不平を言ったりはしないですけど。時々、大広間に並べられている小さな家具の前を通ります。そこに彼女の写真が飾られていまして、若き日の美しい姿が目に映るんです。おそらく自分でも意識はしなかったのでしょうが――自分で認めますが――ずっと変わることなく妻を愛してきたんです。写真の中の妻はとても聡明で綺麗ですし、目にするたびに彼女が18か20歳の頃を思い出します。いつでも愛おしく思っていました。その後、私も父同様に、おそらく父以上に、朝から晩まで働かなければなりませんでした。少なくとも父は家にいる時はあったんです。私は書斎にこもって作曲です。今は一緒にいる時間が多くなりました。願わくば、これが100年続くといいですね。

――奥様に作品を献呈されたことはないのですか?

ないこともないんです。彼女は憶えていないかもしれません。「Echi(反響)」を捧げました。9声の少年合唱によるもので、3声のグループが3部、音楽の話法としては単一的なもので詩は私が書きました。それから「Vidi aquam(私は水を見た)」。これは5部から成る四重奏のための非常に複雑な作品です。

――いつも純音楽ですか? 愛のテーマとかも捧げましたか?

純音楽だけです。愛のテーマは映画に作曲するものです。それから私たちが婚約した頃ですが、私は毎朝、公共の交通機関を使って彼女を迎えに行き、職場まで送り届けていました。帰りの交通までの時間を無駄にしないよう職場の前のバーに行って彼女を待ったんです。そこで座って何か飲みながら、ＲＡＩから依頼されたカンツォーネを3、4曲アレンジしました。多くのメロディーを彼女に捧げたという感じはしますね。

——貴方の音楽の根源を探るとなりますと、何よりもバッハとストラヴィンスキーを考えなければなりませんか？

そうです。私はサンタ・チェチリア音楽院で学び、そこで作曲技法を習得しました。実際のところ、私に影響を与えなかった音楽家はいないと言わなくてはなりません。と言うのも作曲を学ぶということは音楽の歴史を総ざらいするということなんです。つまり多声音楽から始まってストラヴィンスキーその他の近現代に至るというわけです。こうした経験によって必然的に何かが残ります。どれだけ蓄積されているか、そのパーセンテージを数として定めるのは難しいです、簡単には行きませんね……。

——バッハが誰よりも貴方の中に残っている作曲家ですか？

そうですね、ヨハン・セバスティアン・バッハ。私が最も大きな影響を受けた作曲家です。それから時代が飛んでストラヴィンスキーもそうで、私に決定的なまでの感銘を与えました。並外れた才能の作曲家で、自らが作り上げた主体から免れました。これについて語るのは難しいですね。作り上げて、そこから脱するという才能はバッハも持ち合わせています。二人がその極みに達していることは間違いありません。勿論、彼らだけではありません。他では特にジョヴァンニ・ピエルルイジ・ダ・パレストリーナ、クラウディオ・モンテヴェルディ、ジローラモ・フレスコバルディが挙げられます。

――ベートーヴェン、モーツァルトは？　誰の頭にも真っ先に挙がる作曲家では？

私への影響に関してはその二人は外れます。ハイドン、シューマン、メンデルスゾーンについてもやはり同じです。

――バッハとストラヴィンスキーのスタイルは貴方の中で、どのように浸透していますか？

カンツォーネのアレンジから始まる私の作品の中で常にある部分を占めています。隠れていて漠然とした部分ですが、今も昔も確かに存在していると感じております。おそらく複雑な痕跡として残っているのでしょうが、和声の書法としては縦と横という形で、和声的である以上に旋律的です。アレンジャーとして作品をわかりやすく適切なものに仕上げなければならないことはわかっています。これらすべてを行うにはある犠牲を伴います。作曲家としてのプライドを犠牲にするのです。こうした前提と私が過去に実験したことすべてを混ぜ合わせれば、私の成果が見えてくるでしょう。区切りとなるものがその都度、ゆっくりと現れます。

——そうしますと、もし30年または40年前のご自身の作品を改めてお聴きになると、貴方がキャリアを重ねる中で各要素が進展していることが感じられますか？　つまりご自身の歩んできた道のりを実感できるのでしょうか？

書法はひとつだけで、自分なりに高めたとわかっています。その書法がどこに由来しているかも知っていますし、純音楽の要素を適用したこともわかっています。ここで問題となるのが12音音楽で、その中では12の音が使われますが、調性体系にも応用したのです。こうして一定の数をこなし続けたことで年々改良を重ねていくことになりました。過去の多くの作品を研究したり聴いたりしながら見つけ出したのです。かなり複雑な書法でしたね。今ではより平易なものにしています。よく行われるような縦の形だけではありません。メロディーを書くにせよ、メロディーそのものではなく和声的連結感のない音価を使っていろいろ書くといった、横の流れを重視して作曲しています。因習的な調性の音を自由に使いました。音の民主主義です。

——面白い言い方ですね。

調性音楽での各音は次の音に向かう連結性を要していて、終止形へと導かれなければなりません。ですが私が関心を持つのは何らかの音高、他との距離感を保った、より感覚的な音なんです。そうして私は12音技法とは何ら関係のない調性音楽の体系に当てはめました。音階から

7つの音を使ったとすれば、最初の一音は残り6つの音がすべて出るまで再び使われることはないです。

――音の民主主義をどのように解釈されているのか、ご説明願えますか？

アルノルト・シェーンベルクによる12の音の使い方を理想化したものです。これらのどの音も他の音との連関性を持ちません。重要度ではどれも同じなのです。調性音楽ではこうはいきません。まず主音、第一度の音がありまして、これが大きな役割を果たします。そして第五度音、属音ですね、これが最も重要です。下属音がそれに次ぐものですね。このようにしてすべて第一度音と第五度音にやや従属する形となります。この概念を私は12音技法に改めて採り入れてみました。各音にはヒエラルキーがなくなり、このため私は民主主義と口にするのです。すべてを平等にし、調性における各音の連結度、束縛を取り除いたのです。しかしながら私の、この民主主義は本物とは言えません。何故なら連結を必要とする音をそのままにしているのですから。次に来る音との終始感を尊重することなく、各音の間隔をおいたり、音程を開かせたりしただけだということです。ごく単純なカンツォーネにも掛留を使用しました。

――調性音楽に12音技法の法則を使い始めたのはいつですか？

私はまずアレンジャーとして活動を始めましたが、カンツォーネにも通常とは異なる作曲上の要素を使用していました。表向きはただのカンツォーネで、簡素で聴き心地の良いものですがオーケストラ・パートには違和感を覚えさせるものがあり、調性音楽でのお決まりのパターンが聞こえてきません。12音はシェーンベルクによって開発され、その後は他の作曲家らに用いられた技法です。最初の第一音は他の音が出揃うまで再び出ることはないと決められていま す。この理論に従ってハ長調のある和音の上に私はいつもド、レ、ミ、ソ、ラ、シの音を設けました。時々、これらの音が5つになったり4つになったり、6つになる時がありました。私は得意気になって進めていったんですよ。

——貴方の言う民主主義が表面的なもので本物ではないというのはどうして？

音を掛留にしただけで均等になっておらず、単にうわべだけなのです。それから休止と響きが私の書法の根本的要素となっています。最初は私も完璧に法則に従っていましたが、仕事が進むにつれて自由を求めるようになったと言いますか、厳格な規則に例外を設けたくなりました。第一音を再び出す前に、6つや7つの音を使い切れなくなる時が何度かあったんです。

——貴方より以前に、メロディアスな音楽に12音技法の原理を適用した人はいるのですか？

いないと思います、自慢して言うつもりはありませんが。作曲に対する自分の認識の中では作曲家としての尊厳——音楽院で私が師事していた老教授が生徒全員に教え込んでいたことですが――を感じていました。アレンジの仕事にもそれを抱いていたいと思っていました。とても単純で最も低級と思われたとしても自分の中では誇りに感じていたんです。ごく平凡なカンツォネッタのアレンジにも尊厳を求めていましたし、シングル盤の中で最も貧弱なものでも世に放ちたかったのです。どれを取っても革新的とは思っていませんでした。私にとってそのように書くのが普通なことでした。カンツォーネのアレンジに何か卓越したものを差し込むことのみに努めてきたんです。その構成はある点では派手さのない、大衆的なものでした。後になって映画の作曲に手を染めるようになった時に、革新的なことをやっていたと感じるようになりました。

――私、よく尋ねられるんですよ。エンニオ・モリコーネの音楽の秘密は何なのか？と。答えがないのはわかっています。ですが、やはり探ってみましょうか。

仕事をしたレコード会社から言われたのは、映画のサウンドトラックは公共財産となり、レコードは映画とは関係なく売るものということです。作曲家はそんなことを頭に入れなければなりませんでした。私はリズムを前面に採り入れた書法スタイルを変えました。その頃はリズムがないと人々は踊ってくれなかったのです。このような妥協は私には承服しかねるものでして、私は常に映画のためになる音楽を作曲してきたのです。映画館をダンスホールにしてしまうような間違った考えには与しませんでした。多くの人がリズムの大切さを口にしましたが、私は少ししか加えていません。おそらく私の秘密のひとつはここにあるのでしょう。音楽が映画を引き立たせ、映画も音楽を引き立たせることを望んできました。これこそ大衆にレコードを買ってもらうことにつながるのです。他に答えようがありません。音楽への忠節、映画への忠節と言いましょう。そこに妥協の入り込む余地などないのです。

――貴方の音楽が常につかみ取って来たことから生まれた秘密なんですね？

作曲家は五線紙に作曲し、その楽譜は引き出しの中にしまわれます。音楽が在ると言えますか？　在りませんよね。音楽を存在させるためには演奏する者が与えられなければなりません。それでもまだ足りないです。さらに聴いてくれる人が必要となります。これは音楽という芸術のみに属するドラマティックな展開です。人から人へつなげるという奇跡を要します。まず個人の思考、作曲家の思想が音や休止になるという奇跡、次に演奏者が忠実かつ洗練された技巧で奏でてくれるという奇跡、そして聴く人が感じるままに解釈してくれるという奇跡。聴く人は思いを馳せるでしょう。父親を思い出したり、かつての恋を思い出したり、また戦争を思い出す人も。そうした作品の中でそれぞれの愛、個人的なノスタルジーに浸るのです。このようなあらゆる解釈が可能となることから、音楽がいかに抽象的なものであるかと言われるのです。

わかっていただきたいのは、私は作曲したものに関しては、ほとんどその責任を負いかねます。私の思想、私の中にあるものにすぎないのです。その後に熱狂や共感、ノスタルジーが引き起こされるのは素晴らしいことです。でもそうなる理由についてはわからないのです。

――ですが、貴方の作曲スタイルに典型的な、貴方ならではの要素というものがあるのでは？

私だけに関して言えば、おそらく何かがあるのでしょう。聴けば多くの人がすぐに私の作だと言うんです。ひとつだけの要素ではないと思います。和声、低音、旋律もあります。作曲する時の私には多くの拠り所がひとつにまとまっています。休止、音の持続、響き、あるフレーズでのリズム。あるスタイル、個性を分析するにはそれらを一緒に調査研究することが必要です。時々、映画の中で低音を変えたり、不協和音を固定させたりします。それから主音によるアクセントを使いますし、それがメロディーの発想へと変わる時もあります。

――メロディーを抑制するのにお使いになる手法のひとつに、弦楽に委ねないというものがあります。滅多に使われないですよね。

メロディーを歌わせるのに弦楽を濫用したくはないです。弦楽はオーケストラでは母親的な役割で、楽器法としては別な次元で使いたいんですよ。ヴァイオリンが旋律を担当し、他の楽器が伴奏を務めるという処置は前向きとは言えない、旧式なもので私はずっと避けようとしてきました。でもこうした話題はいずれも、多くの方々が言うような霊感とは関係ないものです。霊感などありえません。あるのは旋律を、全く異なる音同士の対話と見なす、その思考方式です。これが重要なんです。（霊感とは）別物です！

——しかしながら大衆は貴方が常に霊感を得ていると想像しています。

馬鹿げた宣伝です。メロディーを作るには苦労が要ります。作曲して、後である一音を変えるということがよくあります。何故なら、そこにある音、それが繰り返されたりすると、どうにもうんざりして変えざるを得ないという気にさせられるからです。メロディーは考え出すものです。勿論、奇抜で自然発生的なアイデアを出せる人がいることは否定できません。でも繰り返しますが、メロディーを作るには苦労が要ります。魔法などではありません。論理性があるんです。

——オスカー功労賞が渡されるその何日か前に、ロサンゼルスで催されたアメリカ作曲家フォーラムのセレモニーで、貴方を紹介した人物がメロディストという言葉を使っていました。

まるで素人みたいな扱いになりましたね。要するにメロディーを作っても、その後は他人がアレンジしなければならないのなら、その人は素人です。何かとても簡単なものを思いついてメロディーにしたところで、楽器の編成ができません。私がそう見られるのは困りますね。どうなるかおわかりでしょうが、そういう人はそう言われた場合、受け入れざるを得ないのです。

――不思議なんですが、貴方の作曲はメロディーが収まりきれないほど充満しているようでありながら、貴方は常にそれから逃れようとしています。

私の作品、レコード、特に映画ではテーマは変わらないもの、むしろ常に繰り返されるものと感じていました。7つの音の組み合わせ、それ自体が反復し続けるのです。同じ音程や音のつながりもまた再提示されます。何故なら、ますます耳に親しみやすくなるからです。やりきれないほど単調なものとなりました。これによって違和感を覚えた私は徐々に少ない音によるテーマ曲を作り始めます。ＲＡＩからの委嘱でミーナに「束の間に燃えつきて」という題のカンツォーネを作曲しました。3つの音で取り組みましたが、この3つの音を使うというのはまったく異例なものです。何故なら4分の4拍子だと強拍が同じ音にならなくなるからです。新奇なもので、旧来の調性によるメロディーを排しています。かなり劇的な事態に遭遇することもありました。それはマウロ・ボロニーニ監督の映画『彼女と彼』でのことです。私は無謀にもこの方向で突き進んでしまいまして、2つの音だけのメロディーを作曲します。2つだけの音でできたメロディーなんて存在しないことはわかっていましたが、とにかく作ってみたんです。全体としてそれとなく聴き心地の良いものにはなりました。大衆が少ない音だけで覚えていくとしたら、この曲は受け入れやすいもので、音を長くつなげてメロディーを作るほうが良いということになります。ボロニーニには大げさな言い方をしてしまいましたが、異なる音価や音高を伴った2つの音だけで作曲しました。勿論、和声は変えています。それぞれの和声は反復の連続に弾みをつけるものとなります。当初、マウロは何も言わず、それこそひとことのコメントもありませんでした。もし彼が何の意見も表明しなかったら、私としても困ったことになります。私は黙って忍んでいましたが、彼と調整室に入る日が来ます。彼は紙に何か殴り書きをしていました。私がのぞいてみるとそれは泣いている女性たちの顔でした。彼に尋ねます。「マウロ、どうしたんだ？」。彼は紙から目を離さないまま答えました。「全然気に入らないんだ！」。私がどう感じたか想像してごらんなさい。彼のような穏やかで敬うべき映画監督が仕事の途中でそんな事を言うとなると、それこそ私にとって劇的なもの、大事件というものです。その瞬間、私は後悔の念に苛まれました。元の2つにもうひとつの音を加えて修正し、そうして作り上げた新たなヴァージョンを彼は気に入ってくれました。少なくともそう言ってくれたのです。既に書き上げていた他の楽曲にも修正を加えていきました。10年後のある日、彼とスペイン広場で会います。私に「『彼女と彼』の音楽は、君が僕の映画に作曲してくれた中で最高の作品だよ」と言ってくれました。私としても何も言うことはなかったです。

――その楽曲のメロディーラインを思い出してくれませんか？

とんでもない！　歌ったりしたら笑われてしまいます。実際、私もどうかしてましたよ。まるで急進派、左翼の中の左翼、極左のような行動を取ってしまいました。2つの音のメロディーなんて不可能ですしありえません。このテーマ曲の為に私はただ蛮勇を振るい、メロディーをほとんど放逐するほど変えてしまいたいという究極の望みを果たそうとしただけです。終止形のないテーマをレコーディングしました。そうしないと和声の効果がその2つの音に違った意味を与えてしまうのです。幅広い客層に向けた映画作品からすれば、何もかもがあまりに洗練されすぎてしまいました。

――そのような極端な選択をすることはなかったのですか？

2つや3つの音で取り組んだのが初めてで、例えばペッピーノ（ジュゼッペ）・パトローニ・グリッフィ監督の『ある夕食のテーブル〈M〉』のテーマで観客に覚えてもらうよう少ない音を使うという考えにこだわりました。それに太古の音楽は少ない音を使っていましたしね。こうして口承という形で多くの人々の記憶に伝わっていったのです。

――貴方が最も好む楽器は何ですか？

沢山ありますよ。私にとっては楽器を上手く扱うことが大事なんです。金管、それもトランペットが上手く響くと素晴らしいです。勉強を始めた頃に私の師ゴッフレード・ペトラッシから重要な点を指摘されました。金管は力強さ、表現力、激しさを与えてくれる。でもやたらに使う必要はない、と。そこで金管の響きは抑えることになります。君はクラリネットを好むけど、あの楽器は使い方を誤ると実に酷いものです。録音では、ここ何年かクラリネットは使っていません。演奏する人の音が気に入らないからです。がっかりさせられるような楽器があると、そうするんです。起用しないんです。オーケストラの編成を決める時に自分で口にしてしまいます。「フルートは3つ、クラリネットは2つ、ファゴットひとつ。ファゴットは誰が来るんだろう？」。気に入らなければファゴットには書きません。名手が担当するとわかっている楽器だけで作曲するのが私の悪い癖です。よく声をかけたのが首席ヴァイオリンのフランコ・タンポーニ。実に高雅な演奏をしてくれました。それから声楽。何と言ってもエッダ・デロルソの歌声ですよね？　私の共演者の中でも群を抜いた存在のひとりで、洞察力も力量も大したものです。それからピアニストのアルナルド・グラツィオージ。彼もまた素晴らしい演奏家です。トランペットではローマ歌劇場の首席奏者だったフランチェスコ・カタニア。彼は私が作曲したものは、極めて難しくわかりにくい部分であっても演奏してくれました。私はトランピストで、俗に言うトランペッターではありませんが[*1]、この楽器の限度については熟知しています。私が『続・夕陽のガンマン』の音楽を作曲している時、彼に声をかけました。トランペット5本による部分がありまして、実に難しく、重ね録りで行うものでした。5本のトランペットのパートをそれぞれ彼に演奏させます。その部分の速度を測った後、とても演奏できないようなパッセージを加えました。ゆっくり奏でて重ね録りで加速させる、ゆっくり奏でて、それから再加速して正しくまとめるといった手順を取らなければならなくなるはずでした。ところが彼はそれを完璧にやってのけたのです。いいですか、常軌を逸したパッセージでして、彼は舌を動かし続けなければならなかったんです。一秒半に4つの音を出さねばならないところを8つ出したんです。ほんとうに一秒半に8つの音を鳴らしたんですよ、しかも音はどれも綺麗に揃ったままで。並外れています。とても私には真似できない技です。今でも彼ら全員に感謝しています。私の音楽に激しさと力強さを与え、効力を発揮させてくれました。父と私が演奏していたから言うわけではありませんが、おそらくトランペットは最も美しい楽器のひとつでしょう。

――死刑囚狙撃隊が貴方の前に並び、そしてこう言います。「マエストロ、一番好きな楽器を言え、さもなくばこの場で射殺する！」。さて、どう答えます？

そんなふうに脅されたら、こう言うでしょう。「少しの時間でいいから牢に入れてくれ、そこで考えて決まったら知らせる」。多分、オルガンと言うんじゃないかな。空前絶後の楽器です。それは響き、つまり音がそれぞれ完全に違うからという理由ではないんです。演奏者からその音楽性や演奏能力を奪い取ることができるからです。音色だけでも感動的ですし、楽器として演奏者やその解釈に隷属するものではありません。そうして聖俗両様の音楽、その壮大なる歴史に加わっていったのです。

――つまり、貴方が最も感動する音であると？

意外な答えを言いましょうか。私の大好きな音はタムタムを加えたバスドラム（大太鼓）のそれなんです。タムタムは様々な金属でできた大きくて丸い青銅の板です。一緒に鳴らすと素晴らしい音が出るんです。ティンパニ奏者で、タムタムも演奏するアッティリオ・クリスタリーニの許に行き、「ひとまとめにして聴かせてもらえないか」と彼に頼みました。彼は中央部に触れ、時折、表層、縁の方へと移り、バスドラムの音と合わせるよう響かせます。とても魅了されました。コントラバスの音はある時点で途切れますが、タムタムとバスドラムは測り知れぬほどの深みへと達します。それを聴くと私は現世の、そして空間的な厚みと言いますか、オーケストラにも匹敵する深淵を感じるのです。こういうわけで場面に合うとなれば、この音を必ず使います。オーケストラが滑らかで深い響きを受け持ち、バスドラムとタムタムが共に鳴って、さらなる空間性を醸し出していくというものです。オーケストラの音域を広げていくことになります、ただし最弱音で。

――使いたくなかった楽器というのはありますか？

徹底して使用を避けていた楽器というのはありませんね。ただ実際にあまり使わなかったものはあります。コントラファゴットはほとんど使用していません。使う時はパロディーに用いるくらいですね。

――ある日、フォノ・ロマーノでマウロ・ボロニーニと会ったんですよ。『ニュー・シネマ・パラダイス』を手掛けていた時です。編集した貴方の曲を彼に聴かせたところ、こう言ったんです。「ほう、彼は今でも若い監督にこんな美しいテーマ曲を作曲しているのか！　僕にはしてくれなかったよ」。少なからず嫉妬しているようでした。

私に言わせれば嫉妬などしていませんよ。ただ彼は関係を保つことを第一に考えていまして、監督は常にひとりの、同じ作曲家と組まなければいけないとね。実際、ある日私に尋ねてきたんです。「次の映画はカルロ・ルスティケッリを起用したいんだけど駄目かな？　いいかい？」「いいんじゃないか」と私は答えました。「気にしないでやりなよ」。そしてルスティケッリが音楽を担当した唯一の映画『愛すれど哀しく』を仕上げます。わかります？　私に許可を求めてきたんですよ。そんな義理も義務もないんですけどね。

——彼がスペイン広場で貴方に言った事には私も同感です。『彼女と彼』に作曲された音楽はとても美しく、彼の映画の音楽の中でも私が好むものです。私は『沈黙の官能（フェラモンティ家の遺産〈V〉）』のテーマ曲も大好きなんですが、貴方は好んでいませんね。あれは弦楽がメロディーを奏でるという稀なケースのひとつです。いささかロマンティックすぎるかもしれませんが、それでも美しいです。

君が私にその話をした後だけど、ここ最近の私のコンサートでよく演奏しているよ？　確かに休止がないですね。テーマ全体が中断なく一気に歌われます。

——革新的でありたいという貴方の衝動が本当に聴き心地の良さに相反するものだとしたら、何故誰でも口笛で吹けるようなテーマ曲によって貴方の運命は開けてきたのでしょうか？　つまり貴方はメロディーに敵意を抱き、メロディーは貴方に好意を寄せているという図式です。

私の書いたメロディーがヒットしたとしても、伝統的なメロディーに相反する私の考えが間違っていたということにはなりません。まずイタリアのオペラ、それから100年前の残りすべてのオペラ、そのような時代は終わったと考えているだけです。主な理由としてはメロディーを作る音の組み合わせは使い果たされたということです。そして調性音楽はもはや無調や12

音音楽には及ばないと言われるようになります。充分な音楽教育を受けていない大衆が、単純なテーマ曲を歓迎し、知っての通り私がまるで好まない言葉ですが、より親しみやすく、聴きあたりの良いものとして感じ取ることはわかっています。私の作曲した多くのテーマ曲は大ヒットを記録しましたが、3つの音だけで構成されている「束の間に燃えつきて」もヒットしています。とにかく私が実施した原理は多いのですが、直感だけによるものもいくつかあります。例を挙げましょうか？『ニュー・シネマ・パラダイス』で息子のアンドレアが作曲した、ほぼ完璧なメロディーがそれです。音が弧を描くように常に変わりまして、各音が回り、そして変わり続け、それらの音価が変わる時は拍点も変わります。こうしたすべてが流れるようなメロディーにしていくのです。

――エンニオ、結局のところ貴方はメロディーが嫌いなんですか、好きなんですか？

美しいメロディーは好きです。ただ私のメロディーには通常与えられるものとは異なる基準点があるんです。私が愛するメロディーは『ある夕食のテーブル〈M〉』の中にある曲で、どれも7度音程でできています[*2]。ここに独創性があり、明確な挑戦があるんです。メロディーはどれも同じで新しさを求めても無駄で、別な基準点に頼る必要があります。そうでなければ作曲しても退屈するばかりです。光をもたらすものが欲しいのです。音程、（和音の）乖離、音価、反復されない音などを操作したいのです。休止も操作できます。そしてそのまま休止している間の聴く人の心理も。こうして無音も音楽になります。想像上の音になるんです。他の作曲家が賛同できないのはわかっています。私はメロディーを信用していないのではありません。ただ馴れ合いで取るに足らない使われ方になるのが耐えられないのです。

——よく耳にする言われ方なのですが「エンニオを怒らせたければ綺麗なテーマ曲を作曲するよう頼むのがいい。誰にも理解できない、メロディーのない難解な音楽を彼は好むからだ。でもメロディーを書かせたら素晴らしい」

今日、映画音楽と純音楽との間には収束点、接点があります。人から人へと伝染するように。難解な音楽ではありません。私が対位法を使う時というのは厄介な思いをするためでは決してありません。音楽への奉仕として考え得る奇跡のひとつなのです。バッハが示してくれたもののひとつです。

——特に対位法に関しては、バッハの教えは大きい？

勿論です。ですが彼の教えは広大で限りないものです。彼は妻、子供ら大家族を養っていました。いかにして一週間に一曲のミサを仕上げ、演奏し、そればかりか教会の合唱団とのリハーサルまでこなせたのか誰にもわかりません。この音楽の超人がどのようにしてやってのけたのかわからないのです。それでもなお作曲に作曲を重ねていきました。彼自身が深遠なミステリーなのです。

――バッハ以前に複数の主題を共存させた人はいないのですか？

いますよ。まさにこのイタリアで二人の大作曲家が忘れられているんです。ジョヴァンニ・ピエルルイジ・ダ・パレストリーナとジローラモ・フレスコバルディで、二人とも対位法の名手です。パレストリーナは16世紀の人物です。我が国の音楽の歴史の中で、この時代は教会音楽に俗な言葉、卑猥な歌詞が付けられていました。典礼歌では聖なる言葉に大衆的で、ほとんど小唄のようなメロディーが付いていたのです。このような音楽としての堕落が広まっていたのでトレント公会議が秩序立て、視察のため新たな法を立てることにしました。ここでパレストリーナの偉大さが見られるのです。完璧なまでの傑作を生み出しました。彼によって所謂ローマ楽派が生まれまして、何百年経った後、私も加わっていると言えます。彼は対位法の巨匠でした。おそらく私が対位法を使うのは自分がローマ楽派の遺産をやや意識しながら、同時にやや無意識ながら受け継いでいるということに因るのでしょう。フレスコバルディは17世紀前半に活躍し、バッハも彼を熟知していました。リチェルカーレを多く作曲しています。つまり2つのメロディーを共にするという明らかな対位法の姿であり、和声法にも則った音の重なりなのです。現代の我々はこの両者を永遠に賛美し続けるべきなのです。

――貴方がいつも2つの主題を組み合わせるという方式を取るのがわかるような気がしてきました……

3つの時もありますが、とても難しくなります。何故なら大衆は3つの主題を一度に捉えることはないからです。いいですか、私にとって対位法は悪い癖なんです。映画の仕事で、自分でもほとんど気づかぬうちに2つの主題を作曲していたということがよくあるんです。欲求とか意志とかはほとんど関係ないんです。自分の作品に威厳を与えてみたいなどということでもありません。威厳ならもう得ています、少なくともそう感じています。表向きは単調である中にも、多様性とゆとりを持たせるために主題の上に第二主題があるということが必要だったのです。多様性のため私はとても力強いアクセントのある主題と静かなアクセントを持つ別な主題とを対比させるんです。私自身の欲求であり、美的感覚での到達点ではありません。

――おそらく貴方が本能的に複数の主題を共存させるのは、主題に主導権争いをさせる、極めて洗練された壮大なカムフラージュでは？

おそらく、ある必要性から生まれているのでしょう。その必要性とは、伝統に縛られたままの2つの主題のうちのひとつ、大衆には大衆の望むものを届け、そうでないものはそのままに……私の言っている事わかるかな？　自分のことを音楽学者や評論家のように語るとなると混乱してしまいますね。一筋縄ではいかないです。作曲家がどう表現してよいのかわからない面を評論家がわかる時があります。スコアを研究している者が、その作曲家の気づかなかった解決に至ることもあるんです。

――貴方の情熱は音楽だけに留まりません。チェスも常に愛好されていますね。

ええ、その通りです。チェスは娯楽以上の活動で、その戦法は人生における戦い、抵抗する力、自己向上欲、相手に立ち向かう力を教えてくれます。私の相手は勝ちたがっていますし、私も勝ちたい。でも血で血を洗うとか何ら劇的な事は起こりません。劇的になるのはチェスの駒が強力なエネルギーを発するだけということです。チェスにはいつも情熱を注いでいます。階級としては2番目に属していますので、まあまあの腕ですね。でもお忘れなく、偉大なるプレーヤーからすれば程遠いです。残念なのは妻が習得してくれなかったことですね。チェスをしてもらうよう頼んだのですが。チェス・プレーヤーとしてエディット・ポルガー、ガルリ・カスパロフ、アナトリー・カルポフらと試合をして敗れていることを言っておきましょう。かつてブタペストにいた時、インタビューでチェスができれば嬉しいと口にしたら、翌日ホテルにピーター・レコが現れまして試合の準備が整っているというのです。対局し、私は敗れます。

雪辱としてもう一戦やらしてくれましたが、それも負けました。でもボリス・スパスキーとは引き分けたんです。どうです？　わかるよね？　大善戦ですよ！

——チェスへの愛着はどのようにして生まれたのですか？

偶然と言えるでしょう。音楽院へはシャーラ宮殿近くの道を歩いて通っていました。そこに今でもあるのですが新聞売場がありまして本も陳列されていました。その中にカルロ・サルヴィオーリのチェスの教本があり、私はそれを購入し戦法を学びます。その瞬間から限りない愛着を覚え、音楽の勉強がおざなりになり始めます。17か18歳になると友人らとチェスを楽しむようになります。この時に父が私を再び音楽に向き合わせなければならないと悟り、チェスを禁じました。私は言う通りにし、中断することになります。再開したのは少なくとも15年後で30歳を過ぎていたのは確かです。訓練をしないまま、テヴェレ川沿いの道で催されたトーナメントに参戦するも全敗という結果になりました。対局できる状態ではなかったのです。そこで指導者に着き、長足の進歩を遂げました。それでも売店で出会ったサルヴィオーリの本からすべてが始まったのです。駒の動かし方など数多く習得しました。やっていなかった年月が長かったということです。

——チェスと音楽とでは何か関係がありますか？

あります。それもかなり大きいと沢山の方々が言っています。ロシアの名プレーヤーの多くは音楽家です。例えばマルク・エフゲニエヴィチ・タイマノフとか。素質も大切かもしれませんが、音楽とチェスは関連性があります。通常は数学者と音楽家に優れたチェス・プレーヤーがいると考えられています。私は数学は大して勉強していませんが、音楽では低音の、その連結の数などすべて完璧にわかっています。

——チェスから着想を得て作曲したことはありますか？

一度ね。不思議な作品ですよ。これについて語るのは誰かがこのアイデアを採り入れてくれることを期待しているからなんです。魅力的には思いましたが、この種の作品を実現させる時間がなかったんです。音によるチェスの対局というアイデアなんです。駒を別のマス目に移動させ、指すごとに奏でられるのです。相手が駒を動かしながら対応すると新たなマスの音が奏でられ、前の音は消されます。こうして各プレーヤーのどれだけの時間考えたかによる複合的作品となるわけです。5秒考えたら音は5秒響きます。30分考えれば次の駒を動かすのに30分鳴ると。ところが早指しチェスというものがありまして、5分しか持ち時間がありません。こうなると楽曲は極めて多くの様相を呈し、駒の動きは素早くなり音楽作品としては途方もない、実に異様なものとなります。これが私のアイデアです。それぞれのマスが、オーケストラ録音による音で呼応するという大きなチェスボードを作る資金が要ります。私としてはこのプロジェクトは消えてしまいましたが、アイデアとしては残っています。誰か実現してくれないかと願っています。

——私が作曲家だったらやってみたいです！

**各対局に基づいて作曲された楽曲を録音できますし、直接伝えるスピーカーも作られるでしょう。**

——以前、貴方の空想の場所についてお話ししていただきました。様々な時代の音楽が同時に鳴り響いているという所です。環境が次々と現れてくるという道のりで、音楽も遠ざかり、また近づいてくるというものでしたね。

この種の着想から生まれた場所は多く作られるでしょう。例えば歴史上のどの時代のものでも、ボタンひとつでその音楽が聴けるとか。また別な時代や環境に進むと、別なボタンでその音楽が流れるというものです。ひとつの可能性ですね。でも他にもあります。音楽史を、多声音楽の始まりから全世界の現代音楽まで年代順にして築くのです。空から指向性スピーカーが降りてくるところをいつも空想します。半分まで過ぎると合成の音楽が聞こえてきます。歩いていくと音楽が遠ざかっていき、次の音楽が、まだ前のが消え入らないうちに耳に入ってくるのです。

――迷信深いですか？　仕事で厄除けをする習慣はありますか？

少しね。以前はそうではありませんでした。映画の仕事を始めてからですね。この世ではあらゆる物が不幸を招くみたいです。悪運を呼ぶもの……そうでないもの……鉄を触ったり……自分の身体を掻いたり[*3]……。結局、そういう行為をしたということが残るだけですね。逃れられないです。もしオーケストラの団員のひとりが紫色のセーターを着て現れたら、録音は家に持ち帰れません。どうしようもなくなります。メンターナに住んでいた時のことですが、ひとり夜道を車で走っていたら、一匹の黒猫が道を横切りました。どうしますか？　そのまま進みますか？　駄目なんです！　私は方向転換し、来た道に戻り、別なコースを走っていったのです。どうです？　考えられませんね！　かつて家の庭で孔雀を飼っていました。翼を広げるとそれはそれは美しいものでした。それを見たセルジオ・レオーネがすぐに身体を掻きます。「おい、気は確かか！」と叫びました。「悪運にどんどん見舞われてしまうぞ！」。それからすぐ動物園の人を呼び、寄贈することになりました。テーブルに13人が座る時がありました。不安な私を落ち着かせようとした人が言いました。私の息子はあまりに幼いので数には入らない、だから12人だよ、と。私は納得はしませんでしたが、とにかく全員テーブルに着いたのです。数日後、リストランテに行った時、息子がある男の子に石を投げ、それがその子の目をかすめたのです。私はすぐに13人のテーブルの件と結び付けてしまいました。つまり実際はそうではないんでしょうが私は信じているのですね。あらゆる映画の中で行われているように指を交叉させたり、鍵を触ったり、掻いたりすることも私は好むということです。今でも黒猫と遭遇したら、通らず後戻りします。数キロメートル歩くことになってもね。

＊1　モリコーネはトランペッターではなくトランピストという呼び方をしている。
＊2　『ある夕食のテーブル〈M〉』の「Uno che grida amore（愛を叫ぶ者）」。このメロディーの冒頭は7度の跳躍で始まる。
＊3　いずれもイタリアでは悪運を祓う行為とされている。他にイタリア・オペラでは紫のドレスは不幸を表す。黒猫が横切ると不吉とされる。また『フェリーニのアマルコルド』では孔雀を見た後に死を迎えるという場面がある。

――アレンジの話題に行きましょうか。カンツォーネを手掛けながらも貴方としては作曲家としての矜持を失わなかったということで。

そうです。当時はレコードの生産数が非常に多く、特にシングル盤はよく売れていました。ヒットさせることが責務でしたが、倒産するレコード会社もありましたよ。レコードを売るために多方面から強力なサポートがあったんです。作曲者、作詞者、歌手、アレンジャー、この最後のアレンジャーが頼りにされていましたね。その後、ＬＰも登場しまして、私には大きなチャンスと感じられました。と言うのもＬＰはシングル盤ほど売れる必要はなかったのです。つまり自分なりのアイデアを入れ込む余地があるということで、ＬＰで冒険ができたのです。それでも大ヒットはしたんですよ。私がアレンジし、ナポリ出身のミランダ・マルティーノのカンツォーネのレコードが２万枚売れたことを憶えています。一方、シコ・ブアルキのレコードはそれほど売れませんでした。私の書いたアレンジだとシコはまるで歌えなかったのです。少しずつ彼に指示を与えて助けながら、彼もやや抑えて歌ってみると、とても満足のいく出来となりました。売り上げとしては大失敗でしたが、そのＬＰはその後25年間、沢山売れたことを知っています。私がアレンジしたいずれのケースも私が本当に愛する音楽への忠誠が見られます。

——それ故、ジャンニ・モランディ、エドゥアルド・ヴィアネッロ、ジャンニ・メッチア、ミーナらにアレンジを提供しながらも、貴方の心はストラヴィンスキーと共にあったのですね。

　ストラヴィンスキー、そして私が学び自分の中へ採り入れたすべての作曲家らと共にね。その後、本能のままに従うこともありました。「Abbronzatissima（日焼け）」がその例として挙げられます。以前、同じオクターヴの跳躍のある曲で「Ornella」という曲を手掛けました。これはルチアーノ・サルチェの舞台劇「Il lieto fine（ハッピーエンド）」の挿入歌で、歌ったのはチネチッタで端役を演じていたエドゥアルド・ヴィアネッロです。彼にははっきりと歌うように言いました。跳躍のコントラストを明確にしたかったのです。こうしてO↑rnella、O↑rnellaがA↑A↑bbronzatissimaになりました。

——その労働環境では、貴方の斬新な実験が評価されているように感じましたか？

いえ、必ずしも理解されたり評価されているようには思えませんでした。少なくともすぐにはね。

——あまりにも型破りなアレンジという理由で苦言を呈されたりしませんでしたか？

いえ、RCAの芸術部門からは苦言などはありませんでした。エットーレ・ゼッペーニョが、ミランダ・マルティーノのアルバムで私が施したアレンジにこだわっていたことを憶えています。今でもあのミキシングは気に入りません。オーケストラが低く抑えられ、歌声があまりに大きいのです。それでも芸術監督である彼がそれを望んだのです。実際、彼は私の書いたものをよく理解していなかったのだと思います。聴けば充分感じ取られるのですが、私の考えは歌声が伴奏から程よく浮かび上がるというものです。ところが彼は伴奏を歌声からかなり遠ざけることを好みました。アレンジの選択に関しては、誰しもが私の意図を理解しているわけではないことはよくわかっていました。また、わかりやすいものではないことも。ですので誰が悪いということではないのです。ですが今思いますと苦言を呈されたことがありました。ジャンニ・モランディの「貴方にひざまついて」です。作詞のフランコ・ミリアッチがレコーディング・ホールで私のアレンジを聴くと良くないと言ってきました。もっと明快で大衆的なスタイルを求めていたんです。私は家に帰って新たなアレンジとして書き直します。「いかんな、エンニオ」とミリアッチはまた不平を言い、ルイス・バカロフとブルーノ・ザンブリーニも一緒になってパン、パパパン、パパパン、パパパンパンパンパンパン！！！という始まりにするよう私に提案してきました。三度目となるアレンジを仕上げ、オーケストラとの録音を終えると私はミリアッチに向かって怒りを込めて「君たちは悪趣味だな！」と言い放ったんです。歌は大ヒットしました。ペップッチョ、空前の大ヒットとなったんですよ。

――つまり、ミリアッチの言い分が正しかったと？

そう言わざるを得ませんね。でもね、私が最初に書いたアレンジは本当に良かったんですよ。私らしく、他と比べて少し奇妙で難解でしたが面白いものでしたよ。それにですね、私が手掛けたものはよく売れていたんです。ＲＣＡの芸術部も私の手によるものには何か特殊なものがあるとわかり、理解はしていなくとも反応は上々でした。私にはこれで充分だったのです。ところがＲＣＡ――関係としてはこの頃は末期になると思います――からパーカッション、リズム、ドラムを使った作品を作ることを強制されるようになるとうんざりしてきました。そういうものは根本的な作曲の要素としては重視していません。パーカッションは我々とは異なる音楽教育を受けたアフリカの人たちの独自の表現なのです。私にとって真のアレンジの基盤となるのは、ドラムやその他パーカッションのリズムではなくオーケストラです。ですから、それらは無視して、それ以外のものに力を注ぎました。ところが彼らはバスドラム、太鼓、シンバル用のマイクロフォンを作ることにのみ時間を浪費してしまいます。その間、オーケストラはなおざりにされていました。こうして、すべてが嫌になったこともあって私はRCAを去ることになったのです。

――でもある日、ドメニコ・モドゥーニョから電話がかかってきたんですよね。

私が一本立ちしていた時でした。彼の家に行きますと、彼から「『Apocalisse（黙示録）』というカンツォーネを作ったんだ。アレンジをお願いできないか？」と言われます。ピアノで聴かせてもらいました。歌詞が見事なもので、まさに、黙示録的なものでした。「どうかな？」。歌い終えた彼が尋ねてきます。私は勇気を出して答えます。「僕のアレンジを望んでいるというのは確かなのかい？」「そのために君を呼んだんだよ」という返事。私は言いました。「大胆なアレンジを提供するけどどうだろう？　君の詩、その解釈にふさわしい力強く激しいものにしたいんだが？」。彼は「結構じゃないか！」と叫びました。もの凄い手法でその曲を表現することが確定したということです。「大胆さなら私も負けない、いいかね？」。私たちは意気投合しました。私は5本のトランペット、5本のトロンボーン、5本のホルン、パーカッション、ティンパニ、そして4台のピアノでアレンジしました。つまり楽曲として何か黙示録的なものが欲しかったんです。そしてチネチッタのスタジオで録音しました。トランペットによる途方もない咆哮があり、トロンボーンも同様です。そこだけでもかなりの出来となるはずで、その上にミモ（ドメニコ）の歌が重なるというものでした。彼はこのアレンジを耳にすると息を呑んでいました。レコードは発売され、私は買いに行きました。イントロはそのままでしたがそれだけで、後はわずかな楽器とパーカッションだけで彼が歌っているんです。私のアレンジは拒まれたということです。彼の熱意が挫けたのか、私が挫けたのかはわかりません。いずれにせよ、この件について私たちが話題にすることはありませんでした。

——そのアレンジの録音は手元にありますか？

いえ、どこにあるのかわかりません。おそらくチネチッタのアーカイヴの数ヶ所に隠れているのでは。

——レコーディング中、モドゥーニョは何か言ってきましたか？

何にも。何を考えていたんでしょうねえ。我慢していたんですかね。気の毒です。本物のカジノの音を組み合わせたんですよ。大胆さがあればなどと言われた時、私は勇猛果敢となっていました。「目にもの見せてやろう」という気になっていたんです。激しくエネルギッシュな歌い方に対して、柔和で控え目というわけにはいかなかったのです。私は大胆に取り組み、そしてがっかりさせられることになります。おそらく私が若すぎて、妥当な判断をしていなかったということでしょう。

――「貴方にひざまづいて」はともかくとして、ジャンニ・モランディとは長く仕事されてますね。彼とはいかがでしたか？

とても楽しかったです。輝かんばかりの純真さを持った愛想のいい男性です。ジャンニは今でも友好的で、物静かで、大らかな人で、私たちは最初から上手くいってました。16か17歳くらいでまだ少年でしたね。ＲＣＡは彼の歌のアレンジャーに私を選びまして、後に大ヒットを記録するカンツォーネも含め数多く手掛けました。「Andavo a cento all'ora（時速１００キロで走った）」「Fatti mandare dalla mamma a prendere il latte（君にミルクを持って来させるようママに言う）」「Ho chiuso le finestre（僕は窓を閉めた）」「貴方にひざまづいて」「愛をあなたに」「君なしには生きられない」「La fisarmonica（アコーディオン）」。他にも彼の世話をする人たちはいたんです。実際に私はフランコ・ミリアッチと組んでいまして、彼はプロデュースと作詞を担当していました。ルイス・バカロフとも近しい関係にありまして、彼もまたブルーノ・ザンブリーニと共にジャンニのカンツォーネを手掛けていたんです。ジャンニの曲のアレンジの多くは力強さと壮大さが含まれていなければなりません。私は壮大さの方に力を入れました。ワーグナーの引用がはっきりと含まれるアレンジをしたものがあると思います。歌の才能はあっても音楽を知らないジャンニは勿論、誰もそれに気づいていません。実際、彼にはよく言ったんですよ。「なあ君、少し音楽を勉強してみてはどうかな？　君は若いし、先は長い」。何年かした後、キャリアの中でも多感な時期に彼はサンタ・チェチリア音楽院に入学し、7年間学んだのです。私にとって誇りです。私の進言を憶えてくれていたと思うと嬉しくなります。彼にアレンジした最後のカンツォーネはヴェトナムに関するものでした。

——「C'era un ragazzo……」

そう、「C'era un ragazzo che come me ancora i Beatles e i Rolling Stones（僕のようにビートルズとローリング・ストーンズが好きな少年がいた）」。作詞はフランコ・ミリアッチで最後のアレンジとなりました。その後RCAを去りましたから。だいぶ経ってからリッカルド・コッチャンテのLPから8曲をアレンジするよう依頼を受けます。私は他の仕事も抱えていたので4曲だけアレンジしました。良い仕上がりでコッチャンテも見事なものでした。彼には歌い始めは弱く、そしてクレッシェンドを加えながら進めていくようにとだけ言っておきました。音域外の声で歌い始め、それから力強く歌いながら高めていったのです。6、7曲がどれも似たような曲だったので、みな同じように強めのものとなっていたんです。そこで彼に言いました。「変えるんだ。ここであまり主張しすぎないようにして、それから上げるんだ！」。「Margherita（ひまわり）」は私としても傑作で、大した名曲です。聴くたびに彼を思い出します。

――かつてＲＡＩに就職していたというのは事実ですか？

はい、私とマリアが婚約していた時でした。彼女はキリスト教民主党本部で働いていて、ロベルト・アルベルトーニという議員の秘書を務めていました。その人は職の斡旋、自分を支持してくれる人たちに仕事を与えていました。彼女は私には黙ってアルブルトーニに私のことを話したのです。それで実際に私はＲＡＩに就職する運びとなりました。その初日、月曜日でしたが、早速にも私は音楽アーカイヴに配属されます。マリオ・リーヴァの番組「Il musichiere」で流すカンツォーネを探すのです。曲名が与えられ、私はそのレコード会社を見つけなければならないのでした。しばらくしてテウラーダ通りにあるＲＡＩ制作センターで部長を務めるカルロ・アルベルト・ピッツィーニが私の目の前に現れます。彼は作曲家でしたが「ピエモンテ」という交響楽を知っているくらいで、何を作曲しているのかについては詳しくなかったです。私がＲＡＩでずっとラジオの仕事をしていたのでアレンジャーとしての私の活動を知り、私のことも認識していることがわかりました。彼が言ったんです。「マエストロ、お話ししなければならない事があります。ここで働いても貴方はキャリアを築けません。貴方の勤務評定も評価されることはありません。さらに言えば貴方の音楽はラジオ、そしてＲＡＩのどこにおいても演奏されることはないでしょう」「失礼ですが」と私は返答します。「私は作曲を学びました。それでもＲＡＩは私の音楽を流してくれない？　どうしてです？」「申し訳ないが、これが代表取締役のフィリメント・グアラが決めた規則なのです」。ここで何をやれというのか？と私は自問しました。彼に今すぐ辞職すると申し出ます。するとピッツィーニは答えます。「マエストロ、よく考えるのです。一生の生活の糧を失うのですよ」。白状すると、この言葉は心に突き刺さりました。実際に私は生活の糧を持っていなかったのです。それでも私は彼に挨拶と謝意を示しました。それから事務室に行くとカッとなって電話を叩きつけてしまいました。音楽部助手の事務室は小さな部屋でした。これが音楽部助手だった私の評定だったのです。わかりますよね、妻の責任ではありません。でも私に対するＲＡＩの仕打ちといったらどうでしょう？「貴方の音楽が演奏されることはない、そして貴方はキャリアを築けない」。私は午後まで待てず、午前中に帰宅しました。２週間後、経理部長から電話がかかってきます。「マエストロ、給料を払わなければならないのですが」「いいですか、私は初日にしかそちらにいませんでした。たった一日です。給料をいただく権利はないんです」「お願いです、マエストロ」。強く訴えてきました。「取りに来てください。そうしないとこっちも厄介なことになってしまうんです」。結局、私が折れて15日分の給料を受け取りに行きました。その後RAIとは外部契約のアレンジャーとして長く仕事をすることになります。

――貴方と奥様は別々に仕事に就くことを望まれていたのですか？

彼女は確かに望んでいましたね。結婚した時の私たちは新婚旅行に行くお金にも事欠いていました。結局、タオルミナに行くことになります。それもカルロ・サヴィーナの支援があったのです。彼がホテルの主人に話をつけてくれまして、その主人にカンツォーネを作曲してあげた人がいたというんですね。泊まるのにわずかな金額を支払うだけで済みました。ザンポーニャを購入しようという気になったことを憶えています。この楽器は羊を牧場から他に移す時、またはクリスマスにプレゼピオの前で奏でたりします。それを見つけて買いました。フリスカレットも勧められましたが、買わなかったです。手持ちのお金がわずかで、本当に少ししかなかったからです。毎日、買い物をした後は足りるかどうか勘定し直して調べたものです。旅行が終わるとローマまで電車を使って帰りました。

――RAIで不本意な思いをされた数年後、'60年代初頭にサンレモ音楽祭でも指揮者を務められましたね。

あそこに行ったのも嬉しくはなかったです。私の頭は純音楽のことでいっぱいでしたので、サンレモで指揮することは違和感を覚えるプランでした。でもRCAとの契約でレコードの売り上げの歩合を受け取っていまして、当然ながらアレンジを務めた歌手と一緒にサンレモに送られることになっていたのです。そこで私はジーノ・パオリ、ポール・アンカ、エドゥアルド・ヴィアネッロその他の歌手らでタクトを振りました。パオリの曲は「Ieri ho incontrato mia madre（昨日母と会った）」。良い曲です。ポール・アンカは「太陽の中の恋（Ogni volta）」で、この曲では以前は重視していなかったパーカッションやリズム楽器を仕方なく使わざるを得なくなり、この方向での自らの能力を鍛えることになりました。ドラムの他、3つのパーカッションを用いまして、曲もヒットしました。

――ジーノ・パオリの曲の詩は彼の手によるものですか？

ええ、彼はいつも作詞と作曲をしていますが、アレンジはやっていません。

――ナポリ音楽祭にも出演されてますね？

ナポリ音楽祭のオーケストラの為に数曲アレンジしました。大歌手セルジオ・ブルーニからの依頼でした。彼の歌い方はラジオで聴いていたのでわかっていたんです。自身に熱中していくような歌声で音、言葉、音節の出し方も無手勝流です。実に特異な歌手でした。母音にまで響きの次元を求めていく彼の強いこだわりは好ましくはありませんでしたが、とても興味深くはありました。私が彼の曲に施したアレンジはこうした、ちょっと変わった技巧を持つ者特有のプライドや慢心をくすぐるものだったのです。彼は黙って受け入れましたが、むしろとても喜んでいて、私にもそう言ってくれたのです。

――'60年代に歌謡映画が大ヒットしますが、その流行の中で仕事をしていた時がありました……

モランディ主演の三作で、監督はエットーレ・フィザロッティです。『貴方にひざまづいて』『愛をあなたに〈M〉』『君なしには生きられない〈M〉』、これらの映画は大ヒットしたカンツォーネを基にしており、劇中では私のアレンジでジャンニが歌うカンツォーネと私が追加作曲した伴奏音楽が流れます。その他の映画は私にとって大して自慢となるものではありませんが、断れませんでした。ジャンニとの友情、それとRCAとの仕事であったためです。これらの映画では対位法、その類いのものは使えませんでした。簡素なものにしなければならず、どれも同じようなものです。

――舞台公演の華やかなりし時代も体験されてますね。

いい時代でしたね。私はシスティーナ劇場での本拠地で、最も重要な役割を担うトランペットの担当でした。自分が目にした公演の素晴らしさは思い出となっています。ワンダ・オシリスから始まりまして、次のシーズンもウーゴ・トニャッツィを共演に招いて再演となりましたね。オーケストラに充てがわれたアレンジですが、トランペットにとっては骨の折れるものだったんですよ。なにしろメロディーを任されていたんですから。ヴァイオリン奏者は4、5人にも満たなかったですね。数人のトランペット奏者はとても優秀で、疲れを見せることなく数時間も演奏したんです。でも、こちらは疲労困憊でした。その頃の私は日中は学校に行き、夜はシスティーナ劇場という生活だったんです。当時の公演はミュージカルではなくレビューと呼ばれていました。寸劇、小話、コミカルな会話劇といったものです。20分ほど続く休止の間、私は何をしていたと思います？　寝てたんですよ。トランペットの吹き口に額を載せて眠っていました。寸劇が終わる前になって隣にいる同僚が「エンニオ！」と私を肘で突きます。そこで私は目を覚ますのです。まさにラストのリフレイン（反復句）の始まるところでした。ある日のこと、ピエトロ・デ・ヴィコとその妻アンナ・カンポリらの寸劇の場面がありました。いつものようにその同僚が私を肘で突きます。「エンニオ！」と。私は身を起こしトランペットを口に当てて吹き始めます。でも私ひとりだけです。寸劇の途中だったのです。カンポリが舞台から顔をのぞかせるようにして下を見ました。「何て馬鹿なことしてるの？」。観客の前で叫びました。「あんたたち、気は確かなの？」。最悪です。私は労働組合に通告されそうになりました。すべてはその同僚の悪ふざけだったのです。

――他にそこでの思い出は？

カーテンコールでの踊り子たちが忘れられません。何人かはこの世のものとも思えぬほど美しく、私たちの上を通っている間は見つめていました。私は英語がわからないので、彼女らに向かってどんな賛辞を発したと思いますか？　私が演奏したアメリカの歌のタイトルで、「My Dream」と叫びましてね、彼女たちも微笑んでくれたんです。それから再び通り過ぎると私は別なアメリカの歌の題名を叫びました。皆、可愛くて私に対して優しい佇まいでしたね。難題だったのは、公演が終わるとすぐに走りこまなければならないことでした。バルベリーニ広場発の最終バスが公演終了の数分後に出てしまいまして、それに乗れないと家まで歩いて帰る羽目になるんです。無我夢中で走りまして、踊り子たちを迎えることは一度もなかったんです。

――頻繁に仕事を共にした一座はありますか？

すべてそうだったと言えるでしょう。カルロ・ダッポルトの一座、ウーゴ・トニャッツィ組、レナート・ラッシェル組、ワンダ・オシリス組、ピエトロ・デ・ヴィィコ組……。トトの一座もありましたね。10月にシーズンが始まりまして5月まで続きました。大盛況となれば公演の延長もよくあったんです。

――その間、作曲も勉強されていたんですよね。

ええ、当時は絶えることなくアレンジを頼まれていました。そんな作家のひとりであったアルフレード・ポラッチが自分の舞台劇のアレンジを私に依頼します。それが最初でした。その後、モドゥーニョとラッシェルもそれぞれの舞台で私に声をかけてきました。モドゥーニョには有名な「Rinaldo in campo（畑のリナルド）」をバカロフと共同で担当しました。レナート・ラッシェルには「Enrico '61」ですべてのアレンジをひとりで行いました。ある方法を思いつきまして、できるかどうかガリネイとジョヴァンニーニに尋ねてみました。決めるのは彼らであって私ではありません。公演ではオーケストラのバランスが酷いものだったのです。右側に金管の一群、左側にわずかな弦楽といった有様で、実際に役立っていません。音楽がとても貧相なものになっていました。「曲を録音し、劇中で演奏されているオーケストラと重ねるようにして再生すれば良くなりますよ」と説明したんです。彼らは話を聞いてくれました。3曲をこのようにして実施すると、実際に良くなったんです。ガリネイとジョヴァンニーニに与えた助言はこれだけではないです。全曲録音したら本当に改善したのですから。録音したものと一緒にオーケストラを演奏すると、音はより豊かになり聴きやすくなりました。そればかりか奏者も少なくて済みますので費用の軽減にもなります。私がこの仕事を辞めた後も、この録音方式は続けられました。

——作曲を学び、舞台も手掛けていた時期にサウンドトラック用のオーケストラでトランピスト（トランペット奏者）としての活動も始めていますね。貴方のキャリアの中で重要な節目だと思います。どの映画か憶えていますか？

アレッサンドロ・ブラゼッティ監督の『ファビオラ』がありました。音楽はエンツォ・マゼッティで、古代ローマを舞台にした歴史映画です。映画用のオーケストラで数多く演奏し、また多くを学びました。特に有能な作曲家とそうでない作曲家との見分け方をね。自分の好みに鋭敏になり、好きな楽器と嫌いな楽器とがわかってきました。酷い音の出る楽器は、映画に作曲する時には使いません。例えば下手なクラリネットなどは私の作品では決して使いませんでした。その後、『ニュー・シネマ・パラダイス』を手掛ける時、君がクラリネットが好きだというので、それからは君のすべての映画に使うようになりました。君のためにサンタ・チェチリア管弦楽団の首席奏者を起用し、再びこの楽器に近づいてみるようになったんです。

——よく憶えています。『ファビオラ』の話に戻ります。演奏中はスクリーンを見ていましたか？　映画に音楽を付ける技法を学ぶのに、こうした経験が貴方にとって役立っていたのかどうか疑問に思っていました。

拍子を取らなければなりませんでした。ですので全然見ていません。その後、スクリーンの下で奏でるようになりましたが、目の前にあるのは弦楽奏者たちです。時折、目を向けてみましたが、ほとんど見えず、何が映っているのかわかりませんでした。その時は学んでいません。何年か経ち、編集者や映画監督らと接するようになってからですね。

——'50年代初頭にイタリア舞台劇の傑作に参加されてますね。エットーレ・ジャンニーニ原作の「ナポリの饗宴」舞台版です。どのような経験となりましたか？

素晴らしい作品で、思い出すと懐かしさで胸がいっぱいになります。あれほど質の高い見事なものは今後、現れないと言えるでしょう。おそらくロベルト・デ・シモーネ原作の「La gatta Cenerentola（雌猫シンデレラ）」のようなナポリものの諸作くらいですかね。ですが「ナポリの饗宴」は音楽面でもとても手の込んだものとなっています。私は第二トランペット奏者としてオーケストラに招かれました。私の右側に綺麗なステージがあって目に映ります。歌うジャコモ・ロンディネッラやその他ナポリの名歌手らのことも憶えています。唯一無二の公演でした。本当ですよ、ペップッチョ。ジャンニーニは後世に残るものを作りました。舞台装置も卓越したものでした。ジャンニーニは公演にすべてを注ぎ込んだのです、実際、物語の内容にあらゆるものを与えました。思い出したら興奮してきましたよ。

――その後、彼と仕事は？

『赤いテント』の音楽を手掛けましたが、監督はジャンニーニではありません。ソ連側の共同製作者らと問題が起こりまして、撮影後の作業で事実上、指揮を執っていたのは彼です。魅力的で優しく穏やか、そして真摯な人でした。仕事でアドヴァイスしてくれましたよ。監督が音楽家である時は、よく話を聞くこと。その指示から思いがけぬアイデアが生まれてくるというものです。

――「ナポリの饗宴」はイタリア各地で巡業となったのですか？

多方面でね。私はローマにしかいませんでしたが、クイリーノではエポックメイキングなヒットとなりました。その後、アメリカにも巡業に行ったと思います。オペラ座さながらの大オーケストラによる音楽が流れました。出張公演となると毎回、新たなオーケストラと組んでいました。元のオーケストラを連れて行くのは無理でしたから。

――その後、ルチアーノ・サルチェ演出のショーで、RAIで働くことになります。

あるTVショーでサルチェと仕事をしました。彼はエットーレ・スコラと共同で台本を書いていました。音楽の作曲にはフランコ・ピサノが雇われます。私の親友で優れたアレンジャーです。彼ひとりで全部はできないというので私にもアレンジの仕事の声がかかったのです。サルチェは100パーセント私のスタイルに賛同することはありません、それ故、よくアドヴァイスをくれました。それでも私の仕事が入る余地も設けてあったんです。つまり彼の指示のいくつかは、その後の私にとって有益なものになったということです。とても精通していて、何年にも渡り仕事をこなしてきた人でした。サルチェは私の仕事を評価してくれたと思います。実際、2つの舞台劇で私に仕事を依頼してきましたから。いずれも異なる時期にその準備に入っていました。ひとつは「La papa reale（ローヤルゼリー）」、原作はフランスの作家フェリシアン・マルソーで、とても愉快なものです。もうひとつは「Il lieto fine（ハッピーエンド）」でアルベルト・リオネッロの原作。その後、サルチェは彼にとっての初の劇場映画『Il federale』にも私を起用します。私の名前が画面に現れた最初の映画なんです。それまでにも数本手掛けていましたが、名前は出なかったのです。

――「ゴーストライター」モリコーネというのは意外ですね。

他の作曲家の為にやった仕事というのは多くはありません。でもあることはあるんですよ。最初の頃のひとりにアレッサンドロ・チコニーニがいます、映画音楽の名作曲家です。ヴィットリオ・デ・シーカ監督の『Il giudizio universale』を担当していました。広場での子守唄というラスト・シーンで、私にオーケストレーションを頼んできたんです。デ・シーカもチコニーニも私のアレンジを気に入ってくれました。でも関係としてはそれっきりで、以後声がかかることはなかったです。

——大作曲家アレッサンドロ・チコニーニともあろう方が何故、曲のアレンジを他人に依頼したのでしょう？

おそらく自信がなかったのでしょう。歌い手の伴奏がありまして、彼はそれまでそういうものをやったことがなかったのです。それで私に声がかかったのです、私はラジオやＴＶで編曲の仕事をしていましたから。実は合唱付きで歌われる曲はチコニーニとデ・シーカの前で私が指揮したんです。シンプルなアレンジでしたがチコニーニは細かい指示を与えていました。複雑なものにならないようにと言われたんです。多分、私が複雑なものを好むことを知っていたのでしょう。でも上手くいきました。

——他にも似たような仕事はありましたか？

様々な人たちからアレンジやオーケストレーションの依頼を受けました。ある日のこと、とある作曲家から彼が担当する音楽を書くよう電話で言われます。私は楽器編成を選びながら曲を書いていきました。いくつか指示が与えられていまして、その作曲家はブルースの節回しに関心があったのです。私はオーケストレーションしたものを差し込みはしましたが、ごく簡単なコードが記されているだけでまとまった曲に仕上げるには足りません。私が作曲したのです。最後になって自分の名前が出せないか彼に尋ねました。アレンジャーとしてではありません、役割があまりに大きくなりそうだったので。アレンジも私の手によるものでしたが、少なくとも演奏指揮者として名を出したいものです。彼の返事はこうです。「いや、私の音楽もある、それは私が作曲したものだ」。駄目だと言うんです、考えられます？　でも彼は何もしていないんです。もはや私が映画に作曲するところまで来ていたんです。皮肉なエピローグがあります。その作曲家は私が作曲した音楽で銀リボン賞を受賞しました。

――その後、1961年のアメリカ映画、リチャード・フライシャー監督の『バラバ』でも何らかの役割を果たされて……

オーケストレーションのみです。テーマ曲を作曲したのはマリオ・ナシンベーネでした。私はある楽曲を担当することになり、空いている交響楽団もあったので指揮もしました。チネチッタにある巨大なスタジオでのレコーディングとなります。エンド・タイトルも任されるようになりました。主題はナシンベーネ作曲の美しいもので全篇に使用されていました。エンド・タイトルは他人の手が加わった、違った色調にしたいということでした。私にそれを書くよう依頼してきたのです。私はボレロの拍子で、かなり広がりのある曲にしました。古代ローマを舞台とした映画でしたが、上手く調和したものとなります。ナシンベーネも大変満足してくれました。

――初めてオーケストラを指揮したのはいつですか？

アレンジの仕事を始めた時と言えるでしょう。つまり外部の立場でＲＣＡで働いていた時でＲＣＡから直接、というものではなく、ある外国人の依頼によるレコードの仕事でした。ルボック氏とかいうアメリカ人が会いに来て、４曲をアレンジするよう注文してきたんです。これが私の初めてのオーケストラ指揮になったと思います。この４曲のアレンジによってＲＣＡからも依頼が来るようになったと想像しています。

――どのようにしてオーケストラの指揮ができるようになったのですか？　それまで経験がなかったのに。

それほど難しくはないですよ、特に自分が作曲したものは自分がよく知っているとなればね。私はいつも自分が作曲した作品しか指揮しません。他人の作品は振らないです。例外となるのはクリナーレ宮殿（イタリア大統領官邸）の前で指揮したイタリア国歌と、君の映画『みんな元気』で「役者として」ジュゼッペ・ヴェルディの「椿姫」第三幕への前奏曲をミラノ・スカラ座で振った時だけですね。自分が作曲したものなら、オーケストラに何を求めるかわかっていますし、何故、そしてどのように書かれているかも心得ています。おわかりでしょうが、私の動きは名指揮者がやるような見映えが良く伸びやかといった、特殊なものではないと思います。むしろ私は腕の動きを見せないようにしています、コンサート中に聴衆の目に付いたりするのは嫌です。情熱的な振り方をする時もありますが、普段指揮する時は控えるようにしています。

――ＲＡＩで仕事を始めた時は、ラジオドラマも手掛けましたね？

何本か作曲しました。ＲＡＩでそうした仕事をした後、ＲＣＡからレコード用のラジオドラマの話が来ました。その例としてジュール・ヴェルヌの「海底2万マイル」を思い出します。レコードでは演じる声と音楽とが間をおいて入るなど、まさに本物のラジオドラマのようです。作曲活動としては面白いものでした。監督はいましたが、出来上がった音楽に異議を唱えることはなく、台詞とその他を並べるようにし、どこに入れるかを心得ていました。どのラジオドラマにもあるように物音が発生します。足音、ドアの閉まる音など物語とは関係なく出る音、または関係した音。音楽はそれらが休止したところで出ます。時には演じる声に伴う形で流れることもありました。

――自由に作曲されたのですか？　何の指示もなく？

本当に自由なものでした。演じられる台本を頭に入れておかなければいけませんでしたけどね。まずそれを与えられ、私は自由に作曲したんです。監督からの意見はなかったと思います。意見を受けたのは最初の時だけで、テウラーダ通りのTV局になる前のRAIの本社で、モンテッロ通りにあったセンター長からのものでした。私にこの仕事を与えてくれた人で、要点を説明してくれました。私は台本を読み、作曲する、何の問題も生じません。RAIのオーケストラも自由に使えましたね。いずれのラジオドラマも4、5回に分かれるものですが、RCAのレコードではLPのA面、B面に収めなければなりませんでした。

――当時のRAIではとても厳格なルールに縛られているような風潮がありました。厳しい雰囲気について耳にされたことがありますか？

あったとしても私は気がつきませんでしたね。アレンジの仕事で呼ばれ、書き上げたら写譜師に渡す、そして写譜師はそれをオーケストラに配る。これが私の役割です。厳しい規則があるなんてまるで感じなかったですよ。

――オーケストラの指揮者となると特に苛酷なもので、些細なミスでも大変な事になり、誰であろうと公然と責められるというのを読んだことがあります。

お話ししましたが、そんな厳しい目に遭ったことはありません。確かにアクシデントは何度かありました。RAIで、ある委員会がカンツォーネを選び出し、それらをオーケストラの指揮者に委ねました。アレンジされていましたから。そんな指揮者の中にカルロ・サヴィーナがいたんです。彼が受け持つカンツォーネの全部がアレンジされていたというわけではありませんでした。そこで私が呼ばれることになりますが、その時、彼は私のことは全然知らなかったのです。トムマジーニという、彼のオーケストラのコントラバス奏者が私の名前を出したんです。その人はたまたま私の父と話したことがあり、私が作曲を学んでいることを知っていました。作曲を勉強している、それなら大したものだと考えたのですね。サヴィーナにとっても、アレンジャーがひとり必要な時で、とにかく私に電話しようと考えたのです。彼はローマに来たばかりで、私はベルニーニ・ホテルまで会いに行き、この仕事を頼まれたのです。もうひとりアレンジャーがいたのですが、その時にいなくなってしまって私が全部やることになりました。いくつかのアレンジでは実験的な手法を試みましたが、ごく普通にもやっていたんです。私の実験を必ずしもサヴィーナが気に入っていたというわけではないんですよ。やりすぎと判断したらその都度、怒って私を呼び出します。「今すぐ走ってここに来るんだ！」。私は自宅からトラム28に乗って数分でバインジッツァ広場にあるRAIに着きました。彼は私を見るなり、すごい剣幕でまくし立てます。「ここに♯が欠けているぞ、ここはロ短調だぞ、この音は何だ？　考えられん！」。彼は私がやったことは充分わかっていたのです。立派な音楽家です。私ひとりの為に時間を犠牲にしたのです。それから単純なアレンジに対してではなく、大胆で実験的なアレンジに対して小言を言ってきました。勿論、私は何も言えず、黙って耐えるだけです。その後、私を家まで送ってくれました。同じモンテヴェルデヴェッキオに住んでいることを知っていたので。車に乗り込むと、さっきまで苦言を呈していたアレンジのことを褒めてくれたんです。変でしょう？

——他の指揮者とは？

問題なかったです。もっとも私は内部の人間ではなかったのでより自由にやれたのですが。その後、ゴルニ・クラメールとレリオ・ルッタッツィが「Nati per la musica（音楽の為に生まれて）」というラジオ番組を手掛けることになった時、この二人は私に奇妙なアレンジを依頼してきました。番組で流す曲を渡し、こう言うのです。「バッハのスタイルでやってくれ」あるいは「ストラヴィンスキーのスタイルで」。課題としては面白いもので、喜んでやりました。ある日、「La caccavella（カッカヴェッラ）」をストラヴィンスキー風にアレンジしてくれと言われます。ナポリのコミック・ソングでニーノ・タラントが歌った愉快な曲です。またクラメールとルッタッツィは「Perduto amore (in cerca di te)（消えた愛：君を探して）」という歌を差し出してきた時があって「バッハ風にしてくれ」と。簡単にはいかず、むしろかなり問題はあったのですが、それでもバッハそっくりに仕上げました。今でもそのスコアはあると思います。ＲＡＩの音楽アーカイヴへ持っていかれてしまったので。フーガになっています。オーケストラの為のフーガです。

――ピッポ・バルジッザやチニコ・アンジェリーニについて何か思い出は？

バルジッザについてはほとんど無いですね。アンジェリーニはアレンジはやらず、他人に任せていました。アンジェリーニのアレンジを始めた時は、彼のオーケストラは最も脚光を浴びていましたね。その頃に彼の作った曲はどれも非常にシンプルなものでした。その後、アンジェリーニのオーケストラは評価を高め、サンレモ音楽祭に参加するようになります。私にとって何のメリットにもならないことはおわかりでしょう。とにかくアレンジで最も美しかったのはゴルニ・クラメールによるもので、彼の音楽がいちばん綺麗なものでした。クラメールとは彼のオーケストラを指揮している時に知り合いました。舞台劇の伴奏で巡業していたんです。

――貴方のキャリアの中ではコマーシャル・フィルムもよく担当されています。作曲家としての経験からすると興味深い活動でしたか？

ルチアーノ・エンメルから声がかかり、取り組むことになります。宣伝や様々な製品の仕事をしました。音楽が要るとなるといつも私に依頼が来たんです。30秒の音楽を求められる時もあれば、1分の時も、それから15秒になったりして、もう音楽の体を成さなくなりました。私はRCAのシングル盤で仕事をするなどレコードで経験を積んできました。レコードのヒットは最初の10秒にかかっているというセオリーがありまして、内容の良さは音楽の冒頭からというものです。その数秒の中で勝負するのです。出だしで抜け目なくやらなければいけません。白状しますと、レコードで用いたいくつかの仕掛けはCMにも適用しています。

――CMも実験の領域として使えましたか?

いいえ、とても実験には至りませんでした。かつて私がやったものを知ってます? 自動車のCMに1分の曲を頼まれたんですよ。その企業の責任者が録音を聴きに来ました。すぐに口に出します。「素晴らしい、素晴らしい、これはいいです、3分の曲にしていただけませんか?」。私は反復を施し、当初の予定の3倍の長さとなりました。その責任者は大変気に入ります。そこで私が訴えました。「失礼ですが、1分の曲ということでお支払いいただけましたが、今は3分となりましたがどうでしょう? こうしましょう、クルマ一台いただくということでまとめてみては!」。彼は受け入れました。さてクルマ一台届けられたでしょうか?

——映画、TVシリーズでも長い経験がおありですね。劇場映画に作曲するかTV映画に音楽を書くかで対応は異なりますか？

**TVも映画と同様です。違いなどありませんし、私の姿勢も変わらないです。アイデアは映画に有効なものとして浮かんできます。いつも同じやり方で対応しています。**

——TV作品で特に誇らしく思えるものはありますか？

**エリオ・ペトリ監督の『Le mani sporche』、ジャン＝ポール・サルトルの小説を原作とした、見事な作品です。映像は公開されていません、RAIが禁じてしまったので。放送もされていません。[*1] アルベルト・ネグリンとの第一作『サハラの秘宝〈V〉』もそうですね。あの音楽もかなり重要と言えます。**

——『対決』も全シーズン手掛けていますね。[*2] 音楽の発想としては短いテーマが基になっていて、まさに繰り返しとなっています。貴方のアイデアですか、それとも映画と同じになるような音楽の印象というものを求められたのでしょうか？

**私のアイデアです。メイン・タイトルには誰からの暗示でもない、真っ当なアイデアがあります。まさにあの通り、思いついた者だけが書けるものとなっています。大ヒットとなったことは知っています、でも作曲している時はそんな大して注目を集めるとは思っていませんでし**

た。とりわけ短い曲の中での特殊な作曲手法を大衆がわかってくれたのは嬉しいです。

――ほとんど宣伝での見事なアイデア、またはシングル盤での出だしのような……

はい、多少なりとも当てはまりますね。おわかりでしょうが、経験を積み重ねると弓で放てる矢が増えてきます。必ずというわけではないですが、矢を一本放てば、経験から得たものが思い出されるのです。お話ししましたが、多くの小さな断片から成っていて、それぞれが今となっては判別しにくいというものが割合を占めています。

――チェット・ベイカーとの共演はいかがでしたか。

チェットがルッカの刑務所を出所したばかりでした。短期間の拘留でしたけど。服役中に4曲作りまして、それは歌詞はなくメロディーとハーモニーだけでした。RCAがその4曲をレコード化して売り出すことにしたんです。A面に2曲、B面にも2曲です。綺麗な曲でした。勿論トランペットを吹くのは彼で、私はアレンジャーとして迎えられました。クァルテットを結成したいという申し出がありまして、彼、ドラマー、ベーシスト、ピアニストとなります。第一曲目のレコーディングに入りました。ドラマーはミラノから来た人で、私の知らない奏者でした。でもベイカーとは何度も共演していたのです。曲のテンポは理解していたのですが、後で私とやってみると徐々に遅くなってしまうのです。私はそこでオーケストラを止めてしまいます。「遅れないように気をつけて」と彼に言いました。でも上手くいかないタイプだと悟ります。それで知人のドラマーであるロベルト・ザップーラを呼び寄せました。ザップーラには片隅で見ててもらいましして、その間チェットのドラマーは相も変わらず遅れてしまいます。やけになった私は指揮台を壊さんばかりとなってしまい、どう進めていいのかわからなくなりました。そこで突然、私は叫びます。「もういい！　ザップーラ、来て演奏してくれ！」。件のドラマーには帰ってもらいました。チェットも全面的に私に同調し「出ていくんだ！」と言いました。彼の耳が悪いなどということは絶対にありません。彼のトランペットは神々しいまでに並外れていました。その音色は暗く、ビューグルのようでした。

——良いアレンジの秘訣は？

充分なまでにメロディーに奉仕すること、メロディーを尊重し、変転する和声の小さな要素を浮き上がらせてみること。私はそれらを慎重に実施していまして、和声面では作曲者の素朴さを大切にし、良くするためなら細かいところまで見ていきますが、作曲者が求めた曲としての外観は変えないようにします。アレンジャーは大衆に受け入れてもらえるような特徴を見つけ出し、わかりやすいカンツォーネとして最高の形で聴く人に届けなければいけません。

——良いアレンジは出来の悪いメロディーを補えますか？

そういう時もあります。アレンジは重要な分岐点を与えます。しかし結局はカンツォーネそのものが良くないと駄目だと思います。ジーノ・パオリの「恋は塩味（Sapore di sale）」を思い出すのですが、とてもシンプルなアレンジを提供しました。ピアノを含んだ可愛いものです。そのカンツォーネの真価が現れ出るようにしたかったのです。ある音色に関心を抱いていまして、鋭い不協和音として差し込むなど、今だから言える小さな秘訣というものですね。大ヒットを記録しました。初のミリオン超えの売り上げとなってＲＣＡが彼に黄金のプレートを進呈した時、ジーノはそれを２つに割ります。半分を私に贈りたいとのことでした。この大ヒットは私の功績だとは思いません。パオリのカンツォーネが良かったのです。彼は素晴らしいアーティストで歌詞もとても入念なものでした。

――こちらがよく理解していないのかもしれませんが、「歌詞にあまりにも念が入り過ぎている」と言っているような……

ですがそうした問題はジーノ・パオリとは関係のないことで、セルジオ・エンドリゴやその他のアーティストも同様です。実際にメロディーではなく歌詞に注意が払われていました。メロディーはいつも簡素なもの、その一方で歌詞に重点が置かれていたのです。私の好まぬ側面であり、私がこの仕事を辞めるきっかけともなりました。音楽が詩にただ仕えるだけと義務づけられているようで、私から見てそれは変わることなく今に至っても改善が全く見られません。有名な舞台作品でも歌詞は面白いのですが、メロディーはあまりに単純なものばかりです。困ったものです。音楽が他の芸術に奉仕するというのは私には堪えられません。師であるペトラッシの法則のひとつで私が同調せず、いつも逆らっているものがあります。彼によると合唱作品では歌詞が理解できるものであることが必要だというのです。私は賛同しません。歌詞が知りたいのなら読めばいいのです。そうしたら何を言っているのかわかるし、落ち着いて聴けるというものです。逆に、歌詞を明瞭にするという方式で合唱作品に取り組まざるを得ないとなると、作曲家としての創作の自由を犠牲にしてしまいます。音楽としての要素が私にとっての最大の関心事です。メロディーを犠牲にはできませんし、歌詞の重要さを前にしてメロディーを間の抜けた、取るに足らないものにもさせられません。純音楽の偉大なる作曲家ルイジ・ノーノを取り上げましょう。彼は奇抜な手法で合唱を変えていったのです。私はと言えば合唱を使ってある技法を再開発することを好みました。ソプラノにある音節を歌わせ、テノールには別な音節、コントラルトにも別なもの、バスも別なものと。こうして断続的な言葉のキャンバスが再現されます。ノーノの閃きは私のと少し似通ってます。

——合唱の話題でお話しした事はカンツォーネにも当てはまりますか？

言うまでもありません。私にとってはカンツォーネでも同じことです。

――カンツォーネにおいては魅力的な冒頭部を常に入れるというレコード業界の要求の他に、最初の10秒のルールについての説明はありましたか？

ＲＣＡで言われたことですが、レコード店では客が試しに一枚聴かせてくれと頼みます。勿論、店員は全部は聴かせません。最初の断片、秒数にしてわずかなものです。気に入ってもらえれば客はそのシングル盤を買ってくれます。こうしたわけで有効な出だしが求められるのです。ですのでアレンジャーとして私が苦心するところは冒頭の何秒間に集中しています。奇妙な役割でした。アレンジのアイデアが特に最初の部分の表現にいつも左右されていましたから。ポール・アンカの曲で１５０万枚売れた「太陽の中の恋」を思い出します。ごくわずかな秒数のイントロを作曲しまして、その中でヴァイオリンがとてもシンプルな進行をします。曲がすぐに始まり彼が歌い出します。この時は規則を充分に守っていて、結果としては何の変哲もないアレンジとなりました。モランディとの時もこの規則に従いました。もっとシンプルなケースでは例えばミランダ・マルティーノの「Voce 'e notte（夜の声）」のアレンジです。ベートーヴェンのソナタのアダージョのようにして始めました。ノクターンですね。カンツォーネが「Voce 'e notte」ですから、ぴったり合っているように思えます。

――特に悩まされたアレンジというのはありますか？

2年ほど前ですが、ラウラ・パウジーニと彼女の御夫君、幼い娘さん、そして彼女のプロデューサーらが我が家を訪ねてきました。彼女が20歳の時に歌った最初のヒット曲「孤独を抱きしめて（La solitudine）」のアレンジを依頼してきたんです。再び世に出したいということでした。そのカンツォーネは美しく、彼女の歌唱も大変素晴らしかったです。問題は20年前の作品、その時代背景の中でのヒットということで正当な選択ができなかったということです。ひとつの簡素なテーマを大胆な手法で扱うというアレンジを考えなければなりませんでした。メロディーとハーモニーを控え目なものにするわけにはいきません。実を言うと悩みました。辛いなどとは口にしませんでしたが、厳しい仕事となりました。と言うのもアレンジするにも、その曲が20年も経って転換期と言いますか、異なる様相を呈していますので。本当に苦戦を強いられましたが、彼女はとても満足してくれました。初めて聴いた時は感動していましたし、さほど緊張もなく臨んでいました。受け入れてくれましたし、気に入ってくれたのです。公演中に彼女は私にお礼の品を渡したがりました。模型のマイクロフォンです。

――話を戻します。アレンジの世界に足を踏み入れた時の思い出は？

ラジオから始めまして、その後ＴＶ、そしてＲＣＡに名が知られるようになり最初のアレンジを依頼されます。ジャンニ・メッチアの「Il barattolo（ブリキ缶）」でヒットしました。RCAは倒産の危機に瀕していたんですよ。でもこのカンツォーネで繁栄を取り戻しまして、ジャンニ・メッチアは次の曲もヒットとなり、それが続きます。その後、ジーノ・パオリとセルジオ・エンドリゴも加わります。

――ラジオの仕事を始めたのはいつですか？

'54年から'55年にかけて兵役に就いていました。その頃は音楽院に籍を置きながらRAIでこっそりとアレンジの仕事をしていたんです。'52年頃から始めたのは間違いないです。お話ししたように最初に声をかけてきたのはカルロ・サヴィーナでした。彼はトリノからローマまで弦楽オーケストラを引き連れてやって来て、私にアレンジを依頼してきました。私は定職がなく、彼のような人たちからの連絡を待っていたんです。結婚する前もした後も、家族を支えていかなければなりませんでした。サヴィーナが言いました。「3曲か4曲アレンジをお願いしたいんだ、頼むよ」。経済的に不安定な年月が続いていました、10年くらいでしょうか。私の仕事は自由業で、また私は仕事を求めに行くタイプではありません。監督に映画の仕事をお願いしたことなどなく、いつも頼まれてきました。不安な面もありました、他に収入はありませんし。幸いにして仕事は途切れることなく順調でした。私や家族の生活が落ち着いてきたのは20年くらいしてからですかね。最初の頃は大変でした、レコードの仕事、ＲＡＩでの仕事、映画と。保証などありませんから。

――アレンジした曲を演奏するオーケストラの指揮者は、軽音楽に12音技法を混ぜ込むという貴方の試みを受け入れてくれましたか？

否定的な答えしか出てきませんね。私は二人の指揮者と関わっていました。ひとりは明らかに理解できない様子でした。スコアを見るだけで済ませるという人で、把握していないようでした。そればかりか私が書いたものを酷くこきおろしたのです。いずれも私はその場にいまして、悪態をつきそうになりました。

――貴方の画期的なアレンジをすぐに理解しろというのが、無理な注文かもしれませんね。

何人かは理解してくれませんでしたが、それはそれでいいんです。一方で、現れ出た音を歓迎してくれた人たちもいます。調性の上での和音を尊重しながらも伝統とは異なる方式になっているという、そんな奇妙な風味を評価してくれたのです。ある日、ニーノ・ロータと会いました。彼が言ったのです。「君は調性音楽に12音技法のシステムを適用したんだね」。その卓見には驚かされました、そんな域に達した人などいませんでしたから。本物の音楽家であることがわかりました。私のスコアを聴き分けたのです。嬉しかったです。私たちは親友になりました。他には多様性を指摘してくれた人もいましたが、それについて私は多くの作曲家、特に音楽学者に説明しなければなりませんでした。彼らは本当に理解してくれますから。いいですか、突如、12音技法が異なる筋道で始まると12の音の提示は重要ではなくなり、挑発的な不協和音となります。12音技法が少し自由になるということは、調性音楽の5つ、または6つの音も自由になるということです。私の体系は12音音楽と調性音楽との奇妙な連なりを生み出し、すべて歴史に逆らう扱いとなっていました。ひとつの道を進んでいく世界がありましたが、私はそれを進歩的な原理を使いながら再び元に戻したというわけです。理解してもらうのはかなり難しいでしょう。

――アレンジ、その後の映画の中で、現実音の使用にずっとこだわってきましたね。

とても若い頃にまで遡る習慣です。二人のフランス人エンジニアによるレコードを聴きまして[*3]、それは音楽でない音楽、つまり騒音、ノイズだけでした。聴いて好奇心が湧き、私が担当する映画にも影響を及ぼすようになります。映画監督のマリア・ヴィルジニア・オノラートが彼女の作品『L'ultimo uomo di Sara』で私にノイズを使用したものを作るよう望んだのです。私はほとんどノイズだけで成り立っている音楽を作曲しました。ジャーロ映画で、また特異な映画でもあり、新たな実験になりました。非音楽的な音はタイプライターだけではなく、かなりよく使われたものとしてマシンガン、その他現実から発せられた音があります。例えば人間の口笛。『荒野の用心棒』では金床、鞭の音も採り入れています。異なる音を得る為に、びっくりさせるような楽器法になったり、時には下品なものになることもあります。でも、ひとつの傾向となってしまえば、それらの音は下品でなくなります。現実音、つまりノイズを使うのは何よりも決まりきったこと、慣れきったことから脱したいという欲望なのです。私の映画音楽が他の作曲家のと違うと言われると、それはおそらく私が受けてきた、そして今も受けている影響が大きく混ざり合う中から生まれた動きなのでしょう。自分自身の中に相反する作曲家が存在するような気によくなります。二つの顔があると口にすることがあるんです。

——ヤーヌスみたいですね。

そう、まさにヤーヌス神のようです。自分でそういうあだ名をよく付けます。勿論ヤーヌスで。実際、私には多くの顔がありまして、分類するのは難しいです。だから自分自身に逆行している、一貫していないというのです。多様性が首尾一貫ではないということではありませんがね。一貫性の無さがひとつの個性、スタイルを表すのでしたら、ひとつの地位になるのでしょう。少なくともそう願いたいです。

——他にどのような非音楽的な音を使われましたか？

鞭と金床の他に使ったのは鐘、ガラス瓶、ハンマー、タンブリン、口笛、ブリキ缶、モールス信号、水の滴る音、パトカーのサイレン、鉄のバネ……本当に沢山用いました。

――「Il barattolo」がおそらく最初ということでよろしいですか？

ジャンニ・メッチアの「Il barattolo」が初のアレンジで間違いないです。どれだけ苦労したかわからないでしょうが、自分の望むものを得るための方法を開発しなければならなかったのです。コンクリートの下り坂に釘を打ち付けてもらうよう頼みました。そうしてブリキ缶をその上ですべらせて、とても特徴的な音を出させたのです。上手くいきませんでした、別な方法を求めましたが、どれも駄目です。ある時、私はブリキ缶を手に取り、地面に叩きつけました。怒りにまかせた行為から生まれた音がレコードに使われることになったんです。私による非音楽的な音はリズム・パートに入るのではなく、曲の音色となって然るべきなのです。いずれにせよ、最も大衆向けのレコードで使用した技法であり、映画では『荒野の用心棒』を除いて滅多に使われていません。自分としては正当と思われる音がそこにあるんです。エドゥアルド・ヴィアネッロの「Pinne fucile ed occhiali（足びれ、銃、メガネ）」では桶を用意して飛び込みの音を出してみまして、後にレコードでは水の音となります。曲はヒットしましたが、自分の功績とは思いません。全体的に優雅なものでしたね。

——ＲＡＩの伝説的な番組でも仕事されてますね。「Studio Uno」、特に「Biblioteca di Studio Uno」、私は大好きでしたよ。アントネット・ファルキとクァルテット・チェトラが出ていて……彼らが「三銃士」や「モンテ・クリスト伯」をやったりして！

クァルテット・チェトラのアレンジはすべて私がやりました。でも私が実施した楽器編成の枠組みはヴィルジリオ・サヴォーナによるものです。彼らが歌手の曲、そして歌う際の調性を決めていたんです。サヴォーナは私に雑記帳の類いを託しました。楽器編成についての指示など無いんです。私がオーケストラの編成をしたんです！　ひと苦労でしたよ……。ヴィルジリオは前日に渡してきまして、翌日にレコーディングなので私は夜通しアレンジにかかることになります。おまけにそれは実に長くてね。朝10時頃に写譜師がやって来ます、バウキエロとかいう人でした。スコアを引き取りまして、急いで写譜をしてアジャーゴ通りにあるＲＡＩのＢホールに持ち込みます。そこでオーケストラとの録音が行われるんです。私は何度か、楽譜の上に突っ伏して眠ってしまいました。

——毎回、どれくらいの曲を用意できたのですか？

10曲ほど。既に知られていて、レパートリー化しており、有名なメドレーとなっていて、つまり歌詞を変えた曲なんです。例を挙げましょう。１９６１年の「Studio Uno」で演じられたロビン・フッドのパロディーです。サヴォーナが選んだ曲のひとつでジョルジョ・ガベールが歌いました。オリジナルの題は「Non arrossire quando ti guardo（君を見つめても赤くならないで）」といいます。森で串刺しにした肉を手にするロビン・フッド、そこにリチャード1世が現れて歌うのです。そこで歌詞が変わっています。「Non arrostire quando ti guardo（君を見つめてもローストにはしない）」。効果てきめんで、とても面白かったです。明らかに大衆の知る曲を選び出し、それを彼の妻ルチア・マンヌッチやその他クァルテットが歌う調性に合わせていったのです。簡単な作業ではありません。

――大歌手マリオ・ランツァとは？

RCAに入る前にレコードの仕事で一緒しました。当時も世評極めて高いテノール歌手で、流行の真っ只中にいました。マルラーナ通りにあるスタジオ・アントニアーノで活動していまして、そこはかなり大きなホールでオーケストラも揃っていました。指揮台で棒を振るのはフランコ・フェラーラで、彼の背後でマリオ・ランツァが生で歌います。私はリハーサルとレコーディングに立ち会わなければなりませんでした。ランツァは私のアレンジに満足してくれまして、この上ない賛辞を送ってくれました。落ち着いた歌唱でしたが、巨匠フェラーラはいつも神経質でオーケストラや歌手が些細なミスをするたびに気になって、すぐに演奏を止めます。止めてから静まり返ると、またタクトを振りました。私にとって貴重な経験となりました。単調なカンツォーネに様々な、より音楽的な実験を敢えてしましたので。ありきたりなギターとマンドリンからも脱却できたのです。レコードは良い仕上がりとなりました。ランツァのLPも良い出来で、20年も売れ続けたのです。何故わかるかというと印税が入りましたから。実際のところ少額ではありましたが何年も続きましたからね。カンツォーネのレコーディング中に、ある箇所でランツァがたまたま音を外してしまいフェラーラが卒倒することもありました。

――シャルル・アズナブールとも仕事をしていますね？

はい、とても面白かったです。私の指示を尊重しながらも自らの個性を保つことができていました。私のアレンジに注意し、自由にやりすぎないようにしていましたね。音楽的にも明快に進めてくれましたが、実を言うとつっかえてしまうような要素を私は何度か入れ込んでいるんです。でも彼は巧妙にどれも乗り切っていました。多くの歌手は自らの解釈を犠牲にしながら私のアレンジを受け入れていたと言えるでしょう。アズナブールもそうです。才能に恵まれ、しかもちょっと苦労するような部分も聴衆に気づかれることなく、難なくこなせるのです。

――ベネデット・ギリアの古いインタビュー記事を見つけました。'60年代に遡るものと思われます。貴方のことを現代アレンジの父と語っているんです。

その記事は読んでいないと思います。かつてベネデットにピアノ演奏を依頼したことがあるんです。アルナルド・グラツィオージ、アルベルト・ポメランツ、ルッジェーロ・チーニら3人との共演ということで。彼は有能な音楽アシスタントでアレンジも試みていましたね。私は4人の為の曲、4台のピアノを使うアレンジ作品を2曲書きました。ひとつは「Pippo non lo sa（ピッポはそれを知らない）」、もうひとつはミランダ・マルティーノが歌った「Ciribiribin（チリビリビン）」です。私の曲で着想に富み、アイデアも豊かなのは「Ciribiribin」だとはっきり言えます。4台のピアノで、模倣しながら洗練された手法で作ってみました。メロディーの出だしを曲全体のアレンジのヒントとして用いたのです。ベートーヴェンの「月光」やモーツァルトの「トルコ行進曲」などクラシック作品を引用しながらね。間違いなく私の最高のアレンジです。優雅で異質な小唄に仕上げました。

——ギリアの言うことが正しいと？　現代アレンジの父であると？

おそらく「Ciribiribin」を聴いた後で出てきた意見でしょう。彼の考えはいささか大げさかもしれません。多分違うのでは。私には何とも言えませんね。

＊1　この発言は意味不明。もともとRAIの制作によるTV作品で放送もされているはず。勘違いか？

＊2　第1、8、9シーズンは担当していない。

＊3　ピエール・シェフェールとピエール・アンリの一連の共作「ひとりの男のための交響曲」「オルフェ51」等を指している。もっともエンジニアだったのはシェフェールだけである。

# 3章　作曲家の弱点——わが青春のペトラッシ

——慎重に扱うべき話題がありまして、作曲の師匠との関係です。貴方の人生で重要な存在であることはわかります。

その通りです。ゴッフレード・ペトラッシは私の人生において決定的な存在でした。彼と知己を得たいという願いは音楽を学ぶことと直結していたのです。学び取りたかったのです。7年生へと続くための対位法とフーガの試験を終えると、私は作曲の上級課程に進むことになっていました。1954年のことです。音楽院には作曲家で権威ある教官が二人おりまして、それで私は音楽院の図書館に行き、ペトラッシのスコア、当時の彼の作品を自分で調べてみました。ペトラッシの書法、それだけで気に入ってしまったのです。その書き方、洗練された優雅な書体は美しいものでした。こうして指導者に彼を選んだのです。私はすぐに事務局に向かい、その要望を訴えます。事務局の返答はこうです。「残念ですが、あのクラスはもう生徒がいっぱいです。別の教官の所へ行くように」。私はあきらめられず、昂然と喰い下がります。が、事務局も頑として聞き入れません。私はそこで言いました。「ペトラッシのクラスに入れないのなら、もう音楽院には来ません」。数ヶ月経ち、クリスマス休暇に入ります。年が明けて事務局に足を運んだところ、こう言われます。「貴方には負けましたよ、ペトラッシのクラスに籍を入れましたので」。私は小心翼々と、本当にびくびくしながら加わっていきました。そのクラスは作曲の秀才揃いで、何人かはずば抜けているとの噂だったのです。その雰囲気、わかりますよね。

――最初のレッスンは憶えていますか？

最初は簡単そうに見えるものを課せられました。一ヶ月か二ヶ月かけて舞曲を作曲させられたのです。タランテラ、ブーレ、ジーグ、ブギ・ウギ、サンバ。中世のものとモダンなものです。長いものにはせず、私に舞曲を理解させたかったのです。出来が良くないんじゃないかと、私はいつも不安でした。彼は私の作品を何も言わず、じっくりと観察し、私にまた別なタイプのもの、サラバンド、クーラント、そしてすべてを混合したもの等を再び作らせるだけです。正直言って、こうした修練には不満を感じていました。やっと舞曲をあらかたやり尽くすと、私にリチェルカーレの説明をし始めます、フーガに先立つ音楽形式です。前にもお話ししましたがフレスコバルディがその創始者で、実際にペトラッシは私にフレスコバルディを学ばせ、その後リチェルカーレの作曲を課したのです。極めて多岐に渡る対位法作品（反行、反行の逆行など）となりまして、初めて師匠が満足してくれているのを感じ取れました。ようやく自分が師匠を喜ばせたのだと。

——それからはすべて順調に行きましたか？

実は、まるで感心してもらえなかったことがあるんです。初めて楽器法の課題を与えられた日のことでした。私は以前から隠れてアレンジの仕事をしていたので、オーケストレーションにはもう熟達していると自負していたんです。ペトラッシはシューマンのピアノ独奏曲「予言の鳥」[*1]を課題として出しました。「これでオーケストレーションをしてみなさい」。その曲には豊潤な響きがあるように私には思えました。私は大編成による編曲を行ったのです。私の狙いはピアノのペダルを踏み込んだ時に感じ取れる響きを実現させることでした。こうして会心の作になったと思って学校に行きましてペトラッシに見せます。「何だね、これは？」。失敗だったようです。私は敢えて答えます。「先生、これはペダルの響きを表現したものです」「違うな」とのお言葉が返ってきました。「君がやるべきだったものを今、お目にかけよう」。フルートのための簡単な、実に簡単な音が書かれていました、そしてハープ独奏による繊細な手触りのようなものも。この失敗と彼が簡素化したものを見せてもらったことにより、私の思考は開けていったのです。

――その失敗で楽器編成の秘訣を学ばれましたか？　ペトラッシから指摘を受けたことでさらに何かがわかってきたとか？

それはもう間違いないです。崇拝する師の傍にいたかった事を憶えています。教室に来られる少し前、朝の10時には待っていて、同じ作曲の生徒全員のレッスンにもずっと立ち会いまして12時半まで続きました。13時になったこともよくありましたね。それから週2回、ジェルマニコ広場132にあるご自宅までお供させていただきました。歩きながらあらゆる事、特に音楽について語り合ったものです。彼との関係はまさに敬愛の思いに包まれたものとなっていました。他の作曲家の学生らに授けるレッスンを聴講することは私にとって貴重なものとなります。これによって教室に加わった日みたいな彼らに対する近寄り難さも感じなくなったんです。彼らの威圧感を前にして本当に卑屈になっていたものでしたが、有能な作曲科の学生らに混じって勉強することにも慣れ、当初のようなおどおどした姿勢も消えていったように思えました。ペトラッシとは親子にも似た愛情があり、優れた技術を持つ父親のようでした。彼の学識は私に刷り込まれましたが、それに気づいたのは何年も経ってからです。生徒を自分の思うまま均一化し、自分のコピーとして再生産させるような指導者もいます。それは私には欠陥があるように思えます。それに引き換えペトラッシは生徒それぞれの個性を自由に向上させ、改めさせてくれた作曲家です。ペトラッシのクラスはチャレンジ精神旺盛なクラスでした。

――創作の自由は認められていましたか？

はい、技術的に弱いところを修正するだけに留めていました。これも何年も経ってからわかったのですが、自分のスタイルを確立できたのも彼のお蔭で、単に経験を積んだというだけではありません。ゴッフレード・ペトラッシの教えは私の中に深く染みこんでいるんです。

――映画音楽作品を彼に見せたことはありますか？

ないです。聴かせたこともありません。お話ししましたが彼は映画を作曲家の弱点と見なしていて、金を稼ぐ為の妥協であると考えていたんです。そうじゃないんですよ。映画音楽は食べていく為だけにやるものではありません。ひとつの表現空間というもので、すべての芸術を一体化させる、その驚異的な表現に向けた作品を実現ならしめるのです。つまり、映画は舞台作品における各芸術の包括を望んだワーグナーの理想のようなものなのです。絵画を鑑賞する時間は2秒だったり1時間だったりします、彫刻も同様です。詩なら短い時間で読めます。たちどころに、すぐに享受できるのが造形芸術というものです。映画と音楽はそうはいきません。1時間30分の映画を観るには1時間30分要ります。音楽作品も同じで15分の曲を3分では聴けません。音楽と映画は時間、時間性という要因を基本としていることで共通しています。このため兄弟・姉妹みたいなものです。

――ペトラッシは貴方の映画音楽を聴いていたのでしょうか？

だいぶ経ってから会ったことがあります。その頃は私が映画音楽を手掛けていることはよく知っていました。で、私にとっても意外な映画を話題に出したのです。『夕陽のガンマン』です。これには驚きました。他の映画、私にとってもっと意義深いと思われる映画について語ってくれるものとばかり思っていましたから。でも彼は言いました。「映画を観たよ。あのテーマ曲、私は大好きなんだ」。それから不思議なことを口にしていましたね。「取り戻せる、君は必ず取り戻せるよ」。作曲家にとって映画の仕事に専念することは、自由に羽ばたくために必要な妥協であるという、はっきりとした考えでした。幸い、今日ではそのようなことはないです。しばらく前から私は映画音楽も現代の音楽であると主張しています。

――でもペトラッシは映画音楽を軽蔑し続けたのですね？

彼は自分が担当したものだけは軽蔑していなかったと言えるでしょう。でも彼と映画との関係は恵まれたものではありませんでした。

――単刀直入に尋ねます。ジョン・ヒューストン監督の『天地創造』は実際のところ、どうだったのでしょうか？

そこに来るかい？　ＲＣＡの経営陣がペトラッシの代わりとして私に声をかけてきたんです。彼はローマＲＡＩのオーケストラ、合唱団を使って素晴らしい音楽を作曲し、フェラーラが指揮しました。格調高い楽曲ばかりで何曲かはレコーディング済みでした。ところが残念なことにジョン・ヒューストンには納得してもらえませんでした。彼のような異なる音楽観を持つ監督では仕方のないことです。他のケースではペトラッシも協調し、映画での決まり事も受け入れていました。ですがこの時は彼自身の感ずるまま、より現代風に寄り添った音楽を書いたんでしょうね。それで私が呼ばれたんです。二つ返事で引き受けました。私にとって身に余る光栄だったことは想像できるでしょう。それでも私の師匠の音楽がヒューストンに評価されなかったのは遺憾なことでした。私が呼ばれたのは、映画や音楽とその録音に既に多額の資金が投入されていたからです。資金の一部はＲＣＡが出します。私がＲＣＡで一手に仕事をしていることに対する礼儀としてのものでした。安く済みそうな新人――つまり私――を求めていたんです。結局、コストはかかりませんでした。私にお金は支払われなかったのですから。

――運命は思いもかけないしっぺ返しを仕掛けるものです。ペトラッシは映画での貴方の活動を不快に思っていた、でもある大作映画の音楽作曲を依頼され引き受ける、だけどその作品は監督から拒まれる、そして後を任されたのは映画の仕事に没頭しないよう注意してきた自分の弟子だった……皮肉なものです。

私の立場はあくまでオーディション的なものに過ぎません。事実、契約などは交わしていなかったのです。こう言われました。「『天地創造』について何か作曲してくれ、単純なものでい
い、ヒューストンが気に入れば君が全篇を担当することになる」。私は喜んで作曲しました。でも頭の中にバベルの塔についての別な楽曲が浮かんできたんです。オーケストラによる終止を伴う合唱作品が。合唱の各声部が左右、各方向で呼応し合います。歌ではなく叫びで、言葉が叫ばれていて距離感があるようです。理解はできなくとも聴いてもらいたいものです。ヘブライ語で叫ばれているんです。歌詞についてはテヴェレ川沿いのシナゴーグ（ユダヤ礼拝堂）のラビ（ユダヤ律法学者）に照会してもらいました。演奏指揮はフランコ・フェラーラで、いつものように彼はレコーディングの3日前にスコアを求めてきました。フェラーラは完全に暗譜してしまうのです。彼が指揮するものはどれもそうなんです。凄いことです。RCAのスタジオAで録音しました。巨大なホールで然るべき響きがするのでエコー処理の必要がありません。録音をミキシングするだけです。良い出来となりました。まず最初に光を描き、それから水、そして火、さらに野性動物や鳥を表現しました。上手く特徴が出ています。おそらく大衆には

すぐには理解されないでしょうが、力強さとスコアの書法は明白なものです。最後に人類が生まれてくるんです。仕事も週末となると御大もお休みになる時で……私は御大を全然休ませなかったのです！　早速そのバベルの塔の曲に関わってもらいました。それからの日々は不安なもので調整室のガラスに身をくっつけて時を過ごしていました。その２つの楽曲を聴きに来ている人たちの反応をひとり残らず見ていたのです。頻繁に来ていたのがジョン・ヒューストンで、ディノ・デ・ラウレンティスや助監督のレナート・カステラーニもよく来ていました。みんな夢中になって聴いていて驚いていましたよ。ＲＣＡの人たちは自分たちの読みが当たったと確信しました。少なくともそう見えたのです！　試聴から一週間後、デ・ラウレンティスがポンティーナ通りにある彼のスタジオへ私を呼び寄せます。そして言いました。「君の作品は素晴らしい、君はとても有能だ！　うちの会社だけで出してみる気はないか？　ＲＣＡなんか気にすることないだろ？」。私はぞっとしました。「失礼ですが」。私は答えます。「私はＲＣＡと契約しています。裏切るような真似はできません」。彼はなおも言い張ってきましたが、私も態度を変えません。ローマに戻ると家には戻らずＲＣＡへ直行しました。社長のジュゼッペ・オルナートと総務重役のエンニオ・メリスの二人に話します。「私にとってまたとないチャンスではありますので映画を担当する権利は与えてもらいたく思います。デ・ラウレンティスが私に彼の会社とだけで仕事をするように言ってきました、貴方たちとではなく」。二人は腹を立てます。「金を出しているんだぞ、前はペトラッシの作品で金を無駄にし、今度は君か？　デ・ラウレンティスの会社だけでやるなんて！」。実際、そんな事が通るわけありません。「私たちとの約束は忘れてくれ、君には降りてもらう」。契約ではあっても口頭のものですから従わなければなりません。私は映画から外れることになりました。最終的にサウンドトラックを担当することになったのは黛敏郎です。彼はとても優秀で、美しい音楽を作曲しましたが2つのミスを犯していますね。何もかもわかりやすくまとめているんです。テーマ曲をまるでイタリア映画のように仕上げています。ナポリの6度ですね。『天地創造』の中で、こうしたとても大衆的な風味を持つテーマ曲が流れるとぎょっとさせられること間違いなしです。私が日本の音楽を作曲するとなったら、多分同じミスをしてしまうでしょう。これはペトラッシや『天地創造』や私から出てきた問題ではないですよ。

――師匠と弟子……二人とも外されましたか。内心、思い続けてきたのですが貴方も映画に作曲することは音楽に対する冒瀆《ぼうとく》と考えられていたのではないかと。

最初はね。本当にそう思っていました。徐々に考えが変わってきたんです。

――ペトラッシに限らず、彼の楽派に属する他の作曲家たちも映画音楽を見下げるような立場にありました。当時の同僚らに対し、どう感じていましたか？

罪悪感がありましたね。「罪悪感」という言葉がすべてを言い表していると言えます。私は雪辱を果たすつもりで作曲していました。罪悪感に打ち勝たねばならなかったのです。

——『天地創造』の依頼を受けた時の貴方は、既に師匠が全篇作曲していたことを知っていました。相談したり説明したりする必要は感じませんでしたか？

相談はしませんでした。お話ししましたが、彼の音楽が拒まれたのは残念なことです。でも私は良心の呵責を感じることなく、落ち着いて仕事に取り掛かりました。彼に声をかけたとしたら、その心外な気持ちに耳を傾けたでしょう。でも私が彼に何と言えたでしょうか？　彼は仕事をし、その対価は払われています。ペトラッシは作曲したことで責められることはないし、私も依頼されたことで責められることはないんです。さらに言えば私は若い作曲家でした。それに引き換え彼は理解されなくともびくともしない、世界じゅうに信奉者のいる音楽家です。そしてヒューストンの判断は音楽の価値とは関係ありません。彼の映画の観客には合わないと考えられただけです。ペトラッシの音楽そのものは貴重なんです。ただ彼が望んだもの、映画が伝えるべきものが監督に伝わらなかったのです。

——その件について後でペトラッシと話をしましたか？

していません。理由を聞かれてもわかりませんが、なかったのです。私が後任として依頼されたことを知らなかったのかもしれません。私の音楽も使われませんでしたから。この出来事については彼と話をしていません。

——ディノ・デ・ラウレンティスとのその後の関係は？

彼ともこの件については一切話をしていません。依頼はよくありましたよ。彼がイタリアにいる時でもアメリカにいる時でも。かつて彼の邸宅を自由に使ってほしいと言われました。私がロサンゼルスに留まっていたので。断ったのですが結局、邸宅と引き換えに無償で仕事をしなければならなくなりました。仕事の依頼は途切れることはありませんでした。彼がローマに来た時はクイリナーレで宿泊し、そこから私に電話をかけてきて、私が会いに行ったんです。

——ペトラッシとの師弟愛が続き、彼の家を訪ねることも続いたのですね。

彼の家によく招かれまして、また一緒にピザを食べに行ったりしました。卒業が決まると全員とはいきませんが、数人の教え子らを招待していました。そうしてジェルマニコ通り132のお宅に私たちはお邪魔し、食事したり語り合ったりしたんです。

——敬称で呼び合うのをやめたことは？

とんでもない。ずっと敬称です。ゴッフレードなんて言えるのも今だからこそです。

――音楽院時代、師に自宅まで同伴するという貴方の習慣は、同僚の方々の目には先生から目をかけられている、お気に入りであるというふうに映っていたのでしょうか？

かもしれませんね。正直なところ、私はそうは思っていませんでした。多分、彼は私のことを他の生徒より少しだけ気に入っていたんではないでしょうか。こう言うのも他の二人の教え子、ブルーノ・ニコライとジョヴァンニ・ザンメリーニのことを思い出すからです。ニコライは私の映画音楽の指揮もしてくれまして、作曲家としても指揮者としても優秀です。二人とも師匠に対して堂々と論戦を仕掛けていました。ペトラッシは怒りはしませんでしたが反論しました。ザンメリーニもニコライも師を心から敬愛していましたが、論戦するほどのエネルギーにも溢れていたんです。私にはそれはまるでありません。私は従順でしたので。師を尊敬しすぎていたくらいです。私だけでなく生徒全員に与えてくれたものに対し、今でも深い感謝の気持ちを持っています。情熱ある指導、数人の教え子らと論争した時の姿勢、熱意が増してくるところなど私は目にし、耳にしてきましたから。私のような一見、従順な態度よりもザンメリーニやニコライの二人との論戦の方が有益であることも否定しませんでした。つまり私は師に対して問題提議はしなかったということです。

――貴方が受けた作曲の卒業試験はどのようなものでしたか？

初めに3つの試験が実施されます。それぞれ36時間が設けられているんです。一回目の課題は「弦楽四重奏」、二回目は「主題と変奏」、三回目は「楽曲分析」です。この3つの試験ではいずれも作曲受験者は36時間、ピアノと机のある部屋に閉じこもることになります。つまり夜もそこで過ごすのです。

――どうしてそんな厳しいルールが？

音楽を作曲するには時間がかかります。作曲の試験はクラスで作文を書くようにはいかないのです。弦楽四重奏の作曲は日数を要します。これは全受験者に与えられる条件であり、神経を研ぎすまさせるものなのです。多くは仕上げることができず、除外されます。36時間でできない者は白紙、または不完全、それか押印しただけの楽譜を提出することになります。私はそういうことはなく、かなり早い時間で難なく落ち着いて、時間的なプレッシャーを感じることなく完成できました。上級に進まないうちから自宅で時計を使って訓練していたんです。7年次に対位法とフーガの試験も受けていました。フーガには16時間が設けられていました。私は提示部の作曲に2時間、第一嬉遊部に1時間、対提示部に1時間、ストレッタ（追迫部）と結尾にいちばん時間をかけて4時間、つまり8時間でフーガを仕上げたんです。卒業試験でも同じようにこなしまして、それからアレンジャーとしての仕事をしました。既に自信を持ってオーケストラを扱っていたんです。どれも36時間かからず、落ち着いて取り組めました。

――最初の段階でそんなにあるんですか。で、その後は？

その後は在宅を含めた15日間の試験となります。そこで抒情的舞台つまりオペラ、もしくはオラトリオのどちらかの作曲を選択します。私はオペラを選び、嵐の中、キルケの島に上陸した海神グラウコスをテーマに取り組みました。嵐を引き起こすものとして、合唱とオーケストラによる壮大なフーガを作曲するのがふさわしいと私には思えました。6部に分かれ、3部が船、3部が海というものです。海神がようやくキルケの島に流れ着き、その彼を待ち受ける魔女キルケは誘惑しようとします。グラウコスはとても官能的な女と出会い、彼女はすぐさま挑発的な言葉を発します。「強い男なんているのかしら……」。私はオーケストラ、弦楽で、それも柔和な書法によって女性の肉体のように表現しました。まろやかな音でキルケの官能性を出したかったのです。そのように想像を働かせましたが、いかんせんそれを表せるだけの技術がまだ備わっていませんでした。小節数としてはわずかですが隙がありまして、多分良く書けていないのでしょう。最終投票が結果を左右します。でも審査団はそういうものは考慮しません。何よりも最後の口答試験に緊張がみなぎるんです。試験委員のメンバーは大物揃いなんです。音楽院の院長グイド・グェッリーニ、それからグイド・トゥルキ、ヴィルジリオ・モルタリ、ゴッフレード・ペトラッシ、そしてサンタ・チェチリア管弦楽団の常任指揮者のフェルナンド・プレヴィターリでした。美学論に関してはグェッリーニはペトラッシと対立していたんです。彼の詩情とスタイルはかなり伝統的なもので、未来志向であるペトラッシの音楽は理解できませんでした。二人はライバル関係だったのです。さらに言うとグェッリーニの作品はあまり演奏されることはなく、ペトラッシのは多いです。グェッリーニは保守派、ペトラッシは前衛主義、モルタリは中庸派、トゥルキは前衛派についていると言えるでしょう。明らかにペトラッシと論争になってくるとグェッリーニは私に質問を向けてきました。私が作曲したオペラについてです。「何故、コントラバスのミの音をオクターヴで重ねたピッツィカートにしたのですか？　どうしてです？」。私は答えを用意していました。想定していたんです。コントラバスの第4弦の開放弦、その響きは第3弦によるオクターヴ上のミの音と共振性があるからです、と答えるつもりでした。ところがペトラッシはその質問を、私が作曲したオペラの複雑さを頭に入れたうえでの悪意あるものと見なします。お話ししたように、美しい姿を描いたのだ、と私は答えるつもりでした。ですが師匠は私がそう答えるタイミングを与えず、グェッリーニを非難します。本当にカッとなっていました、おそらく私が答えに窮してしまうと心配したのでしょう。「何て馬鹿な質問だ！」と叫びました。私の味方であることを示したかったのです。ええ、その時は私も頼もしい気持ちになりました。もっとも、繰り返しますが私はひとりで充分に乗り切れるつもりでしたけどね。結局、10点中9・5の成績を収めることになりました。

——ペトラッシの反応は？

この結果に彼も喜んでくれました。コミカルであると同時にドラマティックな場面でしたね。彼の家までお互い感無量といった感じで歩いていきました。その日でしたか、私に仕事の口を与えると約束してくれました。おそらく音楽院の教員のポストのことでしょう。「2年待ってくれ」と言われました。私が既にRAIでアレンジャーの仕事をしていたことを知らなかったんです。知ったのはだいぶ経ってからですが、多分これで私の活動に対する違和感が激しくなったのでしょう。

——何の違和感でしょうか？

アレンジの仕事です。感心していませんでしたね。彼の考えは純音楽のみが偉大な音楽であって然るべきというものでしたから。実際、私は何でもできたんですよ、信じてください。でも方向性の違いというもので彼は理解しませんでした。

——貴方の仕事は時間の浪費と判断していたのでしょうか？

まさにそうですね。おそらく映画も苦々しいものだったのでしょう。『天地創造』以外では

『苦い米』『家族日誌』など5、6本の映画にしか作曲していません。

――学内での作品は別として、作品を師匠に見せたりはしましたか？

学業を終えた時だけです。彼とは連絡を取り合っていまして、電話で話をしては私が作曲したものを見せに彼の家まで足を運びました。学外で書き上げた最初の作品はフルート、オーボエ、ファゴット、ヴァイオリン、ヴィオラ、チェロの為の六重奏です。それから管弦楽の為の協奏曲を作曲します。私にとって初のオーケストラ作品でペトラッシに捧げました。高く評価し気に入ってくれました。そしてRAIの取締役のジュリオ・ラッツィとかいう人に話をつけてくれたのです。その人はヴェネツィア音楽祭の責任者も務めていて、そこで私の作品が演奏されました。成功しました。成功と思うのにも理由がありまして、オーケストラで作品演奏を聴けるという感動があるんです。満足のいくものでしたが、さらに別な作品を発表します。音楽がもう自分の仕事となったんですね。協奏曲の後は別な語法に挑んでみたくなりまして、それは自分がまだよく知らないもの、音楽院でせいぜい話に聞く程度だったものです。今でも重要と思っている作品を3つ仕上げました。11のヴァイオリンの為の作品、フルート、クラリネット、ファゴットの為のトリオ、ピアノ、ヴァイオリン、チェロの為の曲です。この3曲で現代音楽の世界に仲間入りしたかったのです。今でもこれらの作品を聴きますが、悪くはないなという感じです。11のヴァイオリンの為の曲は、後にエリオ・ペトリと初めて組んだ映画『怪奇な恋の物語』で使用します。女声ヴォーカルとパーカッションを加えました。根本的にこの3作品には音楽院で培ったものに身を任せたい、そして当時の音楽界の潮流の中で自分の力を試したい、そう願っていた時間が今も息づいているのです。

――貴方が苦しんでいる同僚に手助けしたということは？

4年次の作曲初級課程の時です。そこでも3回の試験があったんです。私は時間内に仕上げるのに慣れてしまって、あまりに事もなく思うままに済ませられました。隣の部屋で友人が受けているのを知っていたんです。試験の最中、私は窓から顔を出し、その友人トニノ・コロナの様子を見ます。彼は家庭の事情で勉強する時間がなかったのです。彼は1年次が終わったばかりの頃にこっそりと出席してきました。試験は通常、4年次が終わったところで実施されます。彼は窓から私に助けを求めます。模倣とフガートの低音課題をどう進めていいかわからなかったのです。私はだいぶ前に書き上げていました。「トイレに行くんだ」。と私は彼に囁きます。「そして貯水タンクの裏に君の課題用紙を置くんだ、そうしたら部屋に戻れ」。守衛に声をかけなければいけません。部屋の鍵を持っていまして、生徒にトイレのドアも開けてくれるからです。後で私もトイレに行き、貯水タンク裏の用紙を取って部屋に戻ります。そして低音部に課せられた「解答」を書き込んだのです。それほど難しい問題ではなく、正答が得られるものでした。私は再びトイレに行き、用紙を貯水タンク裏に戻します。彼がそれを回収し、完璧で正しいものとして提出しました。彼は試験をクリアすることを急いでいたんです。アメリカ人の女性と結婚しまして、アメリカの音楽学校で作曲初級課程の教師の職が彼に用意されていました。彼は6点[*2]を取りました。おそらく他の試験もそこそこ行けたのではないでしょうか。

――作曲の全課程を修了した時も、学習は続けられたのですか？

私の音楽的教養の大部分は、その学習から培われたものです。音楽についてのあらゆる知識を徹底的に吸収しました。作曲の学習においては学生は自分なりに音楽の全歴史、作曲の歴史をまるごとおさらいするのです。音楽院を出てからも学習は続きます。過去の作曲家ではなく現代の作曲家についてで、自分が見過ごしてきたもの、全然知らなかった交響曲を発見したりするんです。私が学んできた形式を実現している新たな作品を聴くことが重要となりました。これは音楽院を出てから体験することです。大きく広がった全景、その虚空の中にある音楽を、独り歩み続けることによって見つけなければなりません。洞察力、愛、体験、学習、技法、そして数人の作曲家への熱中によって独り歩んでいく道なのです。

――教職に就いたことは？　プライヴェート・レッスンとかは？

やりたくはありませんでした。フロジノーネ音楽院[*3]で教鞭を執っただけです。そこの市長がダニエレ・パリスを校長に任命しました、彼はペトラッシ門下の作曲家です。パリスは自分が評価する人たちに声をかけます。私、ヴィオラのディノ・アッショーラ、ピアノのアルナルド・グラツィオージとセルジオ・カファーロ、作曲にブルーノ・ニコライ。初めてレッスンをしましたが、自分が良い教師であるとは思えませんでした。同じミスを3度も4度もするような生徒に我慢できなかったのです。そんな時に言ったんです。「もうよろしい、帰りなさい、君は向いていない！ 最初にわかってなきゃいけないのですよ、そうでなかったらこの仕事に就くべきではない」。最初に追い返した生徒なんか私がこんなふうに叱責したら微笑んでたんですよ！そんな生徒の中に司祭がひとりいましたね、フェレンティーノの主任司祭ルイジ・デ・カストリスです。彼はある程度、音楽がわかっていて合唱の為の曲を書いていました。でも進歩は見られず、そのままでした。教えることは満足のいく仕事にはなりませんでした。でも今や非常に有能で実験精神旺盛な作曲家であるアントニオ・ポーチェがいました。今でも彼と会います。いつも私に会いに来るんですよ。ところが3年後、音楽院は省庁の管轄となり地方自治体のそれではなくなりました。そうなると週2回行くことが義務づけられます。その時までやっていたようにはいきません。無理です、その職を辞することにしました。むしろほっとしました。

何故なら自分には向いていないとつくづく感じていましたから。出来の悪い連中相手には我慢ならなかったのです。

――それが唯一の指導者としての経験ですか？

かなりの年月が経ってから、シエナの夏季音楽講習の会長を務めるルチアーノ・アルベルティ教授から映画音楽の指導を依頼されます。どのようにして生まれ、どんな規則があるか、そして映画に専念すると作曲家はどのようなタイプの空想を用いるかなどを若者に説明するのは面白そうでした。アルベルティに私の他に友人で優秀な音楽学者であるセルジオ・ミチェリにも加わってもらうよう頼みました。彼は映画音楽研究に心血を注ぎ、一般的な音楽を扱っている同僚らと喧嘩になってしまうほどでした。お話ししたように映画音楽は低級な音楽と見なされていたんです。ミチェリは引き受けてくれました。彼は映画音楽史を教え、私は映画への作曲を受け持ちます。

――シエナでは若者らとの関係はどうでしたか？

そこでは腹を立てることはなかったです。一年目はおそろしいほどの群衆で100人の若者が押し寄せました。最初の講義で私は言いました。「多分、諸君らの多くは作曲を学びに来たのではないでしょう、できる人すらいないのですから」。わずかながら作曲家もいましたが、何人かは好奇心で来ていたのです。おそらく私の名前に引きつけられたのでしょう。実際、二年目に入ると半減して50人くらいになりました。三年目になるとさらに減りました。ちょっとしたスコアを書いてみて、上手く書けているのはせいぜい4、5人です！　大部分はアレンジする前のカンツォーネみたいなメロディーを提出してきました。そこでそういう人たちに言います。「もういいです、帰りなさい、ここにいるとお金の無駄です」。私はあまりに厳し過ぎました。ペトラッシから学び取らねばいけなかったのです。彼は時間を無駄にしたくはありませんでしたから。オーケストラの指揮をしたい人たちや、最後まで音楽のわからない人たちを相手にするわけにはいきません。

――ルイス・バカロフが話していたのですが、かつて貴方に和声と対位法のレッスンをお願いしたと。同僚、それもかなり立派なお仲間に直接……

私たちはメンターナの近くに住んでいました。頼まれたので引き受けたんです。今になって思うのですが、彼が本当に必要としていたのかどうか、私が対位法や和声を知っているかどうか調べるためのジェスチャーだったと思っています。ルイスはとても豊かな音楽性を持ち、世界に通用するレベルの並外れたピアニストです。あまりそれについて述べる人がいませんが、実に卓抜なピアニストです。こうしたあらゆるものに精通していたので、私が音楽を知っているか見究めようとする為だけに来たのだと言えます。2、3ヶ月続きました。

――でも本当にそんな目的でしたら、レッスンが3ヶ月も続きますかね？

さあ、どうなんでしょう。彼に2声対位法、3声対位法を説明し、彼がその課題を実施したことは憶えています。見事にこなしていましたよ。彼には多くのことを勧めました。「音を2回を越えて繰り返すのは良くない。無理だ。第1声で旋律が推定されているからで、第2声で……」。こうして続きました。時折、主題がかなり無味乾燥なものになることがありましたが、それでも彼は実に音楽的な処置を見せたのです。誰でもミスは犯すものなのに彼にはそれもなかったです。私は自分でも不思議に思いました。どうしてこんなにできるのに私のところへ学びに来ているのか？　わけがわかりません。わかるのは彼には何のレッスンの必要がないということでした。

――他にも、ある方面の音楽学習で同僚の方々が貴方の力を求めるということがあったのですね？

私のお気に入りのギタリスト、ブルーノ・バッティスティ・ダマリオが対位法のレッスンを願い出てきました。でもその後、レッスンはすぐに中断します。これは私の責任も少しあると思います。彼は私がやるような作曲を教われると思っていました。私は自分が信じる視点を彼に語ったんです。それで彼はまさに私と同じようにやるしかないと考えてしまったのです。作曲の教師で教え子を自分そっくりに、コピーのようにしようとする人が多くいます。正しい指導法ではありません。ペトラッシはそんな間違いに陥ることはなかったです。彼は作曲は教えても、自分と同じように作曲することは教えていません。

――それでご自分は良い指導者ではないことがわかった？

はい、全然向いていません。必要とされる忍耐力に欠けているんです。バカロフに腹を立てることはありませんでした。なにしろどれも上出来に仕上げたんですから！　彼はおふざけで、私をからかいたかったんですよ。間違いないです。

――私なんかよく送られてくるんですよ。原案とか……短篇映画とか……。貴方にも音楽をやっている若者からCDがよく届けられるんですよね。意見や助言を求められると、普段はどのように応じているのですか？

届けられたディスクは大抵、聴くこともなくすぐに捨てます。数分の時間があって、その気になった時だけ聴きます。どんな作曲家か2、3分でわかります。ほとんどの場合、聴いてすぐに後悔することになりますね。大部分は願い下げです。それから楽譜を送ってもらう方が私としてはいいですね。より正しい対応ができます。返事をしないのがほとんどですが、する時もあります。電話してこう言う時もあります。「時間を無駄にしてはいけません、勉強もおやめなさい」。全員には返事できませんね。

――貴方の作曲家としてのキャリアの中で、拒否されたことは？

あります。『奇蹟の輝き』というアメリカ映画を思い出します。音楽を作曲し、イタリアで録音、それからアメリカへ送ったんです。監督はヴィンセント・ウォードでとても変わったタイプの人でした。ロサンゼルスにいる時に映画の説明をしに来てくれました。泣いてしまうのです。それまでこういう人にお目にかかったことはないのですが、感動してしまいまして、本当に感極まってストーリーを語っては泣き出すんです。ひと呼吸おいてから語り始め、そして泣いてしまいます。話を聞いた私は音楽を作曲しました。彼がローマに来た時のことですが、私の作曲したものに懐疑的で不満であるかのように見えましたが、それについては何も言ってこなかったのです。話をしているうちにボロニーニと組んでいた時と同じような事が起こったんです。ウォードが絵を描いたのです。沈む船のスケッチでほとんど水没していました。その絵が何か意味しているのか尋ねることはできませんでした。おそらく沈みゆく船が私の音楽だったのでしょう。それから録音をすぐにアメリカに送りましたが、気に入ってもらえなかったという報せを受けました。後になって聴き方が間違っていたということがわかりました。音楽はとても軽快で肩の凝らないものだったのです。彼らはそれを大きな音量の物音や台詞と一緒にして聴いていたのです。大音量の音楽がそれらを台無しにしてしまいました。私が作曲し録音した時にイメージした音量レベルを保つ必要があったのです。やはり聴く時の音量も重要で、純音楽を指導する際にも考慮に入れられます。いずれにせよ、他の作曲家に取って代えられました。

——貴方のキャリアの中で純音楽の作曲から完全に撤退していた時期があります。

'61年から'69年が確かにそうです。音楽院を卒業する頃まではわずかながら作曲を続けていました。ですが映画、レコード、ラジオ、TVの仕事を始めると、何年か離れることになります。考えたうえでの結果ではなく、働く必要に迫られたからです。映画の音合わせで仕事をしていたディノ・アッショーラからヴィオラ独奏曲を依頼された時に再開となりました。エンジニアのパオロ・ケトフの力を借り、ヴィオラが少しずつ増えて12声になるような曲を作ります。実際の演奏者はずっと独りなのですが、30秒間隔で機能する2台のテープレコーダーがあるんです。1台が録音し、もう1台は録音したものを再生します。再生させながら12声に至るまでそれぞれヴィオラが重なり合っていきます。聴いている人たちは何よりも生演奏が録音され、積み重なっていくところに目が奪われるんです。アッショーラはこの協奏的作品をオペラ座で演奏してくれました。大作曲家アレッサンドロ・チコニーニが私に「エンニオ、なかなかいいよ！」と言ってくれたのを憶えています。とても嬉しかったです。

――名匠チコニーニを尊敬していますか？

勿論です。彼がデ・シーカ監督の『終着駅』に作曲した音楽は大好きです。彼もその頃は仕事がなくて悩んでいたことは私も知っていました。おそらく私の存在も苦になっていたのでしょう。それでも変わらず紳士的で、やっかむような素振りなど見せませんでした。ある日、マルグッタ通りのリストランテで彼に会いまして、『終着駅』でモンゴメリー・クリフトとジェニファー・ジョーンズが別れるラストに流れるテーマ曲が好きなんですと言いました。若い頃、教会でその曲をよく演奏しましてね、司祭を困らせてしまいました。司祭にとって好ましい曲ではなかったもので。それで手鏡を使って怒りの表情で私を見ていました。

――教会で『終着駅』を演奏したんですか？

私が好む他の映画音楽もね。エンディングの曲が大好きだったもので、とても壮大なオルガンで全曲を大音量で弾きました。ミサとは何の関係もないことは承知の上でしたけどね。私の傍にオルガン奏者が司教を注視するための小さな鏡が付いていました。それを見ると私のせいでひどく混乱して腹を立てている司祭の様子がわかりました。チコニーニ作曲のそのテーマはずっと私を虜にしていたんです。それでも問題なかったのです。何故かと言うと私はお金をもらっていなかったからです。ですので私が演奏するものには何も言えず聞き過ごすしかなかったのです。結婚式や聖体奉挙でも『終着駅』を演奏しました。名案でしたよ、司祭が聖体（パン）と酒杯を掲げると私もそれに合わせるんです。私としては合っていたと思います。最初は妨げないようにすべてゆっくりと演奏しました。でも奉挙は最も劇的な瞬間で、ミサの中でも最も劇的ですので私の狙いは当たっていたと思います。私は多くのカンツォーネも演奏しました。典礼音楽など全然知りませんでしたから。

――それは何歳の頃のことですか？

音楽院にはもう通っていた頃ですね。20歳にはなっていませんね。17か18歳の頃でしょう。[*4]

主任司祭と知り合いだったことから結婚式の伴奏に呼ばれたんです。普通はオルガン奏者にはお金が支払われるのですが、私にはなかったです。その頃、作曲課程でオルガンを学んでいました。そこの、サン・クリソゴーノ教会のオルガンでは私はペダルは使いませんでした。意味ないんですね。鍵盤だけで演奏しました。ある日、パイプオルガンのストップを押すことを思いつきます。パイプオルガンから痺れるほど最高の音が出まして、ミサとは関係ない時でも弾いたものです。司祭がうんざりしているのは明らかでしたが、正直言って私は気にも留めていなかったのです。「アヴェ・マリア」など一度も弾いていません！　知ってはいますが、本当にやらなかったのです。

＊1　シューマン作曲「森の情景」作品82より第7曲。
＊2　ちなみにイタリアの小・中・高校での最低合格点。
＊3　現在の名称はリチノ・レフィーチェ音楽院（Conservatorio Licino Refice）。
＊4　『終着駅』公開の頃のモリコーネは20代半ばになっているはず。記憶違いか？

# 4章　トランペットと威厳——金管のエクスタシー／即興のプロ部隊

——ストラヴィンスキーやフレスコバルディについてお話ししていただきましたが……彼らを知ったのはスコアを通じてですか、それとも音楽を聴いてですか？

彼らの楽譜をいくつか読みました。フレスコバルディは「半音階的リチェルカーレ」で象徴的な作曲家のひとりで、私は映画で数多く使用しました。ここで教えますが、時々3つの音の使用に含みを持たせています。様々な手段でできるんです。よく調べればいかに神秘的で不思議なものかわかるんですよ。フレスコバルディの「リチェルカーレ」の最初の3つの音で、その2つ目、ひとつ目、3つ目、これらはまさにバッハ（Bach）の名前の文字になっています。Bが♭シ、Aがラ、Cがド、Hがシ。バッハが生まれる100年も前ですよ。

——貴方の映画音楽にもよく用いられて……

それらは私に自由に飛翔する空想、精神的に大きく雪辱を果たせたような気分をもたらしてくれたりもしました。私が得た成果はフレスコバルディやバッハの作り直しではありません。それらの音が作品により意義深く権威のある雰囲気、倫理的な観念を与えてくれることを望んだのです。『アルジェの戦い』のメイン・タイトルを取り上げましょう。フレスコバルディの音がすべて出ています。トランペットによる3つの音、[*1]ミ、♭シ、♮シ、そして反行となりまして、ぶつかり合うカノン、つまり3つの音が上行している間、3つの音が下行しています。

――フレスコバルディの音と『アルジェの戦い』がバッハの名前に応じていますね。

フレスコバルディの「リチェルカーレ」の最初の3音と、バッハの名のその3つとは順番が異なります。時を経て、とても有能な作曲家であるアルフレード・カゼッラがそれらの音を使った音楽を作曲していたことを知りました。私のやり方とは違いますが、バッハの名前から閃いて曲を書き上げたのです。ですが私もこれら4つの音を置き換える形で別な曲を書きました。例えば『ある夕食のテーブル〈M〉』の中の、低音を伴う6声の音楽でBACH（バッハ）の名を使ったとても単純な――いわゆる――パッサカリアです。それから関係のない、残りすべての音を添えて構成しました。ペップッチョ、これは告白に近いものですよ、告発や非難を受けても仕方のないことです。でもね、これらの音を使って作曲の段階で生じてくるものをよく理解してほしいんですよ。誰が何と言おうと、音は大して問題ではないんです。それらの音を使って私が作曲したということです。音ではなく、作曲者がそれを使って別なものにしたということなんです。それをはっきりとしておきたいんです。

――そう思います。魅力的でもあります。

多分、バッハの名は君の映画にも出てますよ。でも問題はそれではなく、素材にどれだけ手が加えられ、変えられ、趣向を凝らされているかです。家を建てるのにレンガだけでは足りません。魅力的かつ実用的にしたければ洗練された建築術が必要です。レンガはあくまでレンガで、別なことに使えるものとして有用であることが後になってわかります。肝心なのは作曲しながら音に少しずつ与えていく魂なのです。魂が込もっていないと音の力だけでは不十分で、想像の飛翔もなく、いかなる音も残りません。

――その音の連なりは『シシリアン』でもご使用されていると思います。

そうなんです。メイン・テーマの提示部冒頭はBACHの名になっていて、[*2] それから正規のテーマが現れます。作曲する時は作曲の喜びというものが必要で、消極的であったり自分が書いたものに無頓着というわけにはいきません。実験はもちろん、手掛けたものについて意識しなければならないのです。実際、そのテーマを副次旋律と組み合わせまして、その挿入が複雑でなくわかりやすいものになることを望んだのです。20日かかりました。私はメンターナに住んでいて、この目標が頭に浮かび結果的に上手くいったことを憶えています。さらにメイン・テーマにもシチリアの雰囲気を醸し出す、別な音を入れました。こうして3つのテーマが時々、同時に奏でられることでかなり重厚な作品になったことは私も認めます。必然的だったわけではなく、誰に頼まれたということでもないのですが、今からすると私の狙いとなっていたのですね。

――グスタフ・マーラーについてお話しされないのが不思議です、貴方にとって近しい作曲家だと思いますが。

大好きですよ、本当に。非凡なほどの多様性を持ち、親しみやすさも感じさせる作曲家です。

――ベートーヴェンよりマーラーに親近感があるのですね。

それは間違いないです、特にあるタイプの書法には。交響曲第5番の「アダージェット」は、自分の作曲を常に左右するほど深く刻み込まれたものとなっています。持続低音から始まりまして、私にとって持続低音はほとんどすべての映画で使用している根本的な要素なのです。特に日本の映画で頻繁に用いられていることに気づきました。強烈なシーンとなると持続低音で始まり、観客の関心を音楽と場面とへ向けていくんです。持続低音による冒頭部というのは無難で、妥当な始め方だと思います。これまで名前を出すのを忘れていました。でもよく考えるとマーラーはストラヴィンスキーと並んで、映画音楽の作曲に際し、私に最も大きな影響を与えた作曲家であります。

――ストラヴィンスキーの名前はいつも出ますね。彼と個人的なつながりはありましたか？

私にとって重要な作品で、ストラヴィンスキーの最高傑作のひとつである「詩篇交響曲」をサンタ・チェチリアで聴きました。素晴らしい作品です。多くのストラヴィンスキーの作品を好みますが、この曲は最も強烈で激しく、感動的なもののひとつです。この「詩篇交響曲」も私の中に深く刻み込まれています。後にセルジウ・チェリビダッケの指揮で再び聴きました。この曲のフィナーレはとても美しく、ほとんどの指揮者は誰でも少し考え込んだような表現をするのですが、チェリビダッケの指揮は徐々にテンポを緩め、ストラヴィンスキーがその音に込めた反復がある種、神秘的な絶望感となっていました。自分でも作曲してみたくなる曲です。

――その体験はいつ頃にまで遡るのですか？

とても若い頃です。サンタ・チェチリアでストラヴィンスキー本人が指揮をしたんですよ。私はホールに入れませんでしたが、リハーサルが行われていてドアの通風口が開いたままになっていました。オーケストラが鳴っていまして、私は通風口から聴き入っていたんです。極めて簡潔な指揮で、決して大げさなものではありません。腕を激しく動かす必要などないのです。

私も指揮する時は派手な動きは避けるようにしています。オーケストラもちゃんとついてきてくれます。

――私なんか映画との関わりがどのようにして始まったのかと尋ねられると、初めて観た映画をよく憶えているものでそれが頭に浮かんでくるのですが、もし貴方と音楽との関わりで最初のものとして思い出されるものは何でしょう?

幼い頃、ラジオやレコード・プレーヤーのスピーカーにひざまづき耳を傾けていました。ウンベルト・ジョルダーノの「アンドレア・シェニエ」の中の一曲を思い出します。フランス革命を背景としたオペラです。詩人が美女に愛というものの深みについて語り、さらに彼女に世の中について、いかに理不尽なものであるか、またそれだけでなくいかに美しいものであるかを説いていくのです。この曲にとても感動してしまい、レコードがすり減ってしまうほど聴いたものです。今も持っていると思うのですが聴くことはできませんね。レコード・プレーヤーの針が経年により盤面を損ねてしまいますから。でもB面に収録されていたアミルカーレ・ポンキエッリの「ラ・ジョコンダ」からの「空と海」は好きになれませんでした。でもメロディーの美しさ、巧みな楽器編成、ベニャミーノ・ジーリの名唱は認めないわけにはいきません。ラジオではカール・マリア・フォン・ウェーバーも聴きましたよ。頻繁に流れてましてね、気に入りました。

――ご家庭は？　どのようなご家族でしたか？

良い家庭でしたよ。上品な家庭だったと言えます。妹たち、アドリアーナ、マリア、フランカらとは会っては親しくしています。おそらく滅多に会わないからだと思いますが、どうですかね？　もうひとりアルドという弟がいたんですが、家庭内の事故で死んでしまいました。家のテラスにあった鉢からサクランボが落ちまして、それを地面に落ちて汚れたまま食べてしまったのです。小腸結腸炎を引き起こしてしまいました。当時、家庭医としてロンキ先生という名医が付いていたのですが、その時は夏で先生は休暇に入っていました。代行の医師が甘味をつけたオレンジジュースを飲ませるよう命じたのです。夏の終わりにロンキ先生が戻り、アルドを診に来てくれましたが、すぐに絶望で髪をかきむしりました。取返しのつかない処置が行われていたとわかったんですね。もはや手の施しようがなく弟は亡くなりました。その時、私は10歳でした。妹のアドリアーナは優しくて気立てが良く、優しすぎて気立てが良すぎるくらいですね。幼い私のことを「美男」と言っていました。フランカは一番末の妹です。彼女とはいつも仲良くしています。魅力的な人柄で言うこと無しですがアドリアーナとはだいぶ違います。私は何かフランカに対し明らかに反発を感じていましたね。子供の頃、彼女が母の妹からあまりにも可愛がられているといつも感じていたんです。度を超していましたね。おそらく自分の中に知らないうちに嫉妬のようなものが芽生えていたんでしょう。それが妹たちをランク付けすることに影響を与えたのは確かで……どうでしょうか？……何とも言えませんね。

——ご尊父は？

大切な人でした。マリオという名です。朝から晩まで働き詰めでしたね。信じてほしいんですが立派なトランペット奏者だったんですよ。私がそれに気づいたのは父の隣で演奏した時ですが、申し分のないものでした。その頃は1日に2回、オーケストラの仕事がありまして5時間続くんです。8時から13時、14時から19時ですね。19時過ぎに帰宅しまして、それからすぐに「フロリダ」というナイトクラブに行ってしまい、そこの小さな楽団の一員を務めていました。贅を尽くした素敵なナイトクラブでした。大変な働き者であったうえに、かなり嫉妬深いところもあって特に母が子供たちに与えている影響を羨んでいましたね。とても厳しい人で、不在がちでしたが帰宅するとあらゆるもの、細かい事にまで気を配り、几帳面ではありました。母とは仲が良かったのですが、日常の事柄でよく揉めることもありましたね。私、愛情面について語るのが疎かになっているのではないかと不安になってきました。実を言うと父の死後、父をとても再評価するようになりました、何故あれだけ厳しかったのかわかってきたんです。

かつて言われていたように清廉潔白な人で、母が私たちに与えた優しすぎる躾けに少し秩序を回復したいと思っていただけだったのです。母親というのは大概そのようなもので、ノーとは言えないいんです。私の母はほとんど家で仕事をし、家族を支える義務は意識していました、特にトランペット奏者としての活動が55年となった父が充分な仕事ができなくなった時は。50年を越えて活動してきたどのトランペット奏者にもあることなのですが、精彩を欠くようになったのです。

――その頃はまだ貴方も若かったのですよね？

アレンジの仕事には既に手を染めていました。正直言って、父の演奏にはかつてのような冴えが感じられなくなっていました。その頃、私もトランペットの曲は書かなくなります。作品にトランペットを使わなくなったのです。父も父の同僚も起用しません。父の気を悪くさせないようトランペットは全く必要がないように見せかけました。母からよく繰り返し言われたものです。「どうしてお父さんを仕事で使ってあげないの？」。父さんはもう昔のような立派なトランペット奏者じゃない、とは口にしませんでした。ペップッチョ、今言ったことは内輪の問題ですが、語らねばならないことだと感じているんです。父が死んだ時、トランペットのパートを再び書くようになりました。そうしたのは特殊な楽器であるからで、やたらに使用しなくても充分なものだからです。大切なのはトランペット奏者が名手であること、駄目な奏者だとトランペットの音は酷いものとなります。がっかりさせられるのです。

――ご尊父との思い出で、特別なエピソードはありますか？

よく働いていまして、夏になると必ずリミニ、またはリッチョーネで仕事があったんです。小さなオーケストラでトランペットを演奏し、休暇を過ごしている人たちを楽しませていました。それで私も母や妹らとともにその地で3ヶ月のヴァカンスを過ごしたんです。ある夏の日、父が私に音名やト音記号を教えてくれました。6歳、おそらく7歳の頃でしょう。音の働き、五線での音の位置、音価についても説明してくれたんです。何らかのことを学びました。ちょっとしたソルフェージュも。音楽に関してはまだ少ししか知りませんでしたが、それでも全然知らない人よりはわかっていましたよ！　それ以前からカール・マリア・フォン・ウェーバーを愛聴していまして、特に「魔弾の射手」序曲が大好きでした。そこから「狩り」の音楽を書いてみようと思いついたのが7歳の時です。リッチョーネにいた時で、父から最初の手ほどきを受けたばかりでした。その「狩り」はホルンだけで奏でられる、とても貧弱で短いもので、音としては正しくても意味のないものでした。おそらく、この「狩り」は後年私が手掛ける西部劇のプレリュードとなるのでしょうが、私のウェーバーへの憧れが結実したものなのです。10

歳の時にすべて破り捨てました。駄作で無駄に思えたのです。ひとかけらも残ってないことは天に感謝するくらいです。それでも私が純音楽と映画音楽の、とにかく音楽を作り出す人間になることを予告したプレリュードなのです。

――トランペットが貴方の家庭に加わっていたんですね。貴方自身の生活に入り込んでいたのはいつですか？

11歳の時です。16歳で学位を取りました。通常、ピアノ専攻者は6歳で入学します。音楽院が受け入れないとしても、手を柔軟にしておかなければならないのでとても早くから始めるのです。ピアニストになりたくても12歳からでは無理です。ところがトランペットは私が始めた時の年齢でも大丈夫なんです。ソルフェージュの課程では早くも出来が良くなかったことを憶えています。結局、一学期の成績が3点です。父に叱られました。お祭りが始まっていましたがトンボーラ[*3]も7½[*4]も一切遊ぶことはできなくなります。お祭りの間、ひたすら勉強です。ソルフェージュの訓練は順調とはいきませんでした。私のクラスは奇妙なもので、様々な出自の少年らがいました。熱中型もいれば口先だけの者もいて、独特の雰囲気を出していたんです。でもトランペットの学習は大切でした。最初はサンタ・チェチリアの首席奏者ウンベルト・センプローニに教わり、その後は名人芸を誇るトランペット奏者、レジナルド・カッファレッリに師事しました。その人はスタッカートが人の3倍はできて、持ち前のテクニックでトランペットをまるで他の楽器のように響かせたのです。

——11歳にしてトランペットをお選びになった、その動機は？

本当は医者になりたかったんですよ。でもある日、父が決定を下したんです。「エンニオ、トランペットを習うんだ」。そうして私を音楽院に送り込んだんです。その前にセンプローニ教授と話をつけていたんですね。二人は知り合いで、互いに敬い合う仲でした。トランペット奏者になることを決めたのは父であって私ではありません。私は何も決めていなかったんです。

——どうして医者に？

その職業に憧れていたんです。我が家の小児科医で、ムッソリーニの息子も診ていたロンキ先生のようになりたかったんです。先生とは我が家で秘密として扱っていたこととつながっていたんです。私の肺に結核の疑いがあると見るや、先生は私にカルシウムの吸入を命じました。この処置を少し行ったことにより全快したのです。今でもレントゲンを撮るたびに石灰沈着が浮かび上がります。当時は両親のみの知る秘密だったのです。

——貴方の人生で、音楽こそ自分の生きる道と自ら考えた時というのはありますか？

いや、考えたことはないですね。おそらく作曲家になりたいと思った時だけでしょう。その頃、トランペットの学位とは関係のない、補足的な課程に通っていました。2年かかるコースでしたが、私はそこまで時間をかけることなく6ヶ月で修了したんです。先生はロベルト・カッジャーノで、他にもうひとりマラフェッリというとても優秀な生徒がいました。私の施した課題が少し高い水準だったのかもしれません、カッジャーノが他のクラスの教師仲間らにそれを渡しているという話を聞きました。感心されているというからです。私は従うべき規則に縛られることなく、豊潤なものにしたんです。結局、その課程では10点満点を収めました。カッジャーノが言ったんです。「君は作曲を学ぶべきだ」。彼の言う通りにしました。アントニオ・フェルナンディの下で作曲を学びますが、彼は和声の教師です。つまり作曲の学習は和声、対位法、フーガと分かれていまして、それを経て作曲上級へと進みますのでこれはその第一段階となります。フェルナンディは良い指導をしてくれました。順調に進んでいきます。ある日、私を呼び止めて「音楽院（作曲科）に君を登録したよ」と言いました。「君なら簡単に3年次のクラスに入れてもらえるからね」。それは4年制です。行ってみると、作曲家で有能なオルガン奏者であるカルロ・ジョルジョ・ガロファーロの教壇に案内されます。彼は私をじっと見て言いました。「いや、君は1年からやりなさい、じゃがいもから始めるのです」

——じゃがいも？

そうなんです。じゃがいもは全音符、長い音です……「じゃがいもになれ」と言われたら「もし君が飛び級するほど優秀だったら、こちらで進級させるから安心していたまえ」ということです。その言葉通り、1年飛んで2年のクラスとなりました。私は作曲課程で9年費やしました。和声で3年、対位法とフーガで3年、そしてゴッフレード・ペトラッシの下で3年です。

――貴方の運命の道のりはカッジャーノによって開拓された、そう言えますか？

言えますね。彼の直感が私の人生にとって重要なものとなりました。ええ、カッジャーノは私に大きな助言を与えてくれた人になります。

――ご尊父は貴方がトランペット奏者になるものと決めていました。その後、貴方は作曲への転向をお決めになったのですね。

作曲をやることについては父にも母にも許可は求めませんでした。母は私が作曲家になるにつれ、また課程を修了した時もこう言ったんです。「エンニオ、綺麗なメロディーを聴かせてね……素敵なカンツォーネを」。頭を抱えました。「どうしてカンツォーネを書かないの？　カンツォーネを書いてよ……綺麗なメロディーで……メロディーを書いてね……」。その頃はもう私はメロディーなど作曲していませんでしたが、母はそう言い続けまして……悪く言うつもりはないですけど、ちょっと笑ってしまいますね。母はカンツォーネ、大衆的なものに親しんでいたのです。「ヒットするわよ！」と言ってました。

——ご尊父はどうお考えでしたか？

父は小さな楽譜出版社を起ち上げまして、私の作曲したカンツォーネを出版したいと思ったんです。私は母リベラ・リドルフィの為に2曲書きまして、父がそれを出版しました。いくばくか稼ぎたかったようで、おそらくお金になったと思います。発行されたのは知っています。どんなカンツォーネだったか憶えていません。私はせいぜい14か15歳くらいでカンツォーネの書き方、その公式については大して知りませんでした。仕上げると、あらゆるナイトクラブの楽団に送られました。演奏されると後で著作権料が入るからです。考えようによっては、これら小さなカンツォーネが私の創作者としてのまさに初の経験となります。でもこの仕事に関心はありません。出来が良かったのか悪かったのかすら、本当にわからないのです。戦争はだいぶ前に終わり多くの困難は後退したので、その間に私はさらなる作曲に向かって進んでいきました。父には協力者がイタリアじゅうにいたことを憶えています。その人たちがカンツォーネの詩を書いたんです。でも言ったように私にとってはどうでもいい代物なのです。

——その2曲のカンツォーネは思い出せますか？

いえ全然。ただ母が綺麗なメロディーで作曲するよう頼んでいたのは忘れられません。

――実際に、ご尊母が貴方に頼んだ事は後にプロデューサーや監督が頼んでくる事と同じですね。

　そうなんです。母の音楽的素養はそんなものです。カンツォーネについて語る時は「とても綺麗、歌詞も……」なんて言ってました。クラシックの名曲、歴史に残る大作曲家など頭にないです。それどころか流行のカンツォーネが好きで、その種のものに夢中になっていました。私にも自分を満足させてくれるような歌を2曲書くように言ってきましたよ。そうしなければ私が反抗したがっていると感じていたんです。でも私にはカンツォーネを書く必要など全然ありませんでした。既存のカンツォーネを模倣したようなものがあちこちで聴かれいて、好きになれなかったのです。母が気に入ってくれたかどうかはわかりません。母には変わった習慣がありましたね。毎年クリスマスに私へ捧げる詩を書いたんです。ソネットで4、4、3、3の行でした。押韻構成についてはご想像にお任せるとして……でも自分の息子、長男に対して寛大でありたいということは感じられます。私も嬉しくて大切にしました。ぞっとするような詩句ではありましたが。詩を試みようとして縁もゆかりもない言葉を見つけ出していたんですね。でも優しさはあります。母はいつでも優しかったです。

――歴史上、父親が子供たちを音楽の道へ進めさせます。どうです？　貴方も例外ではありませんね、つまりご尊父が選んだ……

**そうです、父によってトランペットを学ぶことになりました。でも後にそれを捨てることになります。つまり父が蒔いた種は実を結びませんでした。戦後、生きていく為にお金を稼ぐのに役立つ、一時的なものになりましたね。**

——なるほど、でももしご尊父がトランペットの習得を強いることがなければ、誰も貴方の才能に気づかず、作曲に向かわせることもなかったのですね！

**それは確かです。きっかけを与えてくれたのは父です。私は優れた器楽演奏家——ヴァイオリン、ギター、ピアノ、トランペットその他——になれるとは思っていませんでした。いや、面白ないことです！　でも戦後の何年かを生き抜くためだけにトランペットを手にしていました。**

——ご両親はオーケストラを指揮する貴方の姿を見たことはありますか？

**いえ、母も父も見ていません。**

——貴方の作曲活動にはご尊父からの助言も含まれているのでしょうか？　どんな感じですかね。やめなさいとか……それとも頑張りなさいとか……ご記憶あります？

**父はその事については一切関わりませんでした。私が作曲していることをほとんど知らなか**

ったみたいですね。母は少しは言ってましたよ。母にしてみたら私の書くものは複雑だというんです。「聴く人のことを考えなさい、そうしなきゃ駄目よ」と言ったんです。「小難しい音楽じゃなくて親しめる音楽を書きなさい」。これが母の勧告です。確かに母にとって私が作曲したものはわけのわからないものでした。

——貴方が作曲に進むことを知っても、ご尊父が何も言わなかったというのは不思議ですね。

何も言わなかったです。まるで知らないかのように。知っていて口を出さなかったのかもしれません。一切、口を挟まなかったです。

——貴方の初期作品をご尊父に見せたりはしましたか？

いいえ、見せたことはありません。仲が悪かったからというのではありません。うーん、でも父の厳しさが原因で恨みがましい気持ちは少しありましたね。父に相談したり、課題を見せたりすることはなかったです。自分の部屋にこもり、書いて書いて書きまくっていました。かつて、理由はわからないのですが父が私に腹を立てます、私はもう大人でした。激怒した父は私が作曲した楽譜を破ってしまいます、じつに酷い有様となります。大した作品ではありませんでしたが、それでも……

——貴方が才能を発揮していることをご尊父が認めた時はありましたか？

だいぶ経ってからです。多分、もう演奏しなくなっていて、私が映画音楽の作曲をしていることを知った時でしょう。私が好評を博しているのを耳にして満足気でした。でも私が音楽を担当した映画は観ていないと思います。

――成功したことについてご尊父とはお話ししませんでしたか？

いやね、当時は成功というのは肌で感じられるものではなかったんですよ。数年経てわかってくるんです。その頃の私は映画音楽を作曲する、単なる労働者。しかも私より有名な作曲家も多かったのです。ピッチオーニ、トロヴァヨーリ、マゼッティ。とても立派な音楽家たちです。

――ご尊母も貴方が音楽を作曲した映画を全然観ていないのでしょうか？

いや、そんなこともないと思います。多分、何本かは観ているんじゃないでしょうか。多分ね。気に入ったとか言われたような気がします。確かな記憶がありません。

――青少年期の初期作品では、主に詩人の作品を手掛けていましたね。

若い頃、ペトラッシのクラスに通う前、そして通ってからもですが気に入った詩を見つけたらすぐに声楽とピアノの歌曲として作曲しようとしました。何よりも最初の作品となったのは日本の女流詩人[*5]によるものでした。すっかり気に入ったので優しい抒情歌にしたんです。ピアノ伴奏部をよく憶えていまして、ちょっと変わっているんですよ。異なる2つの調、変ロ短調とハ短調を重ねたんです。ジャコモ・レオパルディやサルヴァトーレ・クァジモドの詩にも作曲しました。どちらも声楽とピアノの為の作品です。イタロ・カルヴィーノの作品から着想を得たものとして合唱、オーケストラ、ピアノの為のカンタータがあります。ですが、ここでお話ししている若き日の作品は重要なものではなく、おそらく私の公式の作品表には記載されていないでしょう。

――戦争について何か思い出は？

実を言うと苦労は感じませんでした。毎日、ローマへの砲撃、爆撃の音は聞いていましたし、サン・ロレンツォ・フオーリ・レ・ムーラ大聖堂が破壊された日もありました。でも戦争で苦しい思いはしていないんですよ。食べ物さえあればね。食料の配給、分配もなくなっていました。私の三人の叔父、母の兄弟なんですが彼らがピエトラータ通りで製材所を経営していまして、イタリア北部の森から輸入した木の幹を材木にするんです。パンを得るために、そして叔父らの家族と私たち家族にパンを与えるために木の幹を切断しますが、それによって削りくずが出てきます。このおがくずの類いがパンを焼くオーブンの燃料となります。私は袋に入れたおがくずを三輪自転車で運び、ローマじゅうを周りました。あちこち行きまして袋10個分でパン1kgがもらえたんです。パンに指の穴が残っていたということはないのですが。べたべたしていましたね。それでも私たちは食べましたけどね。多分、小麦粉でこしらえたものではなかったのでしょう。

――私、よくわかってないのかな？　三輪自転車で袋を運ぶ？

ええ、大変でした。身体じゅう埃だらけになって晩は身体を洗い流して、木くずの埃や残りかすを取りました。でも毎日少なくとも1kgのパンを家にもたらせたんです。これは今まで話さなかった事ですが、その時期の私たちは綺麗なマンションの2階に住んでいまして部屋は4つありました、さらにトラステヴェレ通り、当時は国王通りと呼ばれていましたが、その通りを見渡せる素敵なテラスも付いていたんです。冷蔵庫はなかったので母は外側のテーブルに食べ物の残りを置きまして、夜通しそのままにしておけば冷たくなりました。ある朝、泥棒らがテラスに忍び込んでいたことに気づきます。テラスに登って何をしたと思います？　皿の上にあったものを食べただけでした。泥棒らも腹を空かしていたんですね。

――ファシズムの式典との関わりとかはどうでしたか？　何らかの強制とかは……

土曜日にバリッラ（ファシズム体制下の少年訓練組織）がありました。バリッラは制服を着て、小学校での集会に行きます。そしてちょっとした行進や演習を行うんです。無害な風習ではありますが、今でも面倒なことだったと思われます。何の関心もないことのために土曜日を費やすのですから。

――イタリアがフランスやイギリスとの戦いを表明した日のことは記憶に残っていますか？

ムッソリーニの演説はよく憶えています。私は家にいまして、まだ戦争がどういうものかよくわかっていませんでしたが、大変な事だと直感しましたし、宣言をするムッソリーニの声で重大な感じがしました。ええ、その演説には打ちのめされましたね。おそらく泣いていたのでしょう。その後、ナチスに占領されると毎晩、父と共にドイツ軍相手に「フロリダ」で演奏しました。戦争が終わり、体制選択の国民投票が行われた時にまた泣いてしまいます。共和主義者にも君主制支持者にもなりたくはありませんでした。でも国王が追放され共和制が勝利したと聞いて、泣いた記憶があります。私は泣くだけの子供でした、君たちならどうかな？　多分こう考えるんじゃないですか、国王を家まで送ってあげた、いいんじゃないか、と。

――ご尊父と一緒に演奏をし続けたのですか？

アメリカ軍がやって来た時はカヴール通りにあるベットーヤ・オテル（ホテル）・メディテラーネオとベットーヤ・オテル・マッシモ・ダツェリオへ演奏しに行きました。楽団と共にホテルから次のホテルへと渡り、ヨーロッパへ参戦に来たアメリカ軍やカナダ軍を楽しませたのです。

――何を演奏されましたか？

アメリカ兵らは自国から楽曲を持ち込んでいました。どれもファシズムの時代では禁じられたものばかりです。専制政体の間はアメリカの音楽は歌うことも演奏することもできませんでした。兵士らはうちの楽団長、フラミーニという名の優れたヴァイオリニストでしたが、彼に印刷済みのスタンダード・ナンバーを渡したんです。私たちの編成はトランペット3、トロンボーン2、サキソフォン4、ピアノ、コントラバス、ドラムでした。ギターはありません。まだ流行していなかったのです。知りたいかな？　私はこの仕事に屈辱を感じていました。他の多くの人たちもそうだったと思いますが。

――どうしてです？

何故かと言うと、夜間興行が終わると私たちには食料品や煙草が支給されまして、後でそれを売るんです。戦争もほぼ終わりかけ、私たちは食べるためにそこへ行っているようなものです。現金は支払われません。ないんです。当然、私もすべて持ち帰りまして、煙草は売って食べ物と現金を得ました。父はとても喜んでいるように私には見えました。私は敢えて同調せず、そこで食べるだけにしました。なるべく金になる品物を持ち帰ろうと、鞄を肌身離さず身に着けている父の姿を見ました。仲間の同僚から取るようなことはしませんでしたが、あらゆる品を掻っさらい、あらゆる種類の食べ物、揚げ物すら鞄にいれてしまいます。そんなことをする父が嫌でした。見知らぬ同僚の分まで取ってしまうのですから。でもお話ししたように、父はそんなことはお構いなしで、料理を取ったものの鞄の中で引っくり返してしまい、すべて駄目になったことも。私にとって毎度頭を痛める時間だったのです。まあ今となっては楽しい思い出となるのでしょうけどね。この時点で私はトランペットが嫌いになってしまいました。楽器としては立派ですし、上手く用いれば比類なきものです。でも食べる為にこのような手段で金を稼ぐのは重大な屈辱です。私としては侮辱と感じたのです。このためトランペットが好きではなくなってしまいました。さらに私は作曲へ向かってしまったので、私とトランペットとの奇妙な関係に終止符が打たれます。

——その時期で他に演奏経験は？

ダツェリオやメディテラーネオの楽団に加入する前は、テヴェレ河沿いのクラブで演奏していました。ミルヴィオ橋の近くにある小さなスペースで兵隊らが集まっていたんです。そこでもお金はもらっていません、それに楽団の質もさらに酷いもので、やや行き当たりばったりに演奏していたんです。「カンツォーネでもやるか？」「ああ、いいね」。こんな調子です！　私はトランペットで主旋律を吹いていましたが、時折その場で思いついた対旋律も奏でたんです。でもおわかりでしょうが、大したことにはならないんです。胸の内では意気消沈したままで、しかも現金は支払されません。同僚らはどうしたと思います？　打楽器の上に小皿料理を置いていたんです。兵士らはこうして自由に提供させていたんです。私は手をつけませんでした。いいですか、これは私にとって今でも苦い思い出です。

——何曲か憶えていますか？

思い出すのは「Dream」とか「センチメンタル・ジャーニー」、「チャタヌーガ・チュー・チュー」もありましたね。こうした曲を演奏していたんです。楽器編成も上手く、良いアレンジで沢山ありました。私はまだ学位を取っておらず時々父の代役をしたことを憶えています。そこ、「フロリダ」で、ちょっとした……事件と呼ぶべきことが……ありましてね。楽団は小編成でした。ピアニストはフランコ・メレで実に見事な腕前です。サキソフォンは楽団長のコスタンティーノ・フェッリで、ヴァイオリニストですがサキソフォンも吹く人でした。で、私はトランペット。私は朝は音楽院に行き、午後まで勉強しまして夜に演奏しに行きます。店内は少女たち……ちょっと軽薄な感じの少女たちでいっぱいでした。すぐにわかるでしょうが、彼女らはテーブルをはさんで顧客ら、つまり軍人全員をもてなすのです。夜間興行の途中で何人かの楽団員がホール奥にあるバーへ足を運びます。バリスタがコスタンティーノや他の楽団員にそれぞれリキュールをグラスいっぱいに注いでいました。それをクラブのオーナーは見て見ぬふりです。このような楽団に対する特別待遇は認めないという協定があったのですが、黙認されていたんです。いつもトリプルセックやチェリーブランデーの瓶が並んでいました。各人グラスを飲みほすと、自分の持ち場へ戻っていきます。私はどの瓶にも手をつけませんでした。私は父の代役で来ているだけですし、それに父は酒を飲みません。私は途方に暮れていました。でも誰かが私にもこのリキュールいっぱいのグラスを渡したんです――小さいグラスではなく大型の方でした――私はそこで急いで口に流し、すべて飲み込みました。誰にも気づかれなければいいと思っていたんです。演奏に戻った時、ジャズの熱狂的な即興をこなしました。私は快活になっていて出てくるトランペットの音に悦びを感じていたんです。プロのミュージシャンが時々やるような即興演奏を、飲んだら自分ひとりでやってのけられたんですよ。その後、完全に眠り込んでしまい、歩いて帰宅することになります。長い道のりで時々目を閉じてしまい、歩きながら眠れると思い込んでいたようです。実際、全然休んでいなかったのです。それでも朝の3時か4時で人通りもほとんどないとはいえ、道の真ん中で倒れないように気をつけなければなりませんでした。ある晩、父が「フロリダ」での仕事に戻り、バーの時間になると同僚らに尋ねてみる気になりました。「だけど君らがグラスを傾けている間、うちのエンニオはどうしてたんだ？」「グラスを手にして飲んでたよ」と彼らは答えたんです。父が帰宅した時、私は眠っていました。父は私の身体を覆っていた毛布を引っ張って取り、両手で私の尻を何度も叩きました。かなり強かったです。その時以来、リキュールは飲んでいません。何度も叩かれるのは良い経験でも何でもないです。でも父の望み通り、私はリキュールやアルコール度の強い飲料は一切飲まなくなりました。それればかりか、演奏中は他に目を移さなくなります。楽譜を見て演奏する、それで充分なのです。何も考えることはありません。私たちの周りには兵士の観衆らがいまして、踊り出す者もいれば、ホテルに売春婦を持ち帰る者もいるでしょう。私は若造でした。でもやるべきことがあったんです。トランペットの試験を受ける日、私はひび割れた唇で臨んだのです。疲れていました。前の夜演奏していましたし、その前夜も、他にも数多く。試験を受けました。成績は7・5点です。審査員にサンタ・チェチリア管弦楽団の首席ファゴット奏者カルロ・テントーニ教授がいました。最後に彼が私にこう言います。「モリコーネ、そんなひび割れた唇で吹いたんじゃあ、これ以上の点数は取れんぞ」。上手く演奏できなかったことはわかっています。思ったより低い成績でした。何を言っているかわかります？おそらく何もかも、希望というものを失ってしまったのでしょう。と言うのもトランペット奏者になるという考えをとうに捨ててしまったのですから。

——さらに個人的な事に突っ込みます。女性とのファースト・キスは憶えていますか？

「フロリダ」で演奏していた時のことです。お話ししたようにドイツ兵と気さくな少女らがいました。ある日、イタリアの警察が押し入ってきました。軍人はともかく問題とされたのはクラブに通っている女性たちです。そこである少女が私の腕を取りまして、私は階下へ引きずられるようにされ路上に出ます。警察は全員外に出るよう命じましたが、彼女は私と恋人同士であるかのように装って切り抜けようと考えたんです。功を奏したわけですが、綺麗な娘でした、私を抱きしめてキスしたんです。そのキスが忘れられないものとなったんです。だって軽いキスではなく濃厚なものでしたから。その後、かなりの道のりを一緒に歩きました。逮捕逃れのキスを交わせながら。

──つまり、クラブでは貴方にとって永久に残るような出来事が起こっていたのですね。

他にもあります、父とは関係ありませんが。アメリカ兵から食料や煙草で支払われていたことはお話ししましたね。売る前に私は煙草を一本抜きとりました。吸ってみたいと思ったんです。それを持って自分の部屋に入り、鍵をかけます。父が望んでいないことはわかっていたんです。父は吸わないんです。ローマでは煙草はマッチ棒などと言われていたこともあって都合よく考えていました。煙草に火を点けましたが吸い方が全然わかりません。知識がなくて、ただ吸えばいいとしかわからなかったのです。肺から空気を吐き出す前にマッチで火を点けたままの煙草を口に咥えました。そして大きく吸い込んだのです。肺が煙で充満しました。閉めきった部屋の中、私はベッドに倒れ気絶します。変な気絶でした。頭は働いていて目も開いている、でも何も見えません。毒を盛られたようなものでした。叫んでみましたが声は外に響きません。それ以来、煙草は自分に合わないと悟り、二度と吸いませんでした。

――トランペットが貴方の人生に大きな意義を与えたことはわかります。ご尊父が演奏し、貴方が最初に習得した楽器です。そして食べ物と引き換えに演奏するなど恥ずべきことと結びついてしまった楽器です。習得した途端に演奏したくなくなった。その後、作曲家として『荒野の用心棒』でトランペットの曲をヒットさせます。

おかしいですよね。よく使いましたし、5本のトランペットを用いた時もありました。どうしてでしょうね？　トランペット奏者を失業させない為ではなくて、本当に素晴らしい楽器だからなのです、金管は。叫ばせて、途方もないことをしてみたくなるんです。「Vuoto d'anima piena(豊饒な魂の抜け殻)」という曲では各3部それぞれの冒頭に金管による咆哮があります。でも『荒野の用心棒』や『夕陽のガンマン』での扱いを例としては挙げられません。そこにはディミトリ・ティオムキンが『リオ・ブラボー』で広めたものが下地としてあるからです。彼は決闘の場に初めてトランペットを用いました。ですが通俗的な使い方で、あまりに安易なものです。私は威厳のあるトランペットを愛します。それは有能なトランペット奏者がオーケストラに与えることができるものです。そうなればあらゆるものが演奏できます。劇的、英雄的、享楽的、哀愁、ユーモア。すべてできたのがストラヴィンスキーです。例えば私が愛する「詩篇交響曲」のフィナーレ、トランペットを含めた金管が合唱と共に眩いほどの一体感を出しています。私は何度も感銘を受けました。私は異なる方法で金管を扱い、「詩篇交響曲」の焼き直しにならないようにしています。でも、あの音による影響は私に何らかの、滅多にない強烈な情感をもたらしました。

――貴方が神話を扱った映画で、皇帝または傭兵隊長らが待たれる中、到着を知らせるトランペットが凱旋的で高らかに響く場面を好むことはわかります。

それは高い音に頼る安易な手法です。トランペットの使い方としては少し間が抜けていますね。実際、神話もの、英雄もの、戦争ものに力を与える楽器ではありますが。そうした用い方はとても限られています。むしろ私は交響楽的な作品で扱われているものを好みます。ベートーヴェンの作品ではあまり多くなく、モーツァルトやハイドンではほとんど見られません。こう言うのもなんですが、過去の大作曲家らはトランペットを正しく使うことはできましたが、最大限に高めるまでには至っていません。時を経てワーグナー、その他の作曲家らは別な方法で金管を用いました。聴く者を熱狂させるほどの、大きな効果を備えた楽器です。かと言って金管を濫用する必要はありません、特にトランペットは。繊細すぎるほどに繊細に、注意深く扱うべき楽器なのです。安易すぎる選択をして台無しにしてはいけません。

――ドイツ軍やアメリカ軍相手の夜間興行の後は、どこでトランペットの演奏を続けたのですか？

兵役に就いていた時です。工兵隊を経て歩兵部隊に入隊しました。志願したもので私としては満足なものでした。すぐに歩兵部隊から軍楽隊に移ることになります。アレンジをし、さらに自らのトランペットで独奏までやりました。「熊ん蜂の飛行」を演奏したことを憶えています。私たちのキャンプのあった小さな村の広場で、興味深げな大衆の前で奏でたこともあります。兵役に就いたのは作曲の学位を取ってからで、その前に課程の修了は延期しておきました。連隊長のピポロ大佐が、後に私たちが演奏することになる楽隊用のアレンジを頼んできました。ある日、歩兵連隊が映画の撮影に駆り出されることになります。雪と部隊が欠かせないとのことで送り込まれていきました。ご苦労なことです！　映画は『戦争と平和』に違いないです。私は護衛をするために残りまして、また多くのアレンジもこなしていきました。しかも火薬庫や車両出入口も見張らなければならなかったのです。何をしろとは誰にも言われませんでした。私はヘルメットを着けていましたが、自分の席の傍にあったベンチの上にヘルメットを置き、M1ガーランドの小銃も置いて交代が来るのを待ちました。兵舎に戻るとキャンプ用ベッドで横になります。何人か当番が入れ替わり、再び私の番となりました。火薬庫に着くと私はヘルメットを銃口の先に乗っけて、それを壁に立てかけて本を読んでいました。そこへ突然、コルシーニ中尉がやって来ます。彼は小隊の取締役で、その時は兵舎の最高責任者でした。ヘルメットも着けず銃も持たないで立っている、そんな姿の私を見て唖然としていました。私の番が終わると、司令部に来るように誰かから言われます。コルシーニに私を中に入れ、恐ろしい言葉を投げつけます。「貴様は監獄送りだ」と叫んだのです。私は言いました。「中尉殿、私は今まで罰など受けたことはありません。どうか私の軍人としての経歴を汚さないようにしてください」。許してもらえました。信じてください、私は知らないふりをしていたんじゃないんです。護衛がヘルメットを着け、銃を持たなければいけないとは誰にも言われていなかったんです。訓練を受ける必要があるなと理解しましたね。

——その後、グルッポ・ディ・インプロヴィザツィオネ・ヌオヴァ・コンソナンツァから声がかかって再びトランペット演奏をすることになります。

作曲家になって何年か経たところで数人の仲間から連絡を受けました。彼らは既に共同で音楽活動をしていたのです。6、7人のプロ音楽家で構成され、混迷した現代音楽に対する反動を望み、またひとつの回答を見出し、さらにダルムシュタットの前衛作曲家らが地位を得ているという問題に立ち向かうべく結束したものです。作曲の問題とは何なのか？　確認できないようなスコア、あまりに複雑すぎる書式を書いていたのです。音楽が強引に演奏者を利用しますが、演奏者は何をやるのかわからないという有様です。友人のフランコ・エヴァンジェリスティの作品を思い出します。彼はクロスワードパズルを用意し、名前や音符を書き込みました。翌日、その紙はコンサートでそのフルート独奏曲を演奏することになっていたセヴェリーノ・ガッゼローニに渡されます。困りますよね。そんな謎めいたもので何をしろと言うのでしょう？　彼は曲を作り出しました。即興を始めたのです。上手くいきましたし、良い演奏でしたが、紙に書かれた音楽などではありません。物議を醸しました。演奏者が作曲者になるという、まさにガッゼローニがそうなってしまったのですから。彼はエヴァンジェリスティのクロスワードパズルで即興を奏でまして、他の演奏家も似たような取り組みをしました。

——実際、挑発的とも言える創作から派生したのですね。

ダルムシュタットでのある一日を思い出します。その時も私たちは6、7人いました。ボリス・ポレーナがいて、アルド・クレメンティがいて、マッシモ・ポジャンキーノもいました。私たちはジョン・ケージのコンサートに行きました。いいですか、これも非常に物議を醸したんです。彼はピアノで音符を2つ奏でると、ラジオを点け、そして消してはピアノに戻ります。そして今度は破裂音を出し、スコアのページでぱらぱら音を立てました。こんな馬鹿げたことが一時間も続くと、聴衆は抗議すべくホールの座席の釘を抜き出そうとして本当に抜いてしまいまして、その釘を床に投げつけたんです。でもこうしたあらゆることがケージの思惑通りであって実験の一部となっているのです。翌朝、私たちはダルムシュタットの森の中を散策します。私はある岩の上に登ってみる気になりました。他の同僚作曲家らは全員、私の周りに集まります。私は口から、豚の鳴き声のような奇妙なうなり声をあげました。別な者が喉から音を出して呼応します。また別の者がさらに奇妙なうなり声を発します。私は指揮を始め、小さなコンサートが誕生してきました。ジョン・ケージを忘れないためにできる最上のものだったのです。こうしてダルムシュタットの森の中の下品な叫び声のコンサートからグルッポ・ディ・インプロヴィザツィオネ・ヌオヴァ・コンソナンツァが生まれました。ケージによって生まれたんです。でも結局のところケージに理があるんです。こうした音楽祭である種の作曲家たちが起こす混乱に対して冷ややかな目で見ていただけなんです。演奏者が即興をせざるを得なくなり演奏中に作曲するというのなら、我々が演奏者になろうとして集まるという選択をしたのです。普通の音は求めません。トラウマ的でありたいと願い、そう名乗っていました。トランペットは馴染んだ音ではなく、私は様々な奏法で吹きましたし、サキソフォンもそれとわかるような響きにはなりません。ドラムも実に新奇な奏法で響きます。異なる手法で音楽を作り出し、完全に違った音と音色を開発しなければならなかったのです。私はトランペットで猫の鳴き声みたいな奇妙な音を出しました。まともな音楽を期待する方からは醜悪と見なされます。それでも美しいのです。奇怪であればあるほど美しいと。私たちはこうしたコンサートを何年にも渡って催し、RAIにも出向きまして厚遇されたんです。今では考えられないですね。ボルゲーゼ公園の在ローマ・フランス・アカデミーでの野外演奏は忘れられないものとなります。楽器も6や7となって拡大しました。その音響を私たちはラーガと呼んでいました。韻律や音色が同じ音価の上で常に不動となるところから東洋、特にインドの音楽を思い起こさせるからです。それは約40分ほど続いていましたが突然、弱まってきているように感じ、終わりたくなりました。不意に我らがピアニスト、アントネッロ・ネーリがロマンティックな様式で演奏を始めます、これは場違いもいいところです！　ベルカント風の古典的スタイル、またはショパン風、そんなピアノを即興で奏でたのです。私たちが動揺してしまいました。「何なんだ」と言い合います。「ここで何をする気だ？」。私は（両唇の間で舌を震わせて出す）野卑な不満の音を出し始め、他の者たちも下品な音を立てました。いつもは引っ張られる立場の私でしたが、ここで主導権を取ろうと決意します。私はマイクロフォンを手に取り、ただ「Basta（もういい、やめるんだ）!」と言いました。別なメンバーが私に倣って「Basta!」と。そしてメンバー全員で「Basta!」「Basta!」「Basta!」。ピアノを終わらせるために生まれたBasta! のコーラス。実際にそのBasta! は音楽の一部となったのです。20分は続きましたね。そしてやっとアントネッロ・ネーリは演奏を止めました。そのコンサートだけでなく、グルッポ・ディ・インプロヴィザツィオネ・ヌオヴァ・コンソナンツァの歴史も閉じることになったのです。

——聴衆の反応は？

何て言えばいいんでしょうかねえ！　拍手はいつもありました、何もかも行き届いて、期待した通りだったからでしょう。私がBasta! と声を発し、他のメンバーも追随すると、私たちの声は装飾音となりました。おそらく、かなりうんざりしていたのでしょう、でも面白くもありました。この出来事をもってグルッポに終止符が打たれたのは至極当然のことで、避けられなかったとも言えます。アメリカで私たちが用いた原理を模倣した人がいたことは知っています。

——そのbasta! でグルッポ・ディ・インプロヴィザツィオネ・ヌオヴァ・コンソナンツァの時代が終わったのですね。

そうです。自暴自棄のコンサートでした。私が最後にトランペットを演奏したものとなりました。

――本当ですか……他にもあるのでは？

実を言えば、もうひとつあるでしょう。ジッロ・ポンテコルヴォがカンピドーリョ広場で結婚式を挙げることになりまして、マルクス・アウレリウス・アントニヌスの像の下で私にウエディング・マーチを演奏するよう頼んできました。こうして練習はしませんでしたが、再びトランペットを吹くことになったのです。彼はとても喜んでくれました。でも正直言って、ちょっと辛いものがありましたね。カンピドーリョ広場でトランペット独奏……私の出した音は良くなかったと思います。でも過剰なものを好むジッロでしたので、私も満足でした。兵役に就いていた時ほど上手く演奏できないですね。

――音楽を学び、トランペットが演奏できる。これは兵役生活ではいくつか特権に結び付いたのでは？

沢山ありましたよ。まず、他の者と一緒に行進をしなかったのです。私には別な任務が課せられました。楽隊はクイリナーレの丘で護衛の任に着く歩兵隊に同伴するんです。私もそこに行かなければなりません。その頃はマリアと既に婚約していまして、彼女は楽隊側の歩道を走っていました。私たちが行進しながら演奏している間、道を駆けていたんですよ。私たちはプラティからクイリナーレまで行きました。将来の妻が長い道のり、私を追いかけてくれたのはどれだけ愛おしく思われたかわかりますよね。

――奥様を見ることはできました？

はい、演奏中に。視線や笑顔を交わしたりしてね。でも正確なテンポを保ちましたよ。歩兵隊はメトロノームで120のテンポで行進しました。

――マリアさんと初めて会った時のことは憶えていますか？

妹のアドリアーナの友人で、一緒にいたんです。彼女と知り合った時、トランペットを演奏していることを知られたら恥ずかしいなと思ったんです、わかります？

――どうしてですか？

戦時中の苦しい時期に独りで、または父と共に演奏していたからです。トランペットは家に食料をもたらしたり、煙草を売るのに役立ちました。お金を稼ぐためだけに演奏していたなんて、ぞっとする思いだったんです。トランペット用の正式なケースではなく、普通の鞄で持ち運ぶ時など生きた心地がしませんでした。長さがあって、音を立てることはわかってましたし、その金属的な音で気づかれてしまうと……でもおわかりでしょうが、トランペットのことを秘

**密にしてきたのは私の思い違いでした。彼女は既に妹から話を聞いて全部知っていたんです。私も後で知りました。**

――トランペットは本当に貴方にとって苦悩の象徴だったんですね。

**それは間違いありません。**

――過剰に恥ずかしすぎたということはないですか？

**マリアを愛しく思っていたんです。トランペットを演奏するのと、ただ食べ物を集めてくるのに役立てようとしてトランペットを悪用するのとには隔たりがあります。屈辱と思っていました。ですので見られたくなかったのです。**

＊1　ミではなくラ。モリコーネの言い間違いか？
＊2　BACH＝♭シ、ラ、ド、♮シ　この順番を変えてラ、ド、シ、♭シ　としたのが『シシリアン』の「Dialogo No1」の冒頭部分。
＊3　南イタリアで生まれた宝くじスタイルのボードゲーム。
＊4　イタリアのカードゲーム。
＊5　「Fukuko（フクコ）」である。

# 5章　母の名前のように
## ——対決：映画音楽と純音楽

——初めて映画に接したのは？

エスペリア（Esperia）という、いつも2本立て興行を催している映画館に行ってました。チケット1枚で2本とも観られたのです。こうして数多くの映画を楽しめました。メロドラマは好きではありません。作り話めいています。ミュージカルにもうんざりさせられます。俳優が突然、オーケストラの伴奏でとても上手に歌い出すというのは。冒険ものやジャーロ映画が好きです。

——ルチアーノ・サルチェが貴方の第一作となる映画で声をかけるのですが、それまでは映画に音楽を作曲することに貴方が関心を寄せていると感じさせるようなお話しはありませんね。

前にも話しましたが、トランペット奏者である私の位置からでは映像はほとんど見えませんでした。でも映画へのレコーディングで演奏していた時に映画音楽への関心が生まれたんです。

勿論、すべてわかっていたわけではありませんが、書法は体得していたので何年かは作曲はしていました。サルチェがサルソマッジョーレで撮った映画『Le pillore di Ercole』で私に声をかけていたんです。回想シーンがあって、そこに作曲しました。でも映画のサントラとして陽の目を見ることはなくなります。ディノ・デ・ラウレンティスから横槍が入ったからです。「このモリコーネとは何者だ？　よしてくれ、別な作曲家を使うんだ！」。それでもサルチェは私を評価してくれまして、翌年『Il federale』で私を起用します。私は素直に従いました。言わばこれがデビュー作です。

――それ以前に映写室で映画を観たことはないのですか？

全然ありません。編集のロベルト・チンクイーニがあらゆることを丁寧に教えてくれました。ある点に達した際、どうするか、どのようにしてメモするか、どうシンクロさせるかについて説明を受けたのです。すべて問題なくできるようになりました。ひとつのシークエンスの時間を測り、それから家で作曲します。オーケストラを指揮したのはピエルルイジ・ウルビーニです。立派なヴァイオリニストで指揮も本当に上手かったです。

――どうして貴方が指揮をしなかったんです？　経験も積んでいたのに。

臆病風に吹かれたのですね。波風立てたくなかったのでしょう。それでウルビーニに指揮をお願いしたんです。彼は引き受けてくれて見事な指揮ぶりでした。音楽の作曲を依頼されるということは、指揮をしなければならないことも含まれています。でも私には問題がありました。数日前まで同僚らと私はトランペットを奏でていました、その同僚らを指揮することになるんです。彼らの近くにいて、また彼らの中のひとりだったのがそうなるとおかしくて、やりにくいもので割り切るのが私には難しかったのです。あるカンツォーネで初めて指揮台に立ちましたが、彼らは私の言うことに耳を貸さず私語を続けていました。私は怒って拳で譜面台を叩きました。そうすると彼らは私を見て、私も指揮できるようになったんです。『バラバ』の時は、自らのアレンジで再び指揮しました。その後、ウルビーニに声をかけ、さらにその後はペトラッシのクラスで同窓だったブルーノ・ニコライに依頼します。彼は数多くの私の映画音楽でタクトを振ります。そうするとセルジオ・レオーネが私に言ったんです。「指揮をしたらどうだい？　その方がいいよ、オーケストラも作曲者が相手となると言うことをよく聞いて、ついて来てくれるよ」。こうして私は指揮を始めました。勇気を出して当初の障害を乗り越えたのです。

――レオーネの直感は的を射ていますね。

ええ、有効な助言でしたので受け入れました。ボローニーニとは逆の事になったんです。彼が言いました。「僕の近くにいてくれないか、そうすれば話ができるし。オーケストラの指揮は他の者にやらせなよ」。彼の要求通りにしまして、私はニコライに頼みました。その後はフランコ・フェラーラ、ニコラ・サマーレ、ジャンフランコ・プレニツィオ、フランコ・タンポーニらも指揮してくれました。

――ご自分で指揮するのと他人に指揮を委ねるのとでは視野が変わりますか？

正確なところはわかりません。レオーネとボロニーニは正反対の立場ですが、二人とも説得力はあります。レオーネが言うには、オーケストラは私の作曲者としての威光を感じると。ボロニーニは作曲者が常に監督の傍にいることが大切であると考えます。どちらの理由も正当なものです。

――サルチェの話に戻りましょう、彼とは長く仕事をしましたね。

ルチアーノとは連続してはいませんが5本手掛けました。[*1] どの音楽にも満足しています。二人目の監督として組んだのがカミロ・マストロチンクエ。親切で感情豊か、気遣いと礼儀正しさに溢れた方でした。サルチェと映画『La cuccagna』のレコーディングをしていた時におかしな事がありました。コミカルなところと感動的なところのある物語で、ルチアーノはメイン・タイトルを4や5の部分に分けていました。従って曲も4、5曲となります。版元のナショナル・ミュージック（Nazional music）の方でメルケルという方がいまして、費用をひどく気にかけていたんです。最初のレコーディングで、ウルビーニと私がメイン・タイトルの4曲目で一息ついているのを見たメルケルは、まるで破産してしまったかのように振る舞います。オーケストラの編成は大きく、かなり費用はかかりました。指揮台の前とオーケストラの前とを素早く行き来し、抗議するような物腰でした。このメルケルの言い分、お金に対する心配を聞きましたが、私は実のところ浪費も倹約もしていなかったのです。私は腕を組んで彼に言いました。「こうしましょう、私はお金をいただきません、ですがここでは自由に仕事をやらせてください」。途端に彼の発言は止まりました。お金をもらわないという考えは、彼が見せた悲痛な態度から生まれたものです。実際に映画は無事完成し、メルケルから私に支払いもあったのです。誠実な人柄でしたが、あまりに心配症でしたね。おそらく私が駆け出しの作曲家だったからでしょう。私には優しくしてくれましたよ。毎日オートバイで家まで送ってくれたんです。いい人でしたけど仕事ではちょっと厄介でしたね。サルチェに関してですが『スラローム〈M〉』の後、私に「君はコミカルでユーモアのあるものを作曲しないことだ。僕の映画は担当すべきじゃない」と言いまして、それからは起用されることはありませんでした。でも親友ではあり続けましたよ。

――どうしてそのような判断をしたのでしょう？

わかりませんね。コミカルなものでも充分書けますし、彼とはそうしたものも多く手掛けていましたから。おそらくレオーネの映画で成功したからでしょうが、理由が思い当たらないです。別な作曲家が頭にあったのかもしれませんね、そんなところでしょう。

――サルチェやマストロチンクエの初期作品を手掛け始めた時は、映画音楽に対する貴方の素養はどのようなものでしたか？

ほとんどゼロからのスタートでした。映画音楽に関する素養などなかったと思います。映画を観に行く時は、音楽など気にも留めていませんでした。アメリカのミュージカルは『ウエスト・サイド物語』以外は嫌いです。何の素養もなしに最初の映画に取り組んだんです。作品を研究しながら聴き込んでいた作曲家と自分とを比べてみまして、自分も見習うべきところ、逆に真似してはいけないところを口にしたものです。ニーノ・ロータを例に挙げましょう。見事な作品のスコアを書き上げてきた作曲家ですが、1分または1分半の曲を現場で作曲したりしていました。オーケストラの前に机があって、その傍に監督がいて、さらに写譜師も反対側にいる、その写譜師はスコアを写譜したらすぐに楽員らに回すということです。考えられません。私が理想とする作曲からは完全に外れています。落ち着いた状況に身を置かなければならず、家ですべて作曲します。これが私が体得した手法です。ですがその後、仕事をしながら日に日に、段階を重ねるようにして真の音楽的素養を手中にしました。今の私は10年前の私と違いますし、さらに10年前の私は20年前の私とも異なります。進歩しているかどうか、いつも自分に問うようにしています。いずれにせよ私は変わりました。オーケストラを前にしての作曲を私もするようになりました。いくつか君も知っているよね。

——はい。ですが映画音楽を手掛けている時、貴方の中ではどの局面に、より鋭く狙いを定めているのでしょうか？

楽曲が映画に機能するだけでなく、何よりも聴いてみて調和と独自性を感じさせるものでありたいと願っています。映画に大きく貢献するためには楽曲が映画を離れても聴かれるものでなければいけません。これが私にとって主目的のひとつです。第二に、雰囲気に密着させること。ギリシャ古典劇を扱った映画にモダンな音楽を書くわけにはいきません。ジュゼッペ・パトローニ・グリッフィ監督の『さらば美しき人』に作曲しましたが、これはエリザベス朝時代の戯曲です。衣装、美術、風土、台詞、そして役者らを念頭に入れていました。こうした意味では音楽も同様で革新的なものはありません。監督が頼んできた場合にのみ、音楽はこのような調和を避けることができます。勿論、私にもいくつか例外はありますけどね。

――同世代の作曲家の中では貴方は最も際立った存在です。映画界で重要人物となることは純音楽の世界との関係を変えてしまいましたか？

今でも純音楽の作曲家からは私は否定的な存在に見られています。年を経て、こうした考えは幾分、改まっていますが、ある種の不信感は残っています。多くの人たちにとって純音楽は純音楽として存在し、それ以外のものであってはならないのです。他の芸術に音楽を作曲することは背信行為、非難されるべき活動でした。エヴァンジェリスティが私に言った事を知っているかな？「エンニオ、ああいう連中を気にすることはない。奴らは純音楽を手掛けていても、君と同じことをやるとなると気が狂いかねないさ」。忘れられません。私は自分の仕事をわずらわしいものと本当に思っていたんです。純粋なる音楽に結び付けられることの不快さについて言っているんであって、妬みではありません。今は少し違います。映画音楽は著しく再評価されています。ゴッフレード・ペトラッシの下で生徒として私と共に学んだ、作曲家で随筆家のボリス・ポレーナが以前、公言してくれました。映画音楽に対する教養ある作曲家たちの偏見は間違っている、と。こうした彼の姿勢は嬉しくてたまりませんでした。私たちは互いに贈り物を交換し合ったりしているんですよ。彼は私にヴィオラの曲を献呈して送ってくれました。私も自作を彼に送っています。

――貴方の心は純音楽の方面に残ったままですか？

いいえと言ったら嘘になります。でもね、映画のせいで純音楽への私なりの理想を忘れてしまったなどとは思わないでください。長い間、私は映画に完全にはまり込んでいましたし、純音楽の作曲は中断したままでした。その後、'80年代に入って再開し、今では映画音楽以外に作曲した作品が100を超えています。

――今の貴方が見出した、こうした集中度は'60年代にはありませんでした。当時も音楽の世界は他の多くと同様に二つに分かれていました。こうしたギャップが貴方を苦しめたのかもしれませんね。高い学識を誇りながら真価を認められていない作曲家が、映画市場に提供されていると感じたことはありませんか？

映画に提供されている。はい、それは事実と言えます。映画音楽がどう見られているか、また師匠のペトラッシからどう思われているか、私は大して気に留めていませんでした。絶大な権威を持つ作曲家としての仕事に就けるとわかっていたのです。熟達するという目的を忘れることなく研鑽を重ねながらね。私が真価を認められていなかったとしても、そう言ってくる人などいませんでした。後になってそのような言葉が私に付けられるのは不当というものでしょう。アレンジ、オーケストレーション、映画音楽の各分野でも私がそうだったとは全く言えません。無理解に見舞われたとしたら、別な音楽、純音楽での事で、それならありえるでしょう。でも結局、私は常に自由——母の名前リベラ（Libera：自由）のように——でしたし、これによって有利にもなりましたし、いくつか困難ももたらされました。

——困難とはどんなものですか？

例えばダリオ・アルジェント作品に、当時としては現代風の音楽を作曲した時ですね。要するに混ぜ合わせで、半音階を自由に扱い、奇妙な音色を結び付けて使ったりしたのです。3作品担当しました。自由に作曲できたからです。3作目を終えると、ダリオの父サルヴァトーレが来て私に言いました。「だけど君の書いた音楽は、どれも同じじゃないか」。違うんですけどね。でも大衆は無調音楽を聴き分けることに慣れていません。メロディーラインを感じるとそれ以外は何もわからず、途方に暮れてしまいます。メロディーラインは観客の注意を完全に奪ってしまうのです。私は彼に答えました。「3本の映画の音楽をまとめて聴いてごらん、違いがわかるよ」。メロディーはありません、それは事実です。ですが鮮血、犯罪、凶行盛り沢山の作品に、私は自らすすんで子供じみたテーマで甘味を加えてみました。あたかも先天的な欠陥を持つ登場人物らの病的な屈折を表すかのようなテーマです。いずれの映画にも子守唄風の単純で聴きやすい、純朴なテーマがあります。子供たちのコーラスが使われ、歌われて終わる作品もあります。[*2]でも何年かに渡ってダリオは私を起用しなくなります。私は他にも仕事はあったので、どうということはありませんでしたが。

――鮮血の多い、こうした映画に子供っぽい純朴なテーマというアイデアを提案したのは貴方ですか、それともアルジェント?

私が提案してダリオが了解してくれたんです。連帯感が生まれまして、音楽を単純化したり、より効果的にするきっかけとなるものはありませんでしたが、絶対に欠かせない観点が見つかりました。暗黙の正当性と言うべきものがあったんです、特に3作目は。登場人物はとても若い頃に早くも重大なトラウマを植え付けられていて、その若い頃の状況は画面には現れないので音楽でピンと来るものにさせたいと思いました。このため母親による子守唄風のものを考え出します。こうして難解な音響が女声ヴォーカルによって和らげられるのです。アルジェント監督とも合意に至り、映画に対して何もかもバランスの取れた、正当なものになったと感じられました。その後も、こうしたメロディーのないものを他の映画でも仕事にも適用していきます。20本ほどですね。ある監督が私に言います。「ほら、これがいい!」。私は似たようなものを繰り返すことはできませんでした。何故ならそれは偶発的なもので、私にとって偶発性が大きな問題なのです。フランコ・タンポーニその他が私にこう言ってきたことを思い出します。「エンニオ、そんな作曲を続けていると今に誰からも声がかからなくなるぞ」。それ以来、よりノーマルなスタイルへと戻しました。勿論、監督に気づかれないくらいに、あちこちに私なりのささいな抵抗を挿入しています。数年後アルジェントも2本の映画で私を起用しますが、行き違いがあってまた決別することになってしまいました。喧嘩などありません。今なら話してもいいでしょう。チネチッタの映像音声部に行きまして、そこでダリオは『オペラ座の怪人』で私の音楽をミキシングしていました。私は彼に会わず通り過ぎました。『海の上のピアニスト』のミキシングに立ち会ったのです。いや、あの映画には私が必要だったのです。見直すべき複雑なところが山ほどありましたし、効果を上げるために点検する必要もありました。隣のスタジオにいたダリオは腹を立てていました。でも彼の映画の音楽には細かく調べたり、言うべきことはほとんど無かったのです。

——ええ、隣接したスタジオで作業が行われていたのは憶えています。でもそんな裏事情があったとは知りませんでした……

残念なことです。実を言うと彼に会いに行った時もあったんです。でも、もういませんでした。2、3日で作業を終えて、引き上げていたのです。

——実験に向けての貴方の衝動が時に暴走となり、度を超した表現にまで至らせているとは思いませんか？

わからないです。でもそういうタイプの音楽、シアターピースや偶然性のものを作曲する人は、イチかバチか、まっしぐらに進んでいくしかないです。そうした音楽を奏でる者は常に楽器を使って演奏する体勢を整えておかなければなりません。何も頼れないのです。何故なら楽譜には何も書かれてなく、構造について書き留められているだけで、しかも休止はなく、音を奏で続けなければならないのです。これらすべてが完全に個人の行動へと移し変えられ、また演奏するにも過剰になることを恐れて手を緩めるわけにもいきません。ええ、実際に複雑な楽曲はありますし、それに私は満足を覚えていましたし、今もそうです。でも考えてみますと、確かに度を超していました。例えばマルコ・ベロッキオとひと悶着起こしてしまいまして……エンツォ・ドリアが製作する映画を手掛けていた頃ですが、その初期作品のひとつが『ポケットの中の握り拳』です。音楽を担当しまして、女声ヴォーカルによる子守唄を作曲しました。まだエッダ・デロルソとは出会っていなかったので、ローマRAI合唱団から然るべき女性歌手を起用しました。その音楽は少し変わったもので現代音楽ではありませんが、当時の純音楽の反響のようなものは感じられます。子守唄の歌声が様々な鐘やベルの、金属的な響きによる不調和な音響で浸されるのです。私としては良い作品に仕上がったと感じましたし、ベロッキオもそう思っているように見えました。それで次の作品『中国は近い〈TV〉』にも声がかかります。私はメイン・タイトルを変則的なものにしたいと彼に言いました。数え歌みたいに歌い出すというもので、'La Cina è vicina'、つまり映画の題名をまるごとアナグラムにしてしまうのです。La Cina è vicina のアナグラム、Cavalcai inni*3 にして作曲しました。言わば常軌を逸してます。ベロッキオが嫌がったのでレコーディングをすることなく、立ち消えとなりました。
ええ、完全に私が間違ってます。私としても認めますし、ベロッキオは私を起用しなくなりました。もっともなことです。でも私たちの関係は穏やかなままですよ。

――貴方ひとりに完全に自由にやらせると、危険なことになるというのですか?

そう言えますね。でも初期の頃ですし時代も違いますから。マルコの映画は難解なものでして、私も難解な発想をはさみ込めるような気がしたんです。でも、まるで関係ない音楽になったのは事実で、彼が正しいです。今は創作者としての自由については、より慎重となり特に監督には立ち会ってもらうよう声をかけています。当時の私は大胆で無自覚でした。ですが白状しますと、題名のアナグラムというアイデアは気に入ってますよ、今でも。

――もし録音されていたら、私も興味津々で聴くでしょう。

歌ではなく朗読にすべきですね。単純な小唄が伴奏になったでしょう。動きのある朗読を望みましたので、俳優のオレステ・リオネッロを想定しました。彼なら完璧にやってのけたでしょう。

――こうした実験への飽くなき使命感というのはどこから生じるのですか？

消極的なままでいたくないという気持ちからです。生来の性質で全く自発的なもので、能動的である為のものであり、常に何かを開発する為なのです。でも待ってください。実験するには然るべき映画がなくてはいけません。幅広い大衆を対象とした映画に私の実験者としての計画書を実施することはできません。映画はチケットを売るものだということはよくわかっています。大変後悔したこともあったんです。例えば、エリオ・ペトリと合意した上で『怪奇な恋の物語』で実験をしました。素晴らしい映画なのにヒットしなかったんです。とても難解な音楽が流れていたからでしょう。私ひとりのせいだと思いました。誰ひとり私の責任を問うことはありませんでしたが、私はもっと慎重であるべきだったのでしょう。映画が不発に終わったことで、私はプロデューサーのアルベルト・グリマルディに無償で作曲し直したいと言いました。あんな見事な映画がヒットしないなんて不当なことです。私は責任を感じていました、幸いペトリはそうは思ってなくて次の作品『殺人捜査』にも私を起用してくれました。こちらはヒットします。

——戦術を変えたということで。

理解したものでね。実験は続けましたが、いろいろ方向転換をし、別な側の道を辿ったのです。要するに様々なアイデアを自由に集め、作業での様々な局面でそれらを分配します。別な形にしたとしてもアイデアとしては首尾一貫させながらね。こうすればいずれも実験をするという私の習性は保たれるのですが、完全に異なる方法により、もはや精神的に苦痛を与えるというようなものにはなっていません。大衆によりわかりやすく、受け入れやすいものにしました。平等に意義を見出せますが、ここでは音色が重要になってきます。それを他の構成要素から分離させ、作品の中でわかりやすく決定的なものにさせるのです。

——ダリオ・アルジェントやマルコ・ベロッキオ以外で、貴方の実験が最も大胆になったのは？

お話ししたようにペトリの映画でしょう。必要と感じたから実験をしたのです。抽象画家の物語は狂気を思わせます。こうした奇天烈さを強調する音楽を作曲しました。音楽学者のセルジオ・ミチェリはこうした私の選択に反発し、筋の通ったことを言ってきます。「狂気や鮮血の場面に現代音楽を適用するのなら、現代音楽に対する貴方の奉仕行為は立派なものとは言えない」。この異議には衝撃を受けまして、2年にわたり考え込みます。ようやく彼に答えます、ジュゼッペ・ヴェルディにおいては劇的な音楽は素朴なもので、劇的な場面を伴奏してはいても音楽自体は劇的なところなどない、と。実を言うと私たちは大衆の知覚力を頭に入れなければならないんです。大衆は素養が足りないため、そのような音楽をただ劇的に感じてしまうんです。劇的な瞬間に付けられていますから。作曲家の責任ではないんです。映画においては私は大衆に注意しなければなりません。映画で狂気が描かれているなら、その狂気を作り出したのは監督であって私ではありません。私は音楽の作り手であり、狂気に奉仕しているのです。大衆がそのように感知するのはわかっていますし、正当な反応だと言えます。私は実験を怠りませんでしたし、監督に気づかれないように頻繁に実施していたんです。

――実験的なインスピレーションが浮かんでくるのを楽しまれてますね。

ダミアーノ・ダミアーニ監督の映画『Il sorriso del grande tentatore』には私のその後の行動、その母体と考えられる音楽があります。私はダミアーノに会いに撮影現場に行きました。ごく稀な例外を除いて撮影のセットに足を運ぶことはなかったのですが。その美術に極めて重要な意義を見出したんです。映画の多くの場面に祭礼の場が設けられていて、教会史上の様々な時代をまとめあげた美術のウンベルト・トゥルコの手腕は並外れていました。バロック時代に至るあらゆる建築が劇中に現れています。ダミアーノを大喜びさせたほどの舞台美術の傑作で、その美しさが私を捉えて放しませんでした。そうして典礼音楽の時代へと私を導くことになる手段を模索していきます。明確なミサの音楽は書きませんでしたが、ポリフォニー初期、そしてポリフォニー以前の多様な時代のもの、ディスカント、[*4]フォーブルドンその他を用いました。様々な国の子供たちの歌声が欲しかったのですが、見つけるのが難しかったので自分で作り上げました。実際の歌声を用いまして音階を考え出さねばなりませんでした。この経験が後年になって生きてくるのにお気づきでしょう。こうした選択が「I bambini del mondo（世界の子供たち）」という曲に現れてきます。この曲ではセネガルのアフリカ人、中国人、日本人、アメリカ先住民族など世界じゅうの子供たちの合唱を扱いました。それぞれが独自の音階を持つ、これらすべての歌を混ぜ合わせたんです。混ぜてひとつにすることによって11の音から成る11音音楽となりました。音がひとつ足りない12音音楽の誕生です。これこそ私にとって決定的と言える経験となりまして、ここから映画音楽を考え直すための再出発となったのです。それだけではありません。「Voci dal silenzio（沈黙からの声）」もまた、このようなかつて受けた影響から生まれているんです。

——「Voci dal silenzio」について語り合いますと、'60年代にセルジオ・エンドリゴに作曲したカンツォーネだと思いますが、その中に声が差し込まれてますね、ヨハネ23世と……

……とマーティン・ルーサー・キングとジョン・F・ケネディ！

――「Voci dal silenzio」の枠組みとてもよく似ているように思えます。かつての貴方のアイデアが扱われていますね。

そうですね。それについては考えていませんでした。エンドリゴのカンツォーネの中に近現代史における三人の重要人物――ヨハネ23世、ルーサー・キング、ケネディ――の声が挿入されているのは実際よく似ています。君の連想は正しいですよ。音楽に現実が入り込んでいます。歌う声、または語る声。ヨハネ23世が語り、ケネディが語り、ルーサー・キングが語り……。その前にオーケストラ演奏やエンドリゴの歌唱による節がありますが。問題は私が使いすぎたり、作曲家として濫用しているということではなく、言葉が存在を正当化しているということです。自由について語っています。実際にタイトルが「Canzone della liberta（自由の歌）」でして、アドルフォ・チェリ、ヴィットリオ・ガスマン、ルチアーノ・ルチニャーニが監督した映画『L'alibi』の為の曲なんです。

――これを作曲した当時、過激なものと考えられませんでしたか？

割とね。でもいつも試していました。平凡なもの、わかりやすいもの、聴き慣れたもので満足したくなかったのです。これらすべてから必ずしも逃れられたわけではありません。試してみては、上手くいく時もありました。

――ヒットした貴方のテーマ曲と結び付けられるような、そんなわかりやすい事から逃れたかった？　言うなれば……映画では貴方は繰り返し頼まれているのですね。貴方はわかりやすいものから逃れようとしている。それなのに監督は貴方に言います。「『ワンス・アポン・ア・タイム・イン・アメリカ』のような曲でお願いします」「『ミッション』または『ニュー・シネマ・パラダイス』みたいな曲を書いてください」と。

折れる時もあれば断る時もあります。私としては別なものを提案してみますが、往々にして監督は既に知られた曲を想うことに慣れていて、新しいものに順応することには難色を示します。いつでも監督を満足させようとはしていますが、レコーディングの場で驚かせたりもしています。わかりやすいメロディーを楽器編成で面白くして自由に扱ってみたり、少し変奏を加えてみたりするのです。妥協してみることもあります。映画のレコーディングに行く時は、いつも監督の反応を気にしています。と言うのも本当に同意に至るのがその時でして、数か月前にピアノで聴かせた時ではないのです。音楽はいつも最後になってしまいます。映画の撮影が終わった時であり、編集やダビングが済んだ時なのです。そこで作曲家は映画について自らのアイデアを出すのですが、監督がまるで賛同しないかもしれません。ありえることだけに、いつも心配なのです。

＊1　7本が正しい。
＊2　アルド・ラド監督『死んでいるのは誰？〈D〉』と混同していないだろうか？
＊3　La Cina è vicinaのアナグラムでCavalcai inni、そのまま訳すと「私は賛歌に跨った」
＊4　12世紀頃から定旋律の上に付けられた対位法的な声音で、初期は即興的に歌われた。

# 6章　ひと握りの西部劇——レオーネの追憶

——サルチェとマストロチンクエについてお話しいただきましたが、その後は？　最初の西部劇はどなたと組まれたのですか？

マリオ・カイアーノ監督の『Le pistole non discutono』という映画です。そのすぐ後に二本目の西部劇としてスペインの監督リカルド・ブラスコの『赤い砂の決闘』を担当します。二本ともレオーネと知り合う前に手掛けたものです。もっとはっきり言えば、その二本の西部劇の音楽をセルジオが聴いていたので私に声をかけてきたんです。彼が私の名を挙げた、つまり『荒野の用心棒』で私を起用したがったということです。

——初対面はいかがでしたか？

セルジオが私の家に来ました。モンテヴェルデに住んでいたんです。この映画をやってみたいかどうか尋ねられ、引き受けました。話をしている間、彼を見て気になって仕方なくなります。その顔に見覚えがありましてね。その姓名で思い出してきたような気になりました。さらに唇の動かし方。素朴なもので欠陥があるわけでもないのですが、独特の動きです。完全に確信しました、彼だと。小学校3年の時に一緒だったんです。実は名前より姓名で思い出したんです。彼は映画の説明をしますが、ある時点で私が中断させます。「あの、ところで君、レオーネだよね、ジャコモ・カリッシーミ通りの学校に通ってた」「うん」と彼。「僕だよ、エンニオ・モリコーネ。憶えてる?」。すると彼が「あー！　本当だ！」。こうして私たちは再会し互いに認識したというわけです。小学校時代は友達ではありませんでしたが、すぐに打ち解けました。その日の午後、彼は私をモンテヴェルデヴェッキオにある映画館に連れて行きます。『用心棒』という日本映画を上映していました。彼の説明では『荒野の用心棒』はその映画みたいなものになるということです。夜はシスト橋前のリストランテ「チェッコ・エル・カレッティエーレ(Checco er Carettiere)」で食事をしました。チェッコも小学校3年の同級生でした。こうして、その夜は久しぶりのささやかな再会ということで締め括られました。

——依頼が来た時、映画は既に『荒野の用心棒』となっていたのですか?

いいえ、「Il magnifico straniero」となるはずでした。最初の題名はそうだったんです。これが原因で思わぬ出来事が起こりました。映画が完成した時、プロデューサーはレコード会社に題名の変更を知らせていなかったんです。レコードは「Il magnifico straniero」のサントラとして録音されていました。『荒野の用心棒』が映画館で公開されてもRCAは自社のレコードであるとは思わず、待ち続けていたんです。一ヶ月ほど待ったところで、ようやく題名が変わったことを知ったんです。人気を博し、爆発的なヒットを記録している『荒野の用心棒』が実は「Il magnifico straniero」だったと。そこでRCAは急いでレコードを発売させました。当然ながらよく売れました。一ヶ月の遅れはありましたが、実害はほとんど無かったようです。

――レオーネはどんな音楽を要求してきましたか？

何も要求してこなかったです。カイアーノ監督やブラスコ監督での私の仕事を評価していて、あの路線で進めてほしいとのことでした。私はあるテーマ曲を作曲します。以前に私があるアメリカの曲をアレンジしまして、そこで採り入れたアイデアをすべてそのテーマ曲に移し込んだのです。さらにアレッサンドロ・アレッサンドローニによる口笛も加えました。最終レコーディングでセルジオは感動し、大いに気に入ってくれました。映画がフィレンツェで公開されると、すぐに人気が爆発し大ヒットとなったことを憶えています。

――そのアメリカの曲というのはどこから？

その少し前にRAIのディレクター、ヴィットリオ・ジヴェッツリから依頼がありまして音楽番組を作りたいとのことでした。音楽だけのね。私の好きなようにやらせてくれたんです。「エンニオ、君のやりたい事を決めてくれ、肝心なのはオーケストラと歌手のための楽曲なんだ、いいかい、オーケストラと歌手の曲だ、頼んだよ」。9曲書きまして番組名は「Piccolo concerto」にしました。オーケストラを指揮することにはまだ気後れを感じていたのでカルロ・サヴィーナに声をかけます。優れた指揮者であるうえに、オーケストラ用のアレンジというラジオの仕事を初めて私にやらせてくれた人です。恩返しするつもりでした、そして2シリーズ12回分指揮してもらいました。と言うのも第1シリーズがヒットして、TV局は第2シリーズも私に依頼してきたんです。1941年にアメリカ人歌手ウディ・ガスリーが作曲した「みのりの牧場(Pastures of Plenty)」というとてもいい曲がありまして、その機会にアレンジしたんです。で、その楽器編成のアイデアを『荒野の用心棒』に適用したんです。映画の為ではなく、口笛を加えたアレンジから生まれたんですね。アレンジに新たなメロディーを作曲したんですよ。長いこと書いてきたどのアレンジにもそうしたことはできましたからね。オリジナルは関係なく、自分が作曲した自分のメロディーを加えたんです。ええ、問題なくできるのです。

――正確にはどのようにして取り掛かったのですか？

TV番組「Piccolo concerto」で「みのりの牧場」に施した私のアレンジをセルジオが気に

入ってくれたんです。映画に使いたいと言ってきました。私としてもぴったりだと思いまして、私が書いた通りのものをそのまま使い、私が作曲した口笛によるメロディーを加えたのです。ひとつだけ、ささいな変更をしました。オリジナルではウディ・ガスリーが「We come with the dust and we go with the wind」と歌い、コーラスが「with the wind」と繰り返します。私は風を火に変えて「with the fire」にしました。他は変えていませんが、コーラスの言葉を同じままにしたくはなかったのです。

――ウディ・ガスリーの曲に施したアレンジを用いることについては、ご自身でどう納得されたのですか？

繰り返しますが、TV番組であの曲を聴いたレオーネが私に頼んできたんです。私も合っていると感じました。セルジオの西部劇にぴったりです。あの曲にはその後の可能性を予見させるような形跡が残っていますね。実際、この経験で得たものをセルジオとの第2作と第3作、『夕陽のガンマン』『続・夕陽のガンマン』で繰り返したんです。3作目が彼との初期作品の中では最も面白い作品です。当然、音楽面について語っています。セルジオは驚くほどの進歩を遂げ、私も彼と共に熟達したと思います。第1作は1億2千万を超えないコストにしなければならなかったのが忘れられません。ヒットしたお蔭でセルジオは次の作品では予算的にも自由に取り組めました。

――『荒野の用心棒』のサントラは、予算的に乏しい映画の音楽だったと言うのですか？

そう言えるでしょう。突如、私たちの間で意見の相違が勃発したんです。映画を降板しようというところまで至ったんです。失敗するところでしたが、降りようとしたんです。いいですか、仕事は無かったのですが、それでも拒んだことがあったんです。お話しします、私は映画を観てみようと映写室に行きました、ラストにかけてのところで決闘のシーンでした。編集のロベルト・チンクイーニが、ハワード・ホークス監督のアメリカ映画『リオ・ブラボー』で使われたトランペットの曲で、ディミトリ・ティオムキンが作曲した「皆殺しの歌」を使っていたのです。でもティオムキンのその曲は、当時のアメリカ軍[*1]の信号ラッパを練り上げたものに過ぎません。セルジオはその曲を劇中に流したがったのです。彼に言わせるとクリント・イーストウッドとその敵、ジャン・マリア・ヴォロンテが対決するクライマックスにとても良く合うと。わかります？　私のサントラに「皆殺しの歌」を入れるのを認めろというのですよ。私は彼に言いました。「セルジオ、好きにしてくれ、僕は帰る、これまでだ、映画は降りる、さよならだ、元気でな」

――意見の相違というより口論そのものみたいですね。

ええ、まさにそうですね。監督によるそのような選択を私は断じて受け入れません。仕事の無かった当時ですらありえません。彼に言ったんです。「映画のクライマックスに既存の曲を使いたいのか？　そうなると僕は添え物の音楽を作るような愚か者になってしまうよ」。私は本当に家に帰ってしまいました。ここで彼も断念しましたが、こう言ってきたんです。「それなら『皆殺しの歌』まがいの曲を書いてくれないか、あの曲はあまりにぴったりなんだよ」。確かにぴったりであることを認めるにやぶさかではありません。でも、だからと言って従う気にもなれなかったんですね。そこで「皆殺しの歌」のメロディーを真似る義務から逃れようと、ある巧妙な策を取ったんです。

――何か作曲された？

その何年か前に「Drammi marini（海洋劇集）」というユージン・オニールの作品を原作とした、TVの連続ものを担当しました。番組の中で黒人の女性歌手が船尾で、私が作曲したノクターン風の子守唄みたいなものを歌います。これでセルジオの裏をかこう、と私は思わず声に出しました。その歌のメロディーを採用することにしました。それは『リオ・ブラボー』が公開される前に作曲したもので、それをトランペットの演奏にして論争の火種となったシーンに充てました。このようにしてティオムキンではなく自作の作り直しにしたんです。レオーネに聴かせる前にトランペット奏者のミケーレ・ラチェレンツァに「皆殺しの歌」みたいに演奏するよう、よく指導しておきました。「できるだけ装飾音すべてに気をつけて、変奏の部分も少しね」。彼は私が書かなかったものを含むすべての装飾音を記憶してくれましたよ。これで片付いたんです。当初レオーネは別のトランペット奏者、当時大ヒットを飛ばしていたニニ・ロッソを望んでいたんです。彼にそれは無理だと説明しました、我々はRCA、ロッソはフォニト・チェトラ（Fonit Cetra）で仕事をしていましたから。また論争です。普段の彼は穏やかですが怒りっぽくもあったので、私はなだめなくてはなりませんでした。幸い、彼の妻カルラが助け舟を出してくれました。ラチェレンツァについてですが、とても良い演奏をしてくれました、ですが涙を流しながら吹いていたんですよ、レオーネから望まれていないことを知っていたからです。何年も経ってからセルジオに自分が引っかけたことを話しました。もう私たちの友情が鉄の結束となってから話したのです。「セルジオ、あの曲は映画の為の書き下ろしじゃなかったんだ、その何年か前に作曲したもので……」

――トランペットは別にして、どうしてその歌から引用しようと思ったのですか？

弦楽の扱いが簡素で、ティオムキンが進軍ラッパに施したものと多少なりとも似ているんです。でも演奏者に「急速な変奏」をいくつか加えるよう頼みました。メロディーは私のものです。

――で、ラチェレンツァは監督から自分が望まれていないという屈辱を感じながら演奏していたんですね。

そうです。本当に泣きながら演奏しましたが、幸い、見事なものとなりました。レオーネも、もうニニ・ロッソなど頭になくて、彼の演奏に満足していましたよ。お話ししたようにセルジオの裏をかいた事は隠してて、以前に作曲したものだとは言ってなかったんです。でも彼はそれから思わぬ要求をしてきます。「あの曲が既に作られていたもの？　それだったら頼みがあるんだ、過去に監督らに拒まれた曲を全部聴かせてくれないか、それで気に入ったものがあったら選び出して使うから。こっちとしては全然気にしてないよ」。

――本当にそうしたんですか？

『荒野の用心棒』から『ワンス・アポン・ア・タイム・イン・アメリカ』まで何年経ちましたかね。「デボラのテーマ」はフランコ・ゼフィレッリ監督の『エンドレス・ラブ』に作曲したものなんです。ゼフィレッリに聴かせたら気に入ってくれました。映写室でフランコが私にこう言うではありませんか。「ここにダイアナ・ロスが歌う曲が入る。作曲者は君じゃない」。私は答えます。「そうすればいい、僕は降りる、それじゃ」。本当にその場を去りました。その曲は持ち帰って後に『ワンス・アポン・ア・タイム・イン・アメリカ』に収めることになります。『エンドレス・ラブ』のプロデューサーは気のいい感じのスウェーデン人で、私にも平等に支払われたのです。お金を受け取っても映画は手掛けていません。ゼフィレッリとの論争は深刻なものとなりました。彼はまさに激怒していて、イタリアへ帰国する便に私を乗らせないようあれこれ手を尽くしたのです。私を引き留め続けました。「ここを見てくれ……こっちも……」。時間稼ぎに話しているだけです。考えられない嫌がらせです。ある時点で私も突き放します。「空港に行く、さよならだ。この映画はやらない」。それでも彼は根に持つことはなかったです。何年か後、『ハムレット』でまた私を起用します。彼が言いました。「エンニオ、今回はテーマ曲は書かなくていい、映画にふさわしく雰囲気的な音楽、奇抜な響きが欲しいんだ」。私は「それはいい、願ってもないことだよ」と答えます。この要求は嬉しく思えました、自分が追求してきたことをやるのが認められたのですから。可能な限りテーマを減らしてみました。このゼフィレッリの要求の件はシエナで催された映画会議で語った憶えがあります。このようなことは極めて稀であると言いました。通常、監督はテーマ曲を要求するものですが、今回は監督本人が要らないと言うのですから。こうしてテーマ曲なしで録音に臨みます。レコーディング中、ゼフィレッリがひどく怒って言ってきました。「テーマ曲がないじゃないか?」「フランコ」。私は返答します。「君が要らないと言ったじゃないか」。すると彼が「いや、テーマ曲が聴きたいんだ」

と。作るのに夜までかかりました。俳優メル・ギブソンの独白「生きるべきか死ぬべきか」の伴奏となるオーボエによるテーマで、上手くできました。次の映画でも依頼の声がかかりましたが、当然ながら断りました。彼とはもう仕事をしたくないです。ここまでです。レコーディング中にまた作曲に追われるなど、オーケストラとの仕事でその費用もかけた時に前言を翻されてはたまりません。とても受け入れられない。私には優しくもありましたし、純粋に尊敬してはいます。でもこんなふざけたことにはついていけません、無理です。

――セルジオの話に戻ります。他から拒まれた音楽を使うと。

セルジオはイタリアの映画監督を小馬鹿にするのが好きだったんです。彼らのことは好きでしたけど、さほど熱烈というものではなかったです。アメリカの監督を敬愛していました。『ワンス・アポン・ア・タイム・イン・アメリカ』で仕事をしていた時に「デボラのテーマ」を彼に聴かせました。正確に言えばゼフィレッリとの一件があった後に「デボラのテーマ」になったということですが。彼は手放しで喜んでくれました。実は私も気に入っていたんです。私が愛してやまない要素である無音や休止でできていますから。そのうえ厳しい条件での仕事でしたしね。ロサンゼルスで8日間で作曲しました。ゼフィレッリはある特定の日にそこへ私を呼び寄せました。彼はすぐにやって来るべき立場のはずですが、姿を現したのは5日も経ってからです。実際、私はアメリカでピアノのあるホテルの一室にひとり放置されたままでして、彼は姿を見せませんでした。こんな扱いは嫌なものです。神経を病んでしまいました。幸い、この曲はレオーネの映画で生きることになります。一音たりとも変えていません、ゼフィレッリの為にロサンゼルスで作曲した時のままです。

――『荒野の用心棒』の音楽は、映画より前に存在したTV番組の中の歌、大衆に最も愛されているであろう「デボラのテーマ」は別な映画の為に着想されたもの。奇妙で面白いと言えますね。

このようにある作品に丹念に手を加えることで生まれる時があります。こうした経過を辿ることを非常識だとは思いません。何にせよ、どれにもその中に目印となるものを残しているんです。『荒野の用心棒』の音楽は好きではありません。ヒットはしましたが好きじゃないです。いつもセルジオには、今後の映画の為にもあれは忘れてしまおうと促していたんですよ。ところが彼はトランペットにこだわりました。「トランペットを使ってくれ、それから口笛も」。実際に口笛を私に再び使わせます。これが気に入ると彼はすべての映画に使わせたくなったんです。でもそれほど経たぬうちに、3作目となる『続・夕陽のガンマン』で変えることに納得してくれます。私はコヨーテの鳴き声によるテーマを作り上げました。なかなかの出来で、彼も気に入ってくれたんです。

――コヨーテの叫びという発想はどこから引き出したのですか?

映画から直接にね。ライブ録音で一匹のコヨーテがこのように鳴くのを聞いたんです。それを採り上げ、包み込んでみました。要するに私のこだわりで発展させたものなんですね。このように現実の音を採り入れて音楽にしてしまうというのは難しく、滅多にないものです。大切なのは音色ですね。

――『荒野の用心棒』があれほどの爆発的ヒットとなったのは貴方から見て何故だと思います?映画のみ、または音楽を含めてその原因を追究すべきでしょうか?

わかりませんね。私は判定する立場ではありませんし。一ヶ月遅れはしても音楽そのものは前例のないヒットとなりました。おそらく何もかも以前にお話しした事によって起こったものでしょう。「Piccolo concerto」のアレンジの成果なんです。単純な、とても単純なアレンジでいくつかの言葉を発するコーラス、鞭、鐘、口笛、ファイフ(高音の横型フルート)……。他にも口笛のメロディーとはまるで関係のない構成分子ばかりです。それでも関係してくるのです。「Piccolo concerto」の時は、この曲の楽器編成は偶発的、大衆的、現実的であって然るべきと想像しました。これがヒットを説明することになるかもしれません。でも音楽が映画の成功に決定的な役割を果たしているとは思いません。全然そんなふうに考えていません。いいですか、音楽の為に映画を観に行くような熱心な人々がいるとは思えません。それからはセルジオの映画に付けられたものの中で、これが最低の音楽だと思っています。

——貴方がレオーネと組んだ最初の2作のサントラがヒットしたのは、それまでの伝統的な西部劇の音楽と比べて、全体的に不連続性が見られるからだと多くの人々が考えています。本当に貴方の西部劇の音楽には、様式的に逸脱したところがあるのでしょうか？

『荒野の用心棒』には確かに破格なものがあります。あの映画に対しては楽器編成からすべて始まっています、メロディーなど重要ではありません。いつものようにメロディーは問題ではなく、周りに取り付けるものが大切なのです。田舎に住む者が森林や都会から響いてくる音に何を感じるか、また都会に住む者が田舎から聞こえてくる音に何を感じるかを想像したんです。都会から響いてくるのはファイフと鐘、一方で馬に打つ鞭などその他似たような音は田舎から来たものです。始まりとなる口笛の伴奏であり、この路線で進んで行こうという気になるアイデアでした。曲のインスピレーションはこの遠くから響いてくる2つの反響で間違いありません。映画の生命となる2つの対極、都会と田舎なのです。

——セルジオ・ミチェリが彼の著書で述べているのですが、当初レオーネは『荒野の用心棒』

の音楽は巨匠アンジェロ・フランチェスコ・ラヴァニーノに依頼したかった、と。ラヴァニーノは彼の監督デビュー作『ロード島の要塞』の音楽を担当しています。さらにレオーネは貴方の名を知らなかったと書いています。ジョリーのプロデューサーから紹介された時、「なんだかこれは貧相なティオムキンみたいだ」とコメントしたと。こういう言われ方にはうんざりさせられますが、いずれにせよ貴方も甘んじて受けるという……

**ラヴァニーノの件については知らないです。どうしてミチェリがそれを知っていたのかもわかりません。情報通でなければなりませんし、事細かな音楽学者でした。レオーネが私のことを「貧相なティオムキン」と言ったかどうかもわからないです。要するに私には問題でも何でもないんです。彼に返す言葉は決まっています。「豊富な人材の中からモリコーネを選んだのは、君にとっても映画にとっても最良だったよ」**

――あるジャーナリストがレオーネに、どうして貴方が彼の映画にベストを尽くすのか尋ねました。セルジオが表情豊かに答えています。「何故かと言うと、モリコーネにテーマ曲を10回は書き直させているからね！　気に入らないものは私が破り捨てるのさ」。貴方が提供したものに対し、そんなに厳しかったのですか？

**まさかそんな！　セルジオは私が最初に聴かせたものは、いつも受け入れてくれましたよ。**

笑止千万な話です。でも、何でも誇張して話していたのは本当ですし、事実をちょっと変えたりすることもよくありました。彼はそれほど厳しくはなく、自分の映画に必要とされるものへの感性が豊かだったんです。『続・夕陽のガンマン』で私に作り直しをさせたことを憶えていますが、彼は正しかったのです。この種の事としてはこれが唯一のケースです。トゥコが墓場で金貨を探す場面で、やけになって走り回ります。3分半に渡り死に物狂いで。止まってみて調べるも、どの墓に金貨が隠されているかわかりません、どれも同じような墓ばかりで。私がある楽曲を用意しましたが、場面のことは理解していませんでした。彼に聴かせましたが納得してもらえず、別なものを作曲するよう言われます。そう、これが唯一の例で、それからぴったりな曲を思いつくに至ったというわけです。

――その頃までの伝統的なアメリカ西部劇の音楽はいかがでしたか？

よくわからないので、ただ沢山聴いただけです。その中ではエルマー・バーンスタインの『荒野の七人』が印象深かったです。ええ、そのリズム・パートに魅せられたんです。『Le pistole non disctono』を担当した時、そのリズムを使った曲を書きました。私が作曲したメロディーをその上に重ね、オーケストレーションも私が新たに書き上げたものです。そのリズムは大切なものですが重要視されていないようですね、でも決定的なものです。

――馬のギャロップ？

そうです。私の好むアイデアなんです。

――かつて音楽で使われたことはなかったのでしょうか？

何百年も前にクラウディオ・モンテヴェルディがやっています。「タンクレディとクロリンダの戦い」では乗馬の模範的なリズムがあるんです。作曲者がギャロップそのものを再現したかったかどうかはわかりませんけど。17世紀前半のとても古い作品です。頭に残っていたのは確かです。『荒野の七人』でのエルマー・バーンスタインのリズムは本物のギャロップには感じられません。的を射ていてよく書けていますが。でも影響は受けました。私がすぐに影響を受けたのはまさにこれだけです。

――『荒野の用心棒』では貴方は変名を使用されていますね。

プロデューサーのジョルジョ・パーピとアッリーゴ・コロンボがイタリア人観客の目にアメリカ映画のように映らせたかったのです。実際、アメリカ人はクリント・イーストウッドだけでした。そこでセルジオ・レオーネもヴォロンテも私も名前を変えたんです。私はダン・サヴィオとしまして……

――どうしてその名を？

ダンサヴィオは妻の女友達の姓名です。マリアからの提案だったと思います。それでもアメリカ的でも男性的でもありませんね。だから何故その名を選んだのかわからないんです。カルロ・リッツァーニですら西部劇では名前を出していないんです。監督の実名が現れていませんし、私も出していません。

——監督らも恥と思いながら西部劇を手掛けていたんですね。むしろ貴方がた全員が恥ずかしく思って……

ある日、ディノ・デ・ラウレンティスから連絡があって、ある西部劇の音楽をやってほしいとのことです。私はこう答えました。「その西部劇の後で別なジャンルのものを2本ぐらいやらせてくれるなら引き受けます」。私の意に添うようにしてもらえました。私を起用することになった非西部劇の監督のひとりがマルコ・フェッレーリだったのです。ひどく私のことを蔑むような接し方でした。おそらく私が製作側から押し込まれた立場だったからでしょう。「ギターの独奏曲とサキソフォンの独奏曲を頼む。勿論サキソフォン奏者も要る」と私に言ってきました。とても優秀なアルゼンチン人奏者を起用したんです[*2]。フェッレーリは実に考えられないほど冷ややかな態度を崩しませんでした。実を言うと今でも西部劇の作曲家などと言われると、こう答えます。「私は５００本の映画を担当したけど西部劇は30本にすぎないよ」と。お話ししたよ

うにレオーネと共に変名を使ったことはありました、それは映画をアメリカ風に見せるという
ただそれだけの理由です。実際、リッツァーニとも別名を使っています。ですけど監督が名を
名乗らないとして、私がそれに倣わなければいけないのでしょうか？　それからはいつでも敢
えて自分の名を出しています。

――実に内面的な葛藤が出てきたのですね。ある時点までは西部劇を愛するものとして語って
いますね。そしてほとんど見捨てるようになります。

私が担当した音楽で西部劇が占める部分は多くありません。実際には面白くて新奇な手法も
用いているんです。ですが誰もが口にしているようにイタリア映画においてはB級作品として
見なされていました。セルジオ・レオーネの西部劇、そして私が手掛けたその他数作がB級も
のと評価されるなんてありえないことです。私は西部劇ではない映画だけでダヴィッド・ディ・
ドナテッロ賞を戴くようになりました。それでも『ウエスタン』や『続・夕陽のガンマン』は
さらなる評価に値するんですよ。でも、そうではなかった。これが残念なのです。低評価の作
品に良質な私の音楽と意志が込められています。後にその2本の映画、そして残りすべてが再
評価されました。

――ですが多くの西部劇の依頼を断ったことをよく強調されて……

セルジオの映画がヒットすると、誰も彼もが西部劇で声をかけてきました、どれも西部劇なんです。敢えて何本かは断らねばなりませんでした。西部劇の作曲家というカテゴリーに入れられ、それ以外の映画から排除されたくなかったのです。いつも私だけに声がかかるという状況を何としても抑えなければいけません。袋小路に入っていました。スペシャリストのレッテルを貼られましたが、私はスペシャリストではなかったのです。でも知的な監督もいました。レオーネの映画を観た後で、全く異なる映画である『アルジェの戦い』にポンテコルヴォが私を起用したということは、彼が私を西部劇だけではない、ひとりの作曲家として考えてくれたということです。

――西部劇の監督やプロデューサーらが他の作曲家に依頼した時、彼らが何を求めていると思いますか？

要求はわかりますよ。想像に難くありませんが、私がやったことの模倣となるのを避けるのはほとんど無理でしたね。わかりますよ、でも私の代わりとして依頼された作曲家らを悪く言うつもりはありません。それに自分が断った映画をすべて観ているわけではありませんし。言われたまま模倣したものだけではなく、鋭敏なものもあります。模倣にせよ、個性があれば作り手の音楽となるのです。

――ところが貴方に向かって貴方の作品を模倣することを頼んだりする監督がいます。貴方の曲を気に入っていて、同じものを求めてくるという……

私がいつもどうしてるか知ってる？　初めて組む監督が仮のテーマ曲として『ウエスタン』やその他私の映画音楽のテーマを使うと言ってきたら、私はこう答えます。「これが好きなの？じゃあそれで好きにしなさい！　私は帰ります」。その映画は見捨てることにします。何故かと言うと、その監督はそうした音楽にどっぷりはまり込んでしまい、頭から離れなくなっていることがわかるからです。自分の映画にそのような音楽、または気味悪いほどそっくりなものが付けられると考えているのです。これなら降りる方がいいです、監督をがっかりさせてしまうでしょうが。でも監督が何も言わなかったり、私の旧作のことしか頭にない場合は事態を悪化させかねないんです。そこで新しいものを受け入れさせるという問題が生じてくるんです。多くの監督は心にもないことを口にします。「いや、エンニオ、大丈夫ですよ、ええ……」。でもリスクは明らかに残ったままで、拭えません。繰り返しますが、それまで仕事を共にしたことがなく、さらに何の協調性も示さない監督ということでしたら、私は簡単に降りてしまいます。友人であったり、尊敬する監督では私の態度も違ってきます。見捨てることはできません。そうして苦悩との戦いとなりまして、必ずしも私が勝てるとは限りません。

――自作を模倣するとなると、オリジナルを上回るものを作曲することに終始すると？

その時に気が乗らない音楽を作曲するように言われると困りますね。時々、自分が共感しないものと逆に自分が信じる音楽作品とを結合させるのに苦労します。でも思いもよらない成果、いくつか奇跡とも言えるものが出てくることも否定できません。監督が妙な事を頼み、私がさらに音楽的なもので対応する。ええ、いくつかの場合でこうした融合が思わぬ成果を生み出します。

――かつて仰ったことですが、編集したばかりで音楽のない映像には、どんな音でも重ねられる、そうすれば必ず機能する、と。

音楽を入れた場面というのは忘れないでしょう。監督の多くは音楽による伴奏のない撮影済みのシーンをプロデューサーに見せたがりません。冗長に思われる危険があるからで、楽曲を一時的に組み合わせます。私へのオマージュもあってよく選ばれるのは『ミッション』『ニュー・シネマ・パラダイス』またはレオーネ作品です。その時から監督が、音楽による支えを場面に採り入れることに愛着を抱いたままであることがよくわかります。いいですか、映像には異様なほどの柔軟性がありまして、様々な音を受け入れますし、限りない解決法が開けているのです。映像に対する音楽にもこうした柔軟さはあります。ですので、あるシーンに表面的には関係のないような音楽を充てることができるのです。作曲家に無限の創造の余地が与えられるのです。こうした柔軟性により極めて曖昧な解釈も可能となるので、作曲家にとって映画音楽の作曲は難しくなります。何故なら間違った音楽を付けてしまう可能性が常に目の前にあるのですから。

——モリコーネ風西部劇音楽を依頼された作曲家らは、どのあたりで貴方を真似ているのでしょう？

少し聴いただけですが、主に真似ているところはニ短調という調性を選んでいることですね。私のではレオーネの最初の3作品がその調性でした。ニ短調で続けました、何故そう思ったかはわかりませんが、然るべき雰囲気を醸し出しているように思えたんです。揺るぎない信念というものではないんです、ホ短調、ヘ短調、ト短調でも書けたでしょう。ですのでニ短調で真似ることとの意義はゼロです。

——楽器の扱いにも何かありますかね？

ギターまたは弦楽による乗馬の表現ですね。これは確かにあります。それから口笛もあるでしょう。でも言ったように、こうした模倣は何にもなりません。

——『荒野の用心棒』を公開後に観直しましたか？

一年は経った頃に私とセルジオは一緒に映画を改めて観に行ったんです。ヒットの勢いは衰えていませんでした。クイリナーレではまだロードショーを行っていたんです。ヒットの理由を知りたいと思いました。映画が終わると、私たちは横のドアから黙ったまま出ていきます。何を喋ったと思います？　二人とも気に入っていないことがわかりました。彼も私もです。前にも言いましたが私はこの映画の音楽が好きではありません。現実音を出す楽器をまるごと投入するアイデアは魅力的なものであることは再認識しました。でもそれはオリジナルにあった唯一の側面に過ぎません。トランペットについても話題に出ませんでした。あれも好きではありません。

――レオーネは音楽を好まなかったのですか？　それとも映画が気に入らないとか？

セルジオは映画を評価していませんでした。私は映画も音楽も気に入らないです。でも映画を貶めるようなことはしません。私の作品ではありませんから。でも音楽に関しては問題があると思います。

――それほど多くの疑念、当惑、不満がある中で、セルジオの次回作はどのようにして生まれたのですか？

音楽を作曲し、それから『夕陽のガンマン』を観てレオーネに何と言ったと思います？「セルジオ、前のと比べると今度のはアイスキュロスみたいだよ」。ええ、アイスキュロスが思い浮かんだんです。ここではドラマが重要となっていて深みがあります。この映画は満足のいくもので面白く観られましたし、大好きな作品です。音楽には多少なりとも同じ要素を用いています。セルジオの要望でした。私は受け入れまして、口笛も彼の希望に応じたものです。ですが前作と同じくトランペットを再び求めてきたんですよ。彼に言いました。「これには要らないよ、忘れよう」

——つまり彼としては同じ路線で続けたかった、ところが貴方は変えてみたいと。

これに関しては彼は頑なで、彼に言わせれば前作で上手くいっているものはすべて保っていくということでした。口笛では『荒野の用心棒』に加えたものはどれも使用することなく、別なアレンジを施しました。口笛に関してはそんなところです。それからトランペットを同じ手法で再び用いることを望んできました。私はきっぱりと反対します。2本の映画を間を置かずに、また同じ処置で当たるなどできないことでした。「テーマ曲を聴かせるよ」。彼に言いました。「それで判断してみてくれ」。セルジオがトランペットを求めたシーンは、荒廃した教会でのそれです。ヴォロンテが、自分が殺すことになる男の前に立ち、傍には男の妻、そして彼女に抱かれた幼児がいます。バッハの「トッカータとフーガ　ニ短調」の冒頭を引用することを思いつきました。彼に複数回聴かせたところ、とても満足してくれたので使うことになります。ですがその後、同じ問題が降りかかってきます。と言うのも3作目で同じことをまたやってほしいと言ってきたのです。やることなどほとんどないです。彼にしてみれば一度上手くいったものはずっと上手くいくに違いないというのです。そうじゃないです、変えるのが必要というのが私の考えでした。さらにもう一度変えるべきです。私はまた反発しました。再びトランペットを使いましたが、全体的には異なるものとなっていて、メイン・タイトルから口笛を外しています。今度はコヨーテの叫びがあるんです。ユーモラスな選択でもありますね。声をコヨーテの叫びによるドラマティックな小旋律に張り合わせるという、ちょっとした遊びを喜んで行いました。その叫びは二人の、調子外れでかすれているという、現代的な声によるものでテーマ曲の中では3つの楽器で3回聴かれます。3つの楽器は3人の登場人物を表しているんです。「良い奴、悪い奴、ずるい奴」。数か月前、20世紀の映画音楽100選に、このサウンドトラックが入っていることを知りました。2位だったと思います。何と、100年間の映画の中で2位ですよ。1位はジョン・ウィリアムズの『スター・ウォーズ』です。嬉しいです、良い成果ですね。

――『夕陽のガンマン』でジューズ・ハープを使うという発想はどのようにして生まれたのです

か？

普段使われないような楽器を音楽にいつも持ち込んでみようとしています。ジューズ・ハープは音楽的な使われ方もされます。いくつかの音が作られるからです。その音は伝統的な音階に合ったもので利用可能と言えます。ダミアーノ・ダミアーニ監督の『シシリアの恋人』で多様な調律による様々なジューズ・ハープを用いたことを記憶しています。実際、メロディーではなく、いろいろな伴奏を受け持つのです。『夕陽のガンマン』にはこの楽器をパーカッションとして採り入れることを思いつきました。典型的なアメリカ映画にある西部劇的雰囲気など気に留めることはなかったです。この楽器は主にイタリア製でして、後になって韓国製があるのも知りましたがとても大型で、とても劇的な音を出します。実に衝撃的な音を出しますが、我が国では民族楽器として奏でられました。奇妙な楽器を使うのは私の癖です、でもペップッチョ、良い癖と言えるよね。

――どなたに演奏させたのですか？

演奏できる人を知らなかったのです。オーケストラの運営者に、周囲に良い奏者がいないか尋ねてみました。サルヴァトーレ・スキリーロという人を紹介されたんです。シチリア出身の男性でスタジオに現れた時、鞄の中は様々に調律されたジューズ・ハープでいっぱいでした。

和声的音階に対応できるようにする為だったのです。私は曲の和声の変化に応じて一音ずつ演奏させました、それから録音を編集し、実際のジューズ・ハープではできない調の部分的変化を作りだすように組み立て直したんです。結果としてはジューズ・ハープとしてはありえないものですが、今ならシンセサイザーだけでできるでしょう。

――『夕陽のガンマン』ではオルゴールの音といった現実にある音を要素として使用されています。非常に重要なテーマ曲です。

そう、でも大発明と言う程のものでもないですね。何よりも私が思いついたものではないので。セルジオのアイデアですからね。既に脚本の段階でオルゴールはありましたし、彼はその仕掛けについても熟知していて、映画のストーリーから生じた音ならそのまま象徴的なものになり得ること、それを然るべき手段で観念的に音楽の中心へと採り入れるだけで充分であることを理解していたんですよ。そして『ウエスタン』でも再びその手法を執ることになります。そこでは少年が吹くハーモニカで、その少年は両肩に兄を乗せられています。少年が力尽きハーモニカを吹くこともできなくなり地面に崩れ落ちると、少年の兄は縊死してしまいます。これもレオーネによる脚本の中のアイデアで、もちろん私のではありません。私はハーモニカの音を考え出さなければなりませんでした。

――彼の手法を考えると、セルジオも作曲家ですね。

彼のアイデアに対しては称賛するばかりでしたね。ひとつの楽曲として私が受け持つものを完全に理解してくれていたんです。それ以前に彼には私がフィレンツェ音楽院で経験した事を話していましてね、その音楽院にはグルッポ・ディ・インプロヴィザツィオネ・ヌォヴァ・コンソナンツァと一緒に行ってました。コンサートの前半部が終わると聴衆は後半部で何が始まるか待っていましたけど、何も起こらないままになることも予想していました。実際に舞台では何も起こりませんでした。それでも皆待っていたんです。当然、何か音楽らしいものを。ところが時が過ぎるばかりで一向に何も起こらない。すると突然、ある舞台作業員の男性がステージに上がり、梯子を手に取って舞台を見下ろせるバルコニー席へと昇っていきます。昇り始めるや梯子が揺れ出してきて、枯れきった材木特有のギーギーきしる音が鳴ったんです。でも会場にいる人たちは明らかに気にしていませんでした。その時、私は聴衆の中にいて既に演奏をしていました。一階前方の席の何人かはじっとしていましたし、話をしていたり見上げたりする人たちもいましたけど誰ひとり、その男性と梯子にはさして気を留めていなかったんですよ。10分くらいしてその男性は梯子を降りて立ち去ってしまいました。考えられる？　そういうコンサートで、それで終わってしまったんです。我々グルッポのメンバーは自分たちのことをからかっていたんだろうと思っていましたが、そういう問題ではないんです。実際に在る物から出る音というのは何であれ、別次元なものになるということが真実として明らかになったんです。別な響きを持つ別な音になるということ。この件についてセルジオも正しく理解してくれましたね。私たちの雑談は実りあるものとなり、これは私にとっても意義あるもののひとつとなりました。

——それとなく『ウエスタン』の有名な冒頭部を暗示していませんか？

メイン・タイトルの音楽を作曲しまして、私から見てそれまでの映画と比べて目覚ましい進歩を遂げていたので早速レコーディングに入ったのです。いつもするように編集の際にセルジオに渡します。ミキシング室で私が映像を見ていると彼が来て「僕がまとめたものが気に入ってもらえるか見てもらいたい」と言います。最初のロール・フィルムの試写が始まりました。私の音楽がありません。オーケストラを使って録音した私の音楽が聞こえてきません。入っていないのです。耳に入るのは多くの物音で、回る風車、蠅が飛ぶ音、電報を打つ音、帽子に滴り落ちる水の音、鶏の鳴き声、その他様々な音。でも私の音楽がない。フィルムの映写が終わると彼が言いました。「気に入ってくれたかな？」「うん、セルジオ」私は答えます。「僕の言うことはわかるよね。このままにするべきだ」「よかった！」とセルジオ。「君が作曲した音楽は今までで最も美しいよ」。こうしてこのまま通ります。私は自分が満足していることを口に出せませんでしたね。少し言葉を選んでしまいました。彼に話したフィレンツェ音楽院での出来事が、ここで結実したというわけです。

――で、ハーモニカを使った曲のレコーディングは？

ローマにフランコ・デ・ジェミニという優れたハーモニカ奏者がいまして、彼を起用しました。劇中で奏でる少年は両肩に兄を乗せられ、ハーモニカを動かそうにも両手が使えません。そのため決まった音しか出せないのです。吹く時と吸う時の2つの音だけとなります。ですが私としても音が2つだけではどうしようもなかったので、3つめの音を加えることにしました。こうしてハーモニカ（の男）のテーマが生まれ、この映画を象徴するものとなります。

――貴方のキャリアの中では他にもありましたけど、このテーマ曲も画面に映る動作に左右されています。少年はハーモニカを動かせません。これが貴方の創作の可能性に制限を設けました。

制限と設定ですね。ですが制限は新たな自由へのヒントとなる時があります。設定はすべて守る必要もありませんし、より自由な表現に向けて飛翔できるというケースも確かにあります。セルジオにとっても、あれは成功した実験だったと自信を持って言えます。テーマ曲は彼が作ったものではありませんが、映画における波乱に満ちた設定は彼ならではのもので、私があのような形で仕上げるにふさわしかったのです。セルジオは音楽に的確な作用を与えてくれました。意識せずに行ったものばかりですが、間違いのないものでした。

――『ウエスタン』でのハーモニカを使った曲には、変形したレコードから流れてくるような調子外れに聞こえる音、またはテンポがずれたみたいな音があります。これはどのようにして出来上がったのですか？

私が書いた音符には調子が外れたものはありません。レコーディングする中で、磁気テープを引き伸ばし、それに厚みを加えたりして仕上げたのです。ハーモニカ奏者のデ・ジェミニは緊張でほとんど震えながら録音に臨みました。レコーディングは夜通しかけて行われまして、彼は良すぎるくらいの演奏を続けてくれたのです。献身的なまでに正攻法で取り組んでくれたのですが、いかんせん音が綺麗すぎたのですねえ。これを聴いたセルジオが不満を露わにしました。「違う、これじゃ駄目だ」。彼、どうしたと思います？　デ・ジェミニが演奏中なのにレコーディング室に入り込み、彼の喉元に両手を当てます。そしてそのまま絞めあげて叫びました。「今だ、吹くんだ！　吹くんだ！　吹け！」。気の毒ではありましたがデ・ジェミニは演奏してくれましたよ。私たちもそれを録音しＯＫを出しました。彼は息継ぎもままならぬほどの苦しみに耐えまして、こうしたことのすべてがハーモニカの音の中で表れ出ましたから。デ・ジェミニの演奏中にセルジオが入り込んできた時、私はその二人だけにやらせていましたが、こちらも心配になってセルジオに「もういいから、こっちに任せてくれ」と言う時もありました。ちょっと面白かったですね。セルジオがわざわざハーモニカ奏者の喉を絞め続けたんですからね。このエピソードを誇らしげに語っているのは他でもないデ・ジェミニなんですよ。喉を絞めつけるなんて発想は断じて私には思いつきません、セルジオだからこそです。

——トランペットや口笛を使用するのを貴方が拒んだので、レオーネはストーリーの中の要素としてハーモニカ、またはオルゴールなどを採り入れることで貴方に制約を与えた、と考えられませんか？　貴方の自由にさせないように。

そういう考え方もできますかね。でも私は強制されたものとは感じていませんでした。セルジオの脚本の中にある音に対して、使うことを強いられたと解釈したことなどありません。むしろ私には刺激に思えましたね。それに彼が『ウエスタン』の脚本を執筆している時も、彼からハーモニカについての相談など受けていませんから。全くなかったです。信じ難いでしょうが、要求する時のセルジオは彼の映画に登場するガンマンのひとりのようになっていました。『夕陽のガンマン』で仕事を進めていた時のことです。映写室にいまして、ある曲について討議し時間を測り終えたところで、私はオーバークランクを操作して映像を早回ししました。するとセルジオが私を制止します。「どこまで行くんだ、エンニオ？　止めるんだ」「だけどセルジオ」。私は言いました。「ここは何もないじゃないか、あるのは人ひとりいない道だけだ」「いいかい、無人の道では常に何か起こるものなんだ、だから全力で取り組まないと……」。理解に苦しみましたが、彼にしてみれば自分が大喜びするような音楽効果のひとつでも私に考案してほしかったのです。

――通常は撮影前に貴方に脚本を読ませるのですか？

はい。でも最初は映画について語ってくれたり、ショットをすぐに描いてくれたり、クロース・アップ、近づいたり離れたりするカメラ撮影について話してくれれば合意に至ったものです。私にはいささか無意味に思えました。私自身、映画を理解していなかったのでしょう。より正しく理解するようになったのは三作目以降ですね。彼が語る時に用いるジェスチャー、表現法、パントマイムのお蔭です。場面の持つ力強さと安定感も把握しました。彼はあくまで映像を意識しながら語ってくれまして、物語に対してはそうでもなかったですね。台詞よりも映像を気にしていたんです。ある時点から撮影前に音楽を要求するようになり、有効な習慣となりました。

――どの映画からですか?

『ウエスタン』からです。『ワンス・アポン・ア・タイム・イン・アメリカ』の「Tema di Deborah(デボラのテーマ)」、「Poverta(貧困)」も事前に提供したことは確かです。それから『ウエスタン』では録音済みの音楽を使って撮影しましたね。映画の序盤、カルディナーレが駅に降りてくるところが思い浮かびます。彼女が列車から降り駅へ入っていきまして、そこでセルジオはドリーを使って大きくクレッシェンドを利かせながら瞬時に谷間から山の頂までフレーミングします。シンクロを施したのは私ではなく彼です、カメラの動きを私の音楽と合わせながらね。

――『ウエスタン』では最後になって重要な曲を書かねばならなくなったと聞いています。どの曲ですか?

セルジオと一緒に音楽の編集を終えたのですが、彼はミキシングをしながら私に言ってきたんです。「中心人物のテーマが欲しいなあ」。シャイアンのことでした。ジェイソン・ロバーズが演じた人物です。ミキシング室にピアノが一台ありまして、私はそこに座り即興で一曲弾きました。セルジオは耳を傾け、微笑みながらうなづきます。そこで作曲しましてスタジオに戻り、録音しました。シンプルな曲ですがシャイアンは謎めいた男でしたね。この曲は映画のエンディングでのみ完全な形で聴かれます。私はある効果を狙いました、バンジョーを使ったちょっとした効果です。後に映画音楽の作曲家となるデ・アンジェリス兄弟のひとり[*3]が演奏してくれました。彼の素朴で洗練された演奏は大したもので、思い出すだけでも嬉しくなってきます。

――『夕陽のガンマン』の冒頭のショットでは、画面いっぱいに山々と荒野が広がり、遥か彼方に馬に乗った男が口笛を吹きながら進んでいくのが映されます。あの口笛は誰が吹いているのでしょう？　セルジオ・レオーネだと言う人がいますが……

かもしれません！　そうかもしれませんね。セルジオは本当に変わっていましたから。『夕陽のギャングたち』の試写が行われている間、彼が何をしたか知ってます？　映画など観ていなかったんです、全然。観客を見ていたんですよ、彼らの反応を見るためにスクリーンを背にしていたんです。映画が終わるまでそうしていたんですよ。当然ながら試写に招かれた人たちは意識していません。私は彼が意図してそのようにしていることはわかっていました。劇中にはいろいろな回想シーンがありまして、ラストは長く美しいものでした。私はその試写に妻の妹とその夫を連れて来ました。その回想シーンの始まりで突如、我が義弟が映画が終わったと思って立ち上がってしまったんです、実際にはまだ何分も残っていたのに。するとセルジオはどうしたでしょう？　イタリア版からその回想シーンをカットしてしまったんです。すべてカットです。今でも義弟にはその罪を責めてますよ。素晴らしい場面でしたが、義弟が席を立った時に、セルジオは好ましくないもの、または緊張感に欠けていると確信してしまったのですね。

——レオーネの西部劇に作曲した音楽の中では『続・夕陽のガンマン』が貴方のお気に入りのようです。

そうです。面白さが全面的に染み渡っているということでは『夕陽のギャングたち』や『ウエスタン』もそうです。お話ししたように口笛やトランペットから離れるや、何もかもが明らかに進展していったのです。

——レオーネが『ワンス・アポン・ア・タイム・イン・アメリカ』を着想してから撮影に入るまでの長い期間、その風雪の時代に何がありましたか？　彼はどう過ごしていたのでしょうか？

各テーマ曲の構成について私によく相談してきました。一度ならず何度か私の方からも提案しましたよ。撮影を始める前に彼は選んでいました。『ワンス・アポン・ア・タイム・イン・アメリカ』で記録を作ってしまったんです。撮影が大幅に遅れたのです。その間に多くの脚本家を雇い、少なくとも6、7人はいましたね、脚本を書き直し、手を加え、推敲を重ねていったのです。いくつかテーマ曲を彼に聴かせましたが、とても満足してくれまして最も気に入ったものを選び出しました。ですが狂おしいまでの不安感を彼は抱き続けていたんです。私によく声をかけ、私の自宅にも頻繁に来るようにまでなります。当時は近くに住んでいましたので。「このテーマ曲を少し聴かせてくれ……」「他のも聴きたい」「また別なものも頼む」。ようやく疑念も消え去り、満足して帰っていきました。その後、脚本家たちを連れてまたやって来ます。「彼らにもテーマ曲を聴かせたい」。その人たちも気に入ってくれました。でもまた別な脚本家と一緒にやって来ました。それからは彼の妻カルラまで引き連れてやって来ます。彼女もテーマ曲を好んでくれました。要するに疑いの気持ちから逃れられず、あらゆるもの、自分自身に対しても不信感があったんです。この疑念が彼を圧迫し、腹を立てることが何度もありました。ある日、スタジオで音楽を耳にした彼は、ミキシングを聴きに行きます。そして私を呼んで言ってきたのです。「確かにオーケストラなのか？　ストリート・ピアノの音に聞こえるぞ」。私は彼に言います。「セルジオ、君が指摘しているのは交響楽団だよ」。すると彼が「そうか。でもストリート・ピアノに聞こえるんだよなあ」と。そこにはカルラも居合わせまして彼に言いました。「ヴォリュームを上げれば済むことでしょ」。彼はヴォリュームを上げるとすぐに落ち着いたのです。でもお話ししたように彼はいつも疑念に苛まれていたんです。それほど注意深く、頑固で何物にも満足を覚えることはありませんでした。評論家めいた言い方をする気はないのですが、こうした性格が進歩につながり、作品の完成度を高めたのです。

――『ワンス・アポン・ア・タイム・イン・アメリカ』でパン・フルートを使うという発想はどの

ようにして出てきたんですか

小型の笛、プラスチック製のハーモニカが現れる時がありまして、映画の中で一度だけ奏でられますが象徴となるような音にはなりません。記憶に残るような楽器の曲を書こうという気になりました。セルジオはピーター・ウィアー監督の『ピクニックatハンギング・ロック』のサントラに感心していまして、それでジョルジュ・ザンフィルを起用することを思いついたのです。実のところ、私は彼にリコーダーを演奏させるつもりでしたが、セルジオの直感が当たっていたのです。パン・フルートで進めることになり、ザンフィルの情報を調べたところ、ルーマニア出身と記されていました。彼が到着する前に準備できるように曲を送っていたんです。映画に出てくる小さなハーモニカととてもよく似た楽器を用いていまして、幅がありすべて木製で様々な長さのパイプがあり、いずれも音高があらかじめ整えられたものです。そして試演をし、音を合わせ、調律のため、あちこち調節していました。結果として実に見事なもので素晴らしい演奏をしてくれました。こうして私はハーモニカから発想し、セルジオがザンフィルを思いついたというわけです。画面に映る楽器の音とザンフィルのパン・フルートとは直接の関連がないと言われています。『夕陽のガンマン』のオルゴールや『ウエスタン』のハーモニカの場合とは異なります。

――ゼフィレッリの映画に作曲された「デボラのテーマ」がダイアナ・ロスの歌が原因で『ワンス・アポン・ア・タイム・イン・アメリカ』に収まることになったというお話でしたが、そのレオーネの映画にも「アマポーラ」という貴方の作曲ではないテーマ曲が使われています。どういうことでしょう？　ゼフィレッリでは駄目でレオーネなら良いと？

そうですね。でもちゃんとした理由があるんですよ。ゼフィレッリの映画では私の作曲ではない音楽作品が流れることになりました。ところがこの映画には時代の変転を強調するという歴史的な問題があったんです。「アマポーラ」は時の流れを完璧なまでに伝える役割を果たし、根本的なもので絶対に欠かせないのです。私の作曲でない音楽をしようすることが目的ではなく、既製曲を思い返すことが物語が求めるものとして必要だということであり、必然的な対応だったということです。

――本当にそれだけですか？

まあ、セルジオとは純粋に友情で結ばれていまして、映画では極わずかしか使っていません。その選択を尊重するのが正しいと言えるのです。そのような楽曲をカットするわけにはいきません、断じて。実際にはカットはしませんでした。私も少なからずアレンジを施しました。ヴエネツィアで撮影したシーンでヌードルスがデボラと、二人の為に予約された広大なサロンで踊る場面。

――それから少女時代のデボラがひとりで踊るところ。

ええ。「デボラのテーマ」から移るシークエンスで、彼がトイレに登って初めて踊る彼女を目にするところですね。蓄音機から流れる音と相俟って非凡な場面に仕上がっています。そのため、過ぎ去りし時代みたいな、昔の楽曲のようなアレンジにしたくなったんです。

――レオーネが貴方の選択に口を挟みましたか？　言うなれば、彼にそれほど優れた音楽の素養があったとか？

ある日、彼が緊張感込めて演奏することを願う曲の伴奏を、レコーディングしていた時のことです。私が調整室へ聴きに行くと、彼が繰り返し言います。「エンニオ、もっと強く演奏させるんだ！　もっと強く！」。指揮台に戻った私はオーケストラに向かって言います。「すまないが、もっと強めに頼む」。改めてそれを聴いた彼がさらに喰い下がります。「もっと強くだ、エンニオ！　さらに力を込めて演奏させるんだ！」。既に力を込めて演奏していたのですが、私は指揮をしに戻り楽員らに言いました。「セルジオ・レオーネがもっと力強く演奏してほしいと言っている、だから力を込めていこう」。調整室に戻ると、彼はもっと強く演奏する必要があると言います。再びホールに戻った私は同じ事をオーケストラに言いました。その後、調整室の方に身体を向けた私は彼を見て尋ねました。「今のでどうだい、いいだろ?」。すると彼が「来てくれ、エンニオ、こっちへ」。私が行くと、さらに強く演奏してほしいと言うではありませんか。この時点で私は声を荒げます。「セルジオ、そんな事はもう言えないよ。恥ずかしいじゃないか!それなら自分で言いなよ」。すると彼はマイクロフォンのボタンを押したのです。「君たち、もっと強く演奏するんだ!」。私はぞっとしました。突如、首席ヴァイオリンのフランコ・タンポーニが立ち上がり、「駄目だよ」と言いました。「あいつに喋らせるな!　指揮者は君だ、君が思うようにやりたいようにやれるはずだ。あの監督の出る幕じゃない、口出しさせるな」。劇的な瞬間でした。幸いにして長くは続きませんでした。セルジオは退散しましたが、私は罪深い気持ちでした。つまり私が彼を招き干渉させることになってしまったのです。オーケストラに向かって強く演奏するようにと何度も繰り返してしまって恥ずかしく思いましたから。彼らはもう懸命にやってくれていたのに。あれ以上、力強く演奏するのは無理でした。セルジオはそんな調子でしたよ。

——以前、『ウエスタン』で並外れた歌声を聴かせてくれたエッダ・デロルソが話題にでましたが、彼女とはどのように知り合い、共同作業が生まれてきたのですか?

**私が仕事を共にしたことのある、アレッサンドロ・アレッサンドローニ率いる6+6コーラ**

スで歌っていたんです。[*4] たまたまその才能に目が留まり、すぐに魅了されました。考えられぬほど大らかで飲み込みも早く、音楽性豊かで気遣いのある人柄で、どう歌うべきか、必要とされる表現は何かをひとこと、ふたことで理解してくれました。何も言わなくても上手くいく時もあり、書かれている構成をわかっていたんです。イントネーションも申し分なく、発声法も正しく、言うことがありません。抜きん出た音楽性を有しています。

——エッダ・デロルソが歌った貴方の音楽はとてもヒットしたので、彼女の歌声はどうしてもエンニオ・モリコーネを思い起こさせてしまいます。他の作曲家の作品で歌うのを聞いても、多くの人は貴方の曲だと思ってしまうのです。

強烈な個性のある歌声ですので、作曲者の個性を上回ることもしばしばあります。唯一、私が気掛かりなのは、その個性によって私のテーマ曲が損なわれたり、控え目に言っても減殺されてしまうのではないかということです。彼女の表現力は歌っている作品を凌駕していることがよくあるのです。従ってメロディーはあまり重要ではなくなり、その声の響きが強力となってきます。その響きに私は魅せられ、可能となれば必ず用いてきました。

——彼女は貴方にカンツォーネ、正統的な歌を依頼したことはなかったのですか？

私としては歌詞のない歌に慣れていました。ある日、彼女が私に歌詞のあるものを歌いたいと申し出てきました。感心しなかった私は言いました。「もし貴方が歌詞のあるものを歌ったら、貴方はその他大勢の歌手になってしまいます。歌詞のない曲を歌っていれば貴方は唯一無二の存在でいられるのです」。いささか起用しすぎてしまったくらい、私は彼女の声に惚れ込んでいたのでしょう。でも膨らませることなく、希少なダイヤモンドのように扱うべきでしたね。これに関しては少し後悔しています。時々、自分でも問いかけたりします。作曲したものはそれ自体が良い出来なのか、彼女が歌ったから良くなったのか。おそらくどちらにも長所があるのでしょうが、疑いの気持ちが残っています。

——彼女の最高の歌唱は何になりますか？

『ウエスタン』が並外れていましたね。『夕陽のギャングたち』の時の彼女は病気で歌えなかったんです。その為、セルジオは回復するまで数日待つことにしました、彼女もそう望んだんです。でも病気は続いてしまいます。それでも歌ってくれましたが、いつもとは違います。そこで録音で修正を加えることにしました。彼女に自分の歌声を重ねてもらうんです、メロディーを2、3回歌ってもらいました。さらにエコー処理も施します。多少なりとも良くなりましたが、いつものエッダではありませんでしたね。

——演奏で組む人たちには全員、親しい呼称で呼び合っているのを耳にしますが、エッダには

「貴方」と敬称ですね、どうして？

確かに。理由はわかりません。敬意ということではないと思います。親しく呼び合っている人たちにも敬意は抱いていますから。それでも彼女とは最低30本の映画で仕事をしてきました。最近、彼女を起用したのはどの映画か、わかる？

――『鑑定士と顔のない依頼人』の「Volte e fantasmi」という曲です。

だけど、いつものやり方、彼女の声域とは違う歌い方だったけど。低音で歌わせたんですよ、彼女と気づかせたくなくてね。でも君は聴いた途端に……凄いね！　聴いてすぐにわかるとは。信じられない、ペップッチョ、君は大した耳を持っているね。

――いわゆるドル3部作の時に、貴方の音楽がジュークボックスで流れていました。ジュークボックスに入れられるほどヒットした映画音楽はそれまでなかったもので。どのように感じられましたか？

驚きましたし面白かったですね。聴いてみようとボタンを押したことはありませんでしたが。

――プロデューサーとしてのセルジオ・レオーネとの関係はどうでしたか？

当然ながら音楽にも口を挟んできました。「作曲したテーマ曲を聴かせてくれ、ジュリアーノが気に入ったと言ってるんでね」。ジュリアーノとはセルジオ製作の映画『Il giocattolo』のモンタルド監督のことです。ここでは問題なく進みました。深刻な事になったのはダミアーノ・ダミアーニ監督の『ミスター・ノーボディ2〈D〉』です。ダミアーノとは他にも映画を手掛けるなど仕事は上手くいってました。音が入れられることになる、ひとつのシークエンスの時間を一緒に測りました。ここは要る、ここは要らない、このショットから別のショットまで、というふうに。作曲し始めたところ、セルジオから電話がかかってきたんです。「音楽を入れる場面を見せてくれないか?」。映写室に入ると、愕然となってしまいました。「ここに音楽が入らないのか? ありえないだろ? そっちで決めた音楽とどう関わってくるんだ?」。私は異を唱えることなく、従う方がいいように思えました。「違う」。さらに口を出してきます。「ここは何から何まで間違っている、最初からやり直そう」。それで本当に私はやり直したんです。そしてセルジオの望む形でレコーディングをしました。当の映画監督が望んだものにプロデューサーが介入してくるというのは私の作曲家人生で初めて起こった事です。ダミアーノにはすぐには知らされませんでした。後になって激怒していました。私には何も言ってきませんでした。私は関与していないとわかっていたんですね。

――どちらが正しい?

ダミアーノを弁護したいところですが、セルジオに理がありましたね。ええ、彼の言い分が正しいです。

――『ミスター・ノーボディ』のトニノ・ヴァレリはどうでしたか？

トニノはセルジオの助監督でしたね。セルジオが私に依頼してきたんです。製作も彼です。でもいくつかのシークエンスは第二班によって撮影されたことは知っていました。誰が指揮を執ったでしょうか？

――プロデューサー！

ご名答、もちろん彼、セルジオです。『ミスター・ノーボディ』も良い映画です。音楽の使われ方にも満足しています。

――その後、カルロ・ヴェルドーネの映画を……

はい、それもセルジオの製作です。もう彼は製作しないものと思っていましたが。事実上、ヴェルドーネを見出したのはセルジオなんです。私は舞台の上演で何度か彼を見ました。様々な登場人物を演じていましたね。レオーネ製作の最初の2本は、カルロのこのような人物の演じ分け、こうした舞台での経験を映画に持ち込んだものです。私は2本とも音楽を作曲しました。ここでもセルジオは口笛を採り入れるよう私に頼んだのです。映画はとても良い出来で面白いものとなりました。2作目は前作を上回るでしょう。でもヴェルドーネが私の作曲した音楽を気に入っていないように感じていました、何よりも大部分が選び抜かれたもので、それを受け入れていたからでしょう。いいですか、映画監督が初めて映画を仕上げるとなると、セルジオ・レオーネから放たれる指示、忠告はいずれも受け入れなければなりません。ヴェルドーネは黙ったままでした。実際、彼に反応はありませんでした。彼の3作目となる映画に私は起用されていません。声がかからなかったのです。残念には思いませんでした。ただ思ったのは彼がこのような形で自分の映画に音楽を付けられるのは嫌だったということです。それからのカルロの映画には正統なメロディー、テーマ曲というのがありません。いずれにせよ彼との関係はとても良かったです。ただ音楽に関してはあまりにもセルジオの指示を受けることになってしまったのです。彼は編集にも口を挟んできて、付きっきりだったのです。

——彼との作品のひとつ『Bianco, rosso, Verdone』のメイン・テーマ曲には「マヌーリの賛歌（イタリア国歌）」が引用されていますね。

はい、私のアイデアです。映画は政治家の投票日に展開していく出来事を描いています。それで……

——貴方は400作以上の映画音楽を作曲されましたが、貴方の作曲家としての役割はセルジオ・レオーネとの6本の映画としばしば結びつけられています。これはどうお感じになりますか？

全然嬉しくないです。レオーネの映画での私の音楽が最も重要だなどと何回も聞かされてきました。とても気分が悪くなります。セルジオの映画に作曲したものに引けを取らぬほど良質なのに、ミキシングで私の音楽を損ねてしまうような監督も多くいて、そういう人たちとも仕事をしてきたんです。音楽に対してほとんど無頓着だった映画監督はセルジオ・コルブッチです。彼は音楽と一緒に沢山の物音も重ねていたんです。ある日、彼に言いました。「そのままにしようよ、セルジオ、音楽にはかぶせないで」。彼の作品に作曲した最高の音楽は雪が降り続ける映画のものです。大いなる静寂に包まれ、馬は音を立てずに走り、そのうえ主人公は口が利けません。作曲した楽曲を聴いた彼が言いました。「君がこれまで作曲してくれた中でいちばん綺麗だ」。私は彼に礼を言い、それから綺麗に感じるのは物音を重ねていないからだよ、と説明したんです。監督があまり音楽を使わず、しかも自由にやらせてくれるというのが私にとって最上のものです。音楽は聴くものであって見るものではありません。映画に加えることができて、また無くても困らない抽象的な要素なのです。でも望まれるとなると、監督が尊重するものもあれば削除するものもあり、減らしたりする必要も出てきたりで、何もかも厄介なことになります。私がセルジオに作曲した音楽が他の監督のものより優れたものに思えるとしたら、それは多くの理由に依ります。彼の映画においてはどれも筋が通っているのです。音楽処理の瞬間の選び方、どのようにミキシングし、どのように検討するかしたうえでの選択なのです。すべてがスタイルというもの、彼のスタイルとなったのです。まさにこうして観られるものとなり、多様な聴き方ができるようになったことから、レオーネ作品での私の音楽が他より優れているという間違った考えは生じたのです。こうした偏見と私は常に闘ってきました。もう一度言います。どこに音楽を入れるか、どのようにミキシングするか、そして余地がひとまず保たれているかに依るんです。

——私の知る限りでは、セルジオは時々、自分が関与しない、貴方の仕事にまで何らかの形で入り込んでいますね。

よくありましたよ。『荒野の10万ドル』はアルベルト・デ・マルティーノとの初めての仕事となるはずでした。引き受けたのですが、それがレオーネの耳に入り私に言ってきたんです。「こっちをやりながらデ・マルティーノの西部劇もやるつもりか？　西部劇2本は無理だろ？」。私はデ・マルティーノに言います。「申し訳ない、この映画はできない」。彼は喰い下がりましたが、あきらめてくれました。私は代わりとしてブルーノ・ニコライを薦めます。彼は担当してくれました。こんな後味の悪いことがあってもまたデ・マルティーノから声がかかります。「今回ばかりは君にやってもらわないと」。彼に言いました。「駄目だよ、ニコライと上手くいっているじゃないか、僕の出る幕じゃない、ブルーノに失礼だ」。彼は粘りまして、ついには音楽は私が半分、ニコライが半分で分担することを思いつきます。ブルーノは異存ないとのことでした。こうしてその後のアルベルト・デ・マルティーノの映画の何本かは、音楽が私とブルーノ・ニコライ、二人の連名となっています。私にとってはあまり喜ばしいものではありませんでしたが、彼は作曲家としても指揮者としても有能でしたので、特別な例外として私は受け止めたのです。デ・マルティーノの映画を5、6本手掛けてからでしょうか、ある日ブルーノが私に声をかけてきました。「別な監督から僕に依頼が来たんだけど、君との共同で音楽を担当してくれないかと言うんだ」。私は彼に言いました。「ブルーノ、僕たちはガリネイとジョヴァンニーニみたいになってしまっている。二人で担当し、仕事をしても支払いはひとり分だよね？　こんな取り決めはもうここまでにしよう。今からコンビはきっぱりと解消しようよ」。実を言うとオーケストラの指揮に彼を起用しなくなっていたんです。と言うのも私が仕事を沢山こなすのが難しい状況になってきたということもありました。ブルーノが裏で私に代わって作曲し、楽器編成まで手掛けているという噂が飛ぶようになったのです。根も葉もない下劣なデタラメで、こんな嘆かわしい出来事によって私は彼と袂を分かちたくなりました。私の作曲者としての充分な自主性を求めたのです。不幸なことにニコライは若くして亡くなります。ですが彼の死が、万一必要とあらば、私の音楽が他の誰のものでもない、私の手による作品であるに他ならないことの例証となったのです。セルジオが介入したのはデ・マルティーノの件だけではありません。ダミアーノ・ダミアーニ監督の傑作西部劇『群盗荒野を裂く』も私が担当することになっていました。その時、私はレオーネの映画にも取り組んでいました。彼の知るところとなり言ってきたんです。「よせよ、そんな映画は断れ！」。当然ながらレコード会社、プロデューサー、そしてダミアーニも怒り心頭です。当時、私には数多くの西部劇の依頼が殺到していました。あまり沢山はやりたくなかったのですが。『群盗荒野を裂く』の製作陣は引き下がることなく、弁護士まで立てようとします。レコード会社のエンリコ・デ・メリスが言ってきました。「音楽はバカロフにやってもらうことにした、彼は優秀だ。で、彼の名前の下に『音楽監督：エンニオ・モリコーネ』と記したい」。全員がそれで納得し、円く収まりました。実のところ私は音楽監督などしていません！　バカロフがやりたいようにやって、それでもとても良かったのです。

――何故、レオーネは貴方にその仕事を断るように言ったのでしょうか？

彼にも理由はあったのでしょう。私は彼の映画に取り掛かっていて、彼としては私に他の仕事はしてほしくなかったんです。勿論、私は上手く乗り切れるはずでしたよ。でも根本的に彼は私が他人の西部劇を手掛けることを快く思っていなかったのです。それで私は断ったというわけです。

――ドゥッチョ・テッサリとも2本の西部劇のヒット作で仕事をしていますね。

矛盾するようですが面白かったです。彼はとても上品な西部劇を撮りましたね。ある日、『大空を裂くジェット野郎〈TV〉』に取り組んでいた時のことですが、主人公らがバッサーノ橋を歩いていたところ、一機の飛行機が彼らの頭すれすれに飛んでいきます。ドゥッチョが私に言いました。「『皆殺しの歌』と山岳合唱を半々にしたような音楽を頼む」「どちらかに決めてくれないと」と私は答えました。どちらも完成しました。だけどペップッチョ、もし山岳合唱曲と「皆殺しの歌」を一緒にしたら、物語に対してとても抽象的な楽曲になってしまいましたよ。奇妙な要求は他にもあって、サルヴァトーレ・サンペリの『Grazie zia』です。ルー・カステルとリザ・ガストーニがとても親密な関係になっていくところで、サンペリが「ここに児童合唱を流すのはどうかな?」と言います。「正気か? こんな場面に児童合唱だって?」。その後、児童合唱があの場面に別な解釈を与えるほどの不条理性のあるものだったと納得させられたのが本当のところです。悪くなかったですね。

――レオーネの映画と貴方の音楽、特に西部劇は大ヒットしました。ですが映画界、賞の分野ではどう扱われましたか？

『荒野の用心棒』の音楽で銀リボン賞を獲った以外は、セルジオの西部劇は何の賞にも引っ掛かりませんでした。銀リボンにもダヴィット・ディ・ドナテッロにも。一度、『ウエスタン』で私がダヴィッド・ディ・ドナテッロ賞にノミネートされたことがあります。受賞は逃しました。残念ながら西部劇はマイナーなジャンルと見なされていたというのがイタリア映画界の現実でした。当時はヴィスコンティ、デ・シーカその他巨匠監督たちが健在で世評高い映画を撮っていました。私たちの映画は程度の低い作品と考えられていて、まず無視される要因は他でもない音楽なのですが、このことは残念に思っていませんでしたし、むしろ当時は全然気にしていなかったのです。映画館は自らの宣伝の為に賞を与えるのであって、映画は二の次です。映画や音楽、役者らに賞を与える場合は何よりも映画館の大宣伝になっているのです。

——変名は別にしても数多くの西部劇の音楽の中で、私の頭に浮かんでくるのが『復讐のガンマン』と『夕陽の用心棒〈TV〉』で、どちらもアメリカ映画みたいに男性または女性の歌手による英語の歌があります。

セルジオ・ソリーマから『復讐のガンマン』と『続・復讐のガンマン〜走れ、男、走れ〜〈D〉』[*5]を依頼されまして、後者の題名は私が付けたものです。レオーネの時のようにはしないという義務感を抱きながら、異なる取り組み、別な路線を求めなければなりませんでした。メイン・タイトルに歌というのは私の意志ではありません。ＲＣＡで仕事をしたこともあって、実際に私は多くの歌手を知っていましたが、私が作曲したメイン・タイトルを英語で歌ってくれる人なんて到底思いつかないです。主題歌はいつも要求されていたんですよ。２本の西部劇で仕事をしたドゥッチョ・テッサリからもね。かつてルチアーノ・サルチェから推薦された歌手マウリツィオ・グラフを起用しました。素晴らしかったです！　メイン・タイトルを歌い、また英語の歌詞も担当してくれたんです。要するに西部劇は典型的なアメリカの作品であって、イタリア風であってはならないのです。西部劇にイタリア語で歌ったら笑われてしまいます。アレッサンドロ・アレッサンドローニのコーラスに所属していた女性歌手クリスティも起用しました。表現力と情熱の込もった、とても見事な歌唱でした。作詞は私なんです。最初は語るように、極めて弱く歌い出し、それからクレッシェンドをかけ、ついに爆発します。凄いです、今でも忘れられません。大ヒットしたのもうなづけます。

——貴方はあらゆる手法を駆使して西部劇との区別化を試みてきました。でも西部劇の大作曲家というイメージは拭いきれないままです。学識教養ある方々にもそれは言えますね。

その通りです。かつてマウロ・ボロニーニの招待でオペラ座に行きました。彼はルチアーノ・

パヴァロッティ出演の「トスカ」の演出をしていたんです。「トスカ」は私の大好きなオペラで、それは単にローマの名所が舞台となっているからではなく、得も言われぬ、尋常ならざる何かがあるからです。第1幕のラスト、スカルピアがトスカの、その圧倒的な官能美を覚える場面には非凡なものがあります。台本も、それを音楽化したジャコモ・プッチーニも実に素晴らしい。終演後、パヴァロッティに感謝の言葉をかけようと彼の楽屋に行きました。沢山の人たちがいて、熱気に包まれていました。ボロニーニが彼に私を紹介します。パヴァロッティは立ち上がり、とても暖かい挨拶をしてくれました。そしてこう言ったのです。「マエストロ、私にアレンジをしていただけませんかね？　よろしければ口笛を入れて……」。私は数多くの重要な映画に携わり、多様な音を開発してきました。ところが彼にしてみれば、そんな私は口笛の作曲家……。我慢なりません！　彼の楽屋を出る時、私は恨めしい面持ちだったと思います。楽屋の外に彼の最初の奥さんがいましたが、私に気づいたかと思うとぞっとします。でもねえ、口笛はないでしょう……。私は立ち直ったと思います。おそらく彼は映画を観に行ったりはしないのでしょう。『荒野の用心棒』の印象が残ったままですかね。

――映画界では避けられないことのように思えます。ヴィットリオ・デ・シーカが繰り返し口にしていたものです。「私は『自転車泥棒』『ウンベルト・D』を監督した。ところが誰もが私のことを『パンと恋と夢』の署長で憶えているんだ」。大衆は最高の人気を博したもので認識してしまいます。悩まれたことはお察しします。

私も悩みましたよ。どれだけ苦しんだかわかるかな?「レオーネの映画、よかったです」。これればかりです。ある友人が私に会うと、わざわざ道の反対側を歩きます。私が身を向けると彼は『続・夕陽のガンマン』のコヨーテの叫びをやりました。彼なりの一種の挨拶で、ぞっとします。ですから西部劇は避けるようになったんです。どれだけ断ったことか。

——セルジオ・ソリーマの映画は?

後になって、だいぶ後になってからですね。もう私は他の映画、異なる内容も手掛けるようになっていたので落ち着いていました。西部劇専業という強迫観念に取りつかれることもなく、克服していたのです。実際、ソリーマとの第1作は断っていたんですよ。でもプロデューサーが出てきて粘りました。レオーネの映画を製作したアルベルト・グリマルディでした。彼のような監督を尊重し、優しくしてくれるプロデューサーに嫌とは言えません。他のプロデューサーが習慣的に「このシーンはカットだ」「ここは引き伸ばせ」「駄目だ、ここは要らない」などと言って監督の作品を貶めるようなことはグリマルディはしません。こうしてソリーマの映画を担当します。それから次の作品も、そのまた次も。

——レッテルを引きはがすために西部劇をただ断っていた。すなわち、その頃の貴方の音楽は自由への希望を感じ取るべきものなのでしょうか？

いいえ。他の映画では自由にやっていましたし、何の影響も受けていません。特にそれ以前の西部劇ではいかなる制約も設けられませんでした。そして手掛けた映画は忘れます。常に忘れるのです。進歩しなければいけませんし、停滞は良くないことです。ある日、モンタルド監督が私に言ったんです。「君が作る音楽はどれも同じなどと言う連中がいる。そんな輩に私は、RCAから出ている君の作品集2枚組LPを聴けと答えてやったよ。一曲ずつ聴いてみたら、似たものがあるかどうかわかるぞ、とね」。私の作曲する音楽がすべて同じだなんてデタラメもいいところです。でも結局、私のように沢山の仕事をするものは必然的に多くの敵を作ってしまいます。当時は多くの人たちから仕事を奪わなければなりませんでした。私もそのRCAのLPを聴きましたよ。同じものの繰り返しを思わせるところなどありません、断じて。

——貴方の悪口を言ったり、貶めたいにしても何故、貴方の音楽に反復性があるものとして攻撃するのでしょうか？

音楽がわからないと言えないのです。誰も言えません。私に非の打ち所がないということはわかっているのです。「いつも同じ音楽を作っている」と口にするのは簡単で、実に容易いです。時々、人に会うと、その目を見れば「作曲した映画は全部同じ」と言いたいのが読み取れるんです。

――実際に数多く作曲されていますが、無意識のうちに以前に作曲したものを繰り返してしまうという不安はありませんか？

繰り返しになっているものは確かにいくつかあります。ですが自分のスタイルを反復しているのだと思って自らを納得させます。でも、いいですか、バッハを聴いてみましょうよ。様式の反復が感じられませんか？　彼は彼で繰り返しています！　同じ楽曲を繰り返しているのではなく、憶えているものを繰り返しているのです。従ってスタイルが勝っているのです。お話ししましたがダリオの父、サルヴァトーレ・アルジェントにもそう説明してみました。「同じように感じられても、そうではない」と。

――西部劇の話に戻りましょう、アメリカの映画人からも依頼が来ましたね。

はい、何度も。でもドン・シーゲル監督の『真昼の死闘』を別にして、断る時もありました。『ダンス・ウィズ・ウルブス』で依頼がありましたが、やりたくなかったのです。上手くこなせるとは思いましたが、映画は観ませんでした。以前に仕事を共にしたバリー・レヴィンソンが私に話してきました。「どうして『ダンス・ウィズ・ウルブス』をやらないのですか？」「やらないんだ」と私は答えます。「西部劇ならやらない」。映画はヒットし、オスカーにも各部門で輝きましたが、私は断ったことを後悔していません。音楽はジョン・バリーが担当しました。彼の他の映画音楽と変わり映えしないものでしたね。

――貴方が登場する前に、重要と考えられていた西部劇を完全に凌駕したと思います。でも最初に貴方たちがヒットを放った後、セルジオ・レオーネも貴方のことを永久に自分の作曲家だと当然のように考えていたのでしょうか？

『ウエスタン』でテーマ曲について相談を受けましたが、私はなかなか彼に聴かせることができないままでいました。と言うのも熟考を重ねながら少しずつ作曲していたのです。彼は面と向かって苦情を言うことはありませんでしたが、こっそりと他の作曲家とのオーディションをしており、その作曲家も納得づくでした。日曜日に内密でその作曲家はレオーネの為に小編成のオーケストラで楽曲を演奏したのです。セルジオはすぐに却下したとか。数日後、何も知らない私は彼の前に姿を見せます。テーマ曲を聴かせると彼は大喜びでした。だいぶ経ってから、その秘密のオーディションの件をドナート・サローネから知らされます。私たちは写譜の為のスコアをすべて彼に渡していますから、動かぬ証拠となります。私はセルジオに抗議しました。電話でも口論になったんですよ。

――個々の作品はさておき、どうして貴方とレオーネとの関係はこうも重要なのでしょうか？

　彼にはとても感服していましたし、その賛美する気持ちは徐々に高まっていったのです。彼の映画は目覚ましい進歩を遂げていました。常に完璧なる向上を目指して向かって行ったのです。そう言えるのは単に映画の内容がとても豊かであるばかりか、極めて細心に、極めて手抜かりなく撮られているからで、そうしたことも重要とされているのです。『ワンス・アポン・ア・タイム・イン・アメリカ』は彼の最高作、傑作であると考えています。でも既に『夕陽のガンマン』が前作に比べてアイスキュロス的であったことは前にも述べましたね。彼が突然世を去ったのは残念でなりません。淋しくてたまりませんし、映画界にとって大きな損失です。才能に溢れ、誠実な人柄、良識と確かな推論、アーティストとしてあるべき姿に大きな疑問を抱きつつ、それも尊重していたのです。セルジオにも唯一の欠点がありました。約束には決まって1時間は遅れて来るという正確さです。12時に会う約束をしたとしましょうか？　13時になる前に現れたことなどありません。

――客間にある小テーブルはセルジオ・レオーネと関係があるとか？

　ある日、セルジオと彼の妻カルラ、私の家内マリアとでバブイーノ通りを散歩していました。骨董屋も目に入ります。結局、何も買わなかったんです。ですがポポロ広場に着く前にある骨董店の綺麗なテーブルが目に留まりまして……。値段を尋ねると2000万リラでした。そこでセルジオが口を出してきました。「でも大した代物じゃないよ、エンニオ、買うほどのことはない」。つまり、私に購入意欲を失くさせようとしたわけです。帰宅した私ですが、それから出て行ったばかりのその店に連絡しました。「さっき私が見たテーブルですが……買いたいです、家まで送っていただけますか？」。2、3日してセルジオもその店に同じテーブルを買いたいと電話していたことがわかりました。彼、欲しがっていたんですよ、わかります？

――仕事において秘密を共有していましたか？　貴方たちの関係で何にも勝る決まり事とかありましたか？

2つの言葉に尽きます。信頼と親愛。彼のような映画監督との関係は時間をかけて築いていくもので、第1作目の段階では無理です。まず必要となるのは監督が作曲家を信頼していること。そうして親愛に満ちた関係となり最上の創作へとつながるのです。監督と信頼関係が結べないと、私の方から身を引きます。私の仕事に対して疑念を抱いていると感じた時は、有名な方含め多くの監督に、こちらから見切りをつけたものです。

――貴方としては、どのように疑念を感じるのですか？

創作の仕事はすべからく不確実なものです。おそらくこの不確実さがあってこそ、研鑽への意欲、向上と変化を目指したいという願望が与えられ、内面をより満たしてくれる何かを見つけるため前進することになるのでしょう。この道のりは時に苦しみともなり、予測もつかない疑わしいことでいっぱいです。自分は最善を尽くせたのか……そんなこと誰にもわからない……最初からやり直しになるかも……作曲した音楽が自分としては良く思えても果たして……。あらゆる疑念が、開発を目指す者に日常的に襲い掛かってきます。仕事で組む監督たちが抱く疑念についても考えます。ある見事なアメリカ映画を思い出します。主人公が狼になってしまうんです。音楽を仕上げ、ロサンゼルスでレコーディングをし、そしてオーケストラを引き上げさせました。監督のマイク・ニコルズが私に言ってきたんです。「貴方が作曲したエンディングはとても美しい、だけど他にもいくつか作ってもらえないかな?」「オーケストラを帰したことはわかっているよね?」と私は返事をしました。ラストをほぼ平穏なものにするか、それとも劇的なものにするか彼は大いに迷っていたんです。この時点で私には大したことができません。しかしその迷いが結局、私にも大きな疑念を抱かせることになってしまったのです! 私の書いた曲は劇的なラストを思わせるものでした。ニコルズは突如、エンディングを落ち着いた平静なものにさせる必要があると思ったのです。全部変えてしまうということです。実際には私は何もしてあげられなかったんです。翌日、食事を共にしたのですが、そこで彼の言ったひとことが忘れられません。「神の御加護があらんことを」。映画はヒットしませんでした。神の御加護はなかったのです。

――仕事で耐え難い不安を覚えたことはありますか？　ある映画の楽曲で苦しめられたとか？

音楽のレコーディングに行く時はいつも不安でなりません、極限まで苦しみます。監督の了解を得て作曲し、まず聴いてもらうのですが、楽器編成で変質したものを耳にして、それでも満足してもらえるかどうかはわかりません。こうした不安によって私は神経質になったり否定的になったりもします。かつてアメリカでジョン・ブアマン監督と『エクソシスト2』で仕事をしました。良い映画ですが不遇な扱いをされています。ある日、彼が楽曲を聴いてくれたんです。私が英語を解さないのは知っていますよね。ひと通り楽曲を聴き終えた彼が口にしたのは「テリフィック（Terrific）、テリフィック」。私は独り言で、恐ろしいということかな？と口にしてしまいます。通訳を務めるニーノ・デイに尋ねます。「だけどTerrific って……どういう意味？」。当然ながら言っていることを理解しなければなりませんので、ブアマンに尋ねに行ったんです。音楽に喜んでいるとの説明でした。とても満足な気分です。それまで付きまとっていた苦悩をかき消せたのです。

――あの映画の音楽は本当に面白いですね。

私もとても気に入っているんですよ。合唱が常軌を逸した唱法で歌っています！　この映画で私は合唱のリハーサルに立ち会う為、その数日前にロサンゼルスに行ってました。何故なら、ちょっと複雑なものを書いたと自覚していたからです。そう、人間の声を扱うのはオーケストラに比べてかなり不安が残ります。それで「合唱のリハーサルをやる時は知らせてください、行きますから」と言っておいたんです。私はホールに案内されます。遠くから響いてくるのを耳にして私は落ち着いてきました、壮麗で格別な合唱だったのです。他にこれほどの水準にある合唱は日本だけです。でもこちらはさらに凄かったでしょう。異様な官能性がありました。日本の合唱は考えられぬほど正確できちんと統制されていましたが、この合唱団は腹から出てくるようなものがあったんです。情念、才能、知性、柔軟性を兼ね備えていました。ホールに入った時の私はほとんど感動していました。私は特殊な曲を書いていたんです。「リトル・アフロ-フレミッシュ・ミサ（Little Afro-Flemish Mass）」という題のミサで、多くの独唱者が歌い出すものです。突然、誰かが私に耳打ちして教えてくれました。「合唱団長の女性に歌わせてください、彼女、ずば抜けているんです」。私はその女性に近づきます。「シニョリーナ、歌ってください、貴方の素晴らしさはわかっています」。ひとこと言うと歌い始めてくれました。信じられぬことにバリトンの声をしています。綺麗な女性なのにバリトンでした。

＊1　メキシコ軍という記述もある。
＊2　ガトー・バルビエリ。この名前を失念したのか？
＊3　マウリッツィオ・デ・アンジェリスである。
＊4　アレッサンドローニ率いるイ・カントリ・モデルニの間違い。アレッサンドローニがかつてノラ・オルランディのコーラス・グループ「2＋2」に在籍していたこと、さらに同グループが後に「4＋4」となったことで記憶が混乱しているものと思われる。
＊5　『血斗のジャンゴ』と間違えているのか、それとも忘れているのか……？

# 7章　音楽の死——沈黙の監督

——最近、書斎を整理している貴方を見ました。何か見つかりましたか？

混乱してましてね。もうごちゃごちゃです。純音楽を作曲したら楽譜はゼルボーニ音楽出版社に送りますが、映画音楽のスコアはドナート・サローネに渡します。彼が写譜してレコーディング・スタジオで配ってくれるのです。何ヶ月か、または何年かして原稿である映画音楽のスコアを私に返却するのですが、私は手元に戻るとそれを山となっている他のスコアの中に置いてしまうんです。こうして大混乱となり、どこにどのスコアがあるのか、さっぱりわからなくなりました。ある日、妻と私は整理することにしました。様々なファイルを作り、アルファベット順にまとめてみたのです。今は楽譜を入れたファイルが10束ずつ整っています。新たに整理したにもかかわらず、私の書斎はまだ混沌としているんです。自分で招いた混乱ですが、いつも愕然としてしまいます。

――整理のためスコアを取り出している時に、何かびっくりするような物は出てきましたか？

　こんなにあるのかと驚かされます。嫌になるばかりです。いくつかの重要なスコアが見つけ出せていません。片付けるのが大変です。探し回っては多くの人に迷惑もかけてしまいました。特に見つからないのがアルド・ラド監督のＳＦ映画に作曲したもので、アメリカのＳＦ映画に対する私なりの返答とも言うべきものです。『ヒューマノイド／宇宙帝国の陰謀〈Ｖ〉』という作品で、製作はゴッフレード・ロンバルドでした。彼は私の家に来まして、この映画について熱く語り、それで私は起用されたんです。電話の鳴る音から着想したサウンドから始まり、また徐々にクレッシェンドしていく抽象的な要素から生じて、ほとんど勝ち誇るかのような壮大さに至る曲がありました。良く書けているのですが自分としては好意的に思っていませんでした。オルガンとオーケストラの為の６声のフーガを作曲していまして、このフーガがどうにも見つからないです。宇宙船が天空を矢のように飛んでいくのにぴったりに思えました。この発想はあるアニメ映画から思いついたんです。あ、思い出した！　ウォルト・ディズニーのアニメーションでバッハの曲があったんです。それでバッハ風の音楽は天空、宇宙に適用できると思ったんです。立派な作品となりましたが、スコアがないんです。

――その映画は『ファンタジア』では？

そうそう、『ファンタジア』！「トッカータとフーガ　ニ短調」。それに抽象的な動画が重なるんです。バッハと抽象音楽とがどれだけの効果を発揮するだろうかと感じました。後者はひとつのメロディーではなく、沢山のものが表現されています。でも残念なことにアルド・ラドの映画では効力は出ませんでした。５００億リラの予算が要るはずのところを30億しか使えないのですから。でも与えられた条件を駆使するなど監督はよくやりましたよ。

──ピエル・パオロ・パゾリーニの話をしたいです。貴方のキャリアの中で大きく重要な存在です。

ある日、エンツォ・オコーネが私にパゾリーニと会う約束を取り付けに来たんです。オコーネは製作部長で『大きな鳥と小さな鳥』の音楽作曲を私に求めてきました。パゾリーニとの出会いは取り立てて変わったことはなかったです。パゾリーニは楽曲のリストを用意していて、私はその中から選ばなければいけないというのです。実際、彼もすでに選び出していて映画に使用するとのことでした。それで私は彼に言ったんです。「すみませんが私は作曲家です。音楽を作るのであって他人の曲を映画に採用する立場にありません。無理です。お断りすることになります」。彼はこう答えます。「わかりました、それでは貴方のご希望通りに」。この言葉はよく憶えています。このように応じてくれた監督など他にいませんでしたから、多大な信頼を感じさせる姿勢でした。私もその頃はあまり映画を手掛けてはいなかったです。彼はさらにこう言いました。「モーツァルトのテーマを感じさせるような一曲を」。そう私に明示してきたんです。私は受け入れまして「コジ・ファン・トゥッテ」の中のテーマ、オカリナによって奏でられるアリアを採り入れます。後になって理由がわかりました。彼の以前の作品『奇跡の丘』『アッカトーネ』にはバッハやモーツァルトが使われていて、どちらもヒットしたので縁起を担いでいたんです。それ以外はすべて私の音楽で、何の指示も受けていません。満足のいく成果を挙げられた私は次の作品『テオレマ』でも起用されます。ここでは無調音楽とモーツァルトの「レクイエム」が求められました。レコーディングではどこにモーツァルトがあるのか、彼はわからなかったですね。不協和音の海の中ではモーツァルトを感知するのは難しいです。「『レクイエム』はどこ?」と聞かれました。私はレコーディングを中断し、調整室に行き彼に言いました。「ほら、このクラリネットが吹いているのはあのテーマ……」「ああ、なるほど、なるほど!」と返してくれました。あれは本当にわからないよ、ペップッチョ。

――おそらく貴方の言う通り、彼の縁起担ぎなのでしょう。誰にも気づかれることなくモーツァルトの「レクイエム」を入れたがるというのは。

わかるような形で出てきてはいません。彼の反応はテストとなりました。ともかく彼との仕事は『テオレマ』に至るまでいつも面白いものでした。『デカメロン』以降は変わってきます。彼は音楽を聴いては録音し、再生しながら撮影をしたがりました。まるで初対面での「貴方のご希望通りに」を今度は自分が実践するかのようでした。ですので本来は受け付けないような他人の曲も引き受けなければならなくなったんです。もう映画で初めて組むという関係でもなかったので、それでよかったのです。そうでなければおさらばしていたでしょう。他人の作品を扱うのは抵抗はありましたが引き受けました。『デカメロン』がナポリを舞台とし、「オー・ソレ・ミオ」を歌う者が出てきますが私は一切手を着けていません。それほど苦労することはなかったです。彼との関係はもう盤石なものとなっていて、私の仕事も充分尊重してもらえたからです。その後の『カンタベリー物語』はヒットせず、私もごくわずかしか作曲していませんか。むしろ大きく落胆させられたのは最後の作品である『ソドムの市』を観に行った時です！私のオリジナルの音楽がないことがわかりました。安手の楽団で軍人らが踊る音楽は模倣でしかありません。実際、ダンス音楽での恥ずかしい思いというのは私がアメリカ軍相手に演奏していた時にあったものです。あの楽団、ちょっと音が外れていたのを憶えてる？　あれも私が体験したことをそのまま完全に模倣したんです。唯一の私のオリジナル作品はパゾリーニの死後、彼に捧げた曲です。ピアノ独奏曲で大饗宴の中、ピアニストが奏でる不思議な無調の音楽で、その後ピアニストは自殺するというものです。映写室での彼は私に映画を見せませんでした、私が音楽を入れる箇所だけ止めていたんです。あの映画で最も……奇怪な場面は見せなかったのです。トラステヴェレにあるアメリカ座でのロードショーで観に行きました。あれほど刺激的で奇妙で独特な作品だとは思いもしませんでした。でも彼はそうした反応を引き起こしたかったのだと思います。

――『大きな鳥と小さな鳥』の、メイン・タイトルを歌うというアイデアは、どなたが思いついたのですか？

彼、パゾリーニです。映画のメイン・タイトルを歌う音楽の作曲を提案してきました。歌詞を担当したのも彼です。

| | |
|---|---|
| ***Alfredo Bini*** | アルフレード・ビーニが |
| ***presenta*** | お送りする |
| ***l'assurdo Totò*** | 間抜けなトト |
| ***l'umano Totò*** | まともなトト |
| ***il matto Totò*** | 異様なトト |

*il dolce Totò*
*nella storia*
UCCELLACCI E UCCELLINI
*raccontata da Pier Paolo Pasolini*
*con l'innocente*
*col furbetto*
*Davoli Ninetto*
*Trovati per le strade del mondo*
*tutti gli altri attori*
*da Femi Benussi a Vittorio Vittori*
*Nel triste girotondo*
*nel lieto girotondo*
*Luigi Scaccianoce architettò*
*Danilo Donati acconciò*
*Nino Baragli montò e rimontò*

愛しいトトが
見られる物語
『大きな鳥と小さな鳥』
お話を書いたのは
ピエル・パオロ・パゾリーニ
無邪気ですばしっこい
ニネット・ダヴォリもついてくる
フェーミ・ベヌッシから
ヴィットリオ・ヴィットーリまでの
役者すべてが道中で出会う
哀しくもおかしな
ジロトンド（輪）
ルイジ・スカッチャノーチェが設計し
ダニロ・ドナティが髪を結う
ニーノ・バラリは編集また編集

*Ennio Morricone musicò*
*Mario Bernardo e Tonino Delli Colli*
*Fotografò*
*Fernando Franchi organizzò*
*Sergio Citti da filosofo aiutò*
*Una piccola troupe per le periferie vagabondò*
*per campagne e paeselli si scannò*
*Producendo rischiò la sua posizione*
*Alfredo Bini*
*dirigendo rischiò la reputazione*
*Pier Paolo Pasolini*

エンニオ・モリコーネは曲を書き
マリオ・ベルナルドとトニノ・デッリ・
コッリは撮影だ
フェルナンド・フランキはまとめ役
セルジオ・チッティは知恵を出す
郊外、田舎、村を放浪し
屠殺までする二人組
立場を危うくしかねない製作は
アルフレード・ビーニ
評判を堕としかねない監督は
ピエル・パオロ・パゾリーニ

歌はドメニコ・モドゥーニョです。上手く書けましたね。私はメロディーを重視し、それから歌詞の内容に応じて楽器編成も多彩なものにしました。音の万華鏡です。当初はトトに歌ってもらいたいということだったんですよ。彼の家に行って、曲をラッカー盤にしたものを彼に渡したんです。テスト用レコードで、私が歌っているんです。相変わらず上手く歌えていませんが。意外に思われるでしょうが、トトはスクリーンで観る彼とは正反対で上品な方でした。とても感じのいい人でしたが、暗い哀しみの影が表情に出る瞬間がありましたね。それで結局断られました。そこでパゾリーニはモドゥーニョに歌わせることを思いつきます。実際に彼が選ばれまして、私は歌詞を尊重しつつ音楽部分のみを作曲し、楽器編成を経てレコーディングに至ります。メイン・タイトルに出る名前が歌われるという、世界でも唯一の映画だと思います。

――貴方が録音したラッカー盤は紛失されて……

何年かしてオコーネが返却してくれました。でもまた失くしてしまって、どこにあるかわかりません。

――貴方の歌った『大きな鳥と小さな鳥』、聴いてみたいです。

多分あるはずなので、探さなければなりません。捨てていないのは確かですから見つかったら差し上げますよ。まあペップッチョ、遊び半分で歌ったようなものだから。当然ながら映画でのモドゥーニョは私より遥かに上手いですし、曲としても高く評価されました。歌の中で「Ennio Morricone musicò（エンニオ・モリコーネは曲を書き）」の部分に笑い声を入れました。高笑いです。あれ、私なんです。少なくともあそこは上手く歌えました。

——パゾリーニの映画で大好きなものがあるんですよ。映画も音楽も綺麗なもので。映画『華やかな魔女たち』の中のエピソード、「月から見た地球」です。

音楽についてピエル・パオロは極めて簡素なものを勧めてきました。「マンドリン・オーケストラを使うのはどうかな?」「それはいい!」と私も賛同したんです。私はマンドリン奏者をかき集めます。オーケストラ全体でマンドリン、マンドラ、マンドローネ、マンドロンチェロという構成です。重低音、高音もすべてよく響き渡っていました。

——レコーディングには彼は姿を見せていましたか?

ええ、いつも立ち会ってくれましたよ。論評を口にすることはなかったです。いつでも満足してくれているように見えました。でも伺い知れない深層はありましたね。彼の表情は笑顔を浮かべることはなく、戸惑いを見せる時もありました。それでいて非常に友好的な態度の時もあったんです。イタリア統一100年祭を控えた'68年、パゾリーニに記念盤の為の詩を書いてもらえないかとRCAが私に相談してきました。LP2枚組にするとのことです。私が彼に問い合わせると3日後に家に作品が送られてきました。幻想的で古代ローマ文化への郷愁に溢れた素晴らしい詩だったのです。RCAに渡すと彼らは言ってきました。「朗読も彼にお願いできないか?」。彼に電話しまして、引き受けてくれました。後にそれを作曲することを依頼されます。これが「Meditazione orale（口述瞑想）」となりまして、作品のタイトルもパゾリーニが付けたものです。それからも彼の寛大さに与ることになります。子供を除く、あらゆる層がストライキに入っている時期を過ごしていた頃のことです。そこで私はあるアイデアを思いつきました。突如ストライキを起こす子供たちの詩というものを彼に依頼してみたのです。パゾリーニは3篇から成るソネットに仕上げます。第一ソネットは子供たちの革命を描いたもので、重大な革命です。作曲してみたところ、演奏するには非常に難しい曲となってきまして、むしろ演奏不可能と言えるほどです。思わず筆を中断してしまいました。「この曲、歌えるのか？」としきりに自分に問いかけます。「続けても意味ないな」。第二篇は子供たちが教育者をからかうというもので、これも演奏するにはやたら複雑な曲に仕上がってしまいます。そんなことで断片的で未完成の第一篇、そして完成した第二篇が残りました。13年経ってようやく第一篇を完成させ、引き続き第三篇を作曲します。こちらは容易に演奏できるものとなりました。何故だかわかる？　子供たちが革命を起こした後、そして教師らをからかった後の第三篇では、子供たちは先生たちの忍耐につけこむ事をやめ、良い子でいること、先生らを敬うことを誓います。そして通俗的な歌を歌い始めるのです。パゾリーニの詩に2つの声部を絡ませました、対位法を施すためです。

——彼が貴方に友好的ではなかったとか寛大な人格ではなかった、ということはないんですね……

そうなんです。さらにこれだけではありません。もうひとつあります。私にちょっとしたアイデアがありまして、「ポステッジャトーレ（posteggiatore）」について何か書くというものです。ローマで、ナポリでもそうですけど街のあちこち、または公共の場所を巡りながら、マンドリンやギター、トランペット、クラリネットなどを奏でる人のことです。パゾリーニにこのキャラクターに基づいた短い詩を頼みました。この時も彼は約束通りに作品を家に送ってきてくれます。題は「Caput Coctu Show」つまり強制するしか頭にない男のショー、というものでした。とても簡潔かつとても難解な詩で、登場人物は亡霊なのです。私はパゾリーニへ会いに行き「申し訳ないけど」と言います。「これはさっぱり理解できない、何を意味しているかすらわからないんだ」。そこで誤解があった事が明らかになります。彼は「posteggiatore」を駐車場管理人と捉えていたのです。私にとってその詩は、混乱した感じで理解に苦しむものに思えました。それで彼に作品について少し説明しました。流しの楽士が街頭で奏でる楽器をすべて使いたいと。理解しろと言うのは無理ですかね？

——貴方が関連する話で、ピエル・パオロ・パゾリーニとフェデリコ・フェリーニが……

パゾリーニとオコーネと一緒にリストランテで食事に行ったんです。そこで私は自分の心を捉えて離さない自らのアイデアについて語りました。「音楽の死」というもので、他の監督にも同様に語っています。誰も乗り出すことはなく、私としてはパゾリーニがこの話を気に入って映画化してくれることを望みました。アイデアはすべて展開可能なもので、私は始まりと結末だけ考えていました。始まりは、時代は特定されておらず、誠実で善良な人々が暮らす街を舞台としています。人々は理想を抱いており、リーダーは持たず、他人に対する各人の善意と公正さによって築かれているという無秩序な状況の中で生きています。ある日、おそらく誰よりも知性があると思われる人物が、こんな見せかけの平和は音楽によって育まれていると主張するんです。そして音楽は人々の感情の中に入り込み、不測の反応、激しさや喜びなど肯定的・否定的反応などを発展させるものだと。こうした反応が原因となって平安さが街から失われていくというのです。その対処法として音楽を禁止することだということになります。誰もがこの考えに賛同し、受け入れます。こうして望まれたわけでもないまま彼はリーダーとなったのです。その後、声に抑揚をつけるのをやめていき、声帯による高低なしで話し始めます。徐々に強制は増していき、リーダーは独裁者と化していくのです。言いなりになっていることに気づき、異議を唱え始めた人たちが秘密結社を作り、新しい法律で禁じられている事に手を出していきます。私のアイデアはここまでです。力のみなぎった作劇術によって進展と推敲、そして一大悲劇へと炸裂するのです。でも私としては誰か他の人に展開させていただきたいですね。ラストは考えてあるんですよ。独裁者が見る夢です。夢の中である人物が彼に「午後4時、海岸で真理が到達するであろう」と告げます。その時間になると、海があらゆる時代の作曲家の音楽を歌い、奏で始めるのです。人々は音楽が勝利したとして祭りを執り行います。

――パゾリーニは貴方の望み通り、気に入ってくれましたか？

ええ、それはもう大変気に入ってくれましたよ。彼はテーブルから立ち上がるや、すぐにフェリーニに電話したんです。30分後にフェリーニがやって来て、パゾリーニは彼に私の原案を話します。「気に入ったよ」。フェリーニもそう言います。「映画化しよう」と。でも実現しませんでした。ところが別な映画でアイデアが少し使われているんです。アイデアが使われたことについては残念には思っていません。

――明らかに『オーケストラ・リハーサル』で……

そうなんです。あれにも独裁者まがいの人物が出てますね。オーケストラをまとめようにも、その楽団員らは反抗的で、床に寝そべり情事に耽るなど考えられないことを沢山しでかします。突如、独裁者たる指揮者はゴング（銅鑼）を鳴らさせます。するとオーケストラは哀しげな音楽を演奏し始めるというものです。

――監督が貴方に初めて映画を見せる時、どの要素が音楽の発想を促進させるのか、また特に注意されているものについてお話しいただけませんか？

映画に注意しています。描かれているものすべてに影響を受けると言えます。私にとって重要なのは美術、撮影、衣装、俳優の演技、台詞、語られる物語です。画面で映るものに背くようなことはしたくないです。音楽が全体から見て抽象的な要素であってもです。監督とは基本的に比較検討を交えて相談するのですが、それより前に音楽の発想をすぐに与えてくれるような映画も何本かあります。監督に音楽を語ることは、ときめくような冒険であると考えています。監督に言葉で最終的な結果を理解させるのは無理なことはわかっています。ピアノが役立ちますが充分とは言えません。楽器編成上のアイデアを聴かせることはできませんからね。私が楽器編成を重視しているのはわかりますよね。いい加減な弦楽、トランペットまたはトロンボーンで成果が出せるわけありません。音楽は語られるものではなく聴かれるものです。自分の考えをより良く理解させるために、私はいつも映画の完成よりだいぶ早く音楽を作曲するようにしています。いつもそうできるとは限らないんですよ。最後になって声をかけられる時があるんです。『1900年』でベルトルッチは最終段階になってから私に依頼してきました。彼も決心がつかなかったんです。彼とは既に仕事はしてきましたが、かと言ってその映画に私が適任であるという確証にはなりません。ジッロ・ポンテコルヴォが彼に「エンニオに頼め」と言って従ったというわけです。映画監督との関係はデリケートなもので、試写の段階でアイデアが思いついても、その後熟考を重ねることもあります。アイデアがすぐに思いつかない時もあり、そうなると苦しむことになるのですが、アイデアがすぐに浮かぶということは既に映画、映像に愛着を抱いているということで、まさに一目惚れによる結婚というものです。そうはいかない時もありまして、そこで技術というものに助けられることになります。何度も助けられました。ロベルト・ファエンツァ監督の『Sostiene Pereira』を担当しましたが、満足のいくアイデアが思いつかなかったのです。ある日の午前中に私はヴェネツィア広場にいまして、そこでストライキが行われていました。抗議する行列の声、デモ行進特有の太鼓を叩く音を耳にします。後者はブリキ缶を叩いて出した音でした。私はそのリズムを映画全篇に採用しました。

——台詞も音楽の発想にヒントを与えるものになりますか？

勿論です。役者が立ち止まったり、また演じ始めたり、ひとりが考え込み、また別の者もというように、休止や黙考からアイデアを取り出せます。これも私にいくつかの選択を設けてくれるものです。その場面に音楽を付けるとなると、役者の行動、そして当然ながら監督の意志も重要視します。書かれた通りの台詞は必然的に音楽による余波を受けることになります。作曲家は台詞のない部分を無視してはいけません、そこは音楽で満たせというのではありません。沈黙には何かしら演じ手の心理の中にあるもの、往々にして何か重要なものがあると推定されます。時として映画音楽は表現できないものを表現できるのです。

——初めて観て惚れ込んだというのはどれくらいありますか？　すぐにアイデアがおもいついたというのは何の映画ですか？

ベルナルド・ベルトルッチの『1900年』です。暗闇の中、映画を観て、紙切れに頭に浮かんできた音符を、それこそ音符だけを書き込んだんです。ベルトルッチが撮った場面から直接アイデアが生まれてきたのです。さらにテーマ曲を書き込みました。紙に音符を書くことに終始し、楽譜ではなく単なる紙に書いた楽曲となりました。それだけでできたのです。

——ベルトルッチとの関係はいかがでしたか？

最高でしたよ。彼のことはとても気に入ってます。5本の映画で仕事しましたね。『革命前夜』『ベルトルッチの分身』『1900年』『ルナ』『ある愚か者の悲劇〈V〉』。その後、彼はアメリカに行ってしまい私は起用されることはなかったです。『ラスト・エンペラー』では3人もの作曲家に頼ることになったと思います。でもよく理解はできます。音楽は監督の迷い、不安の現れです。本当は監督が自分で音楽を作るべきで、そうすればもっと落ち着くのですが。クリント・イーストウッドがそうしていますね。ですがその成果は……どうもねえ……

——おそらく自分の映画に最適な音楽を作曲したのはチャップリンくらいで……

彼は自らテーマ曲を考案し、それを他人に書かせたのです。作曲を学んだ映画監督は実際にいます。ステファノ・レアリです。彼は自分の映画の音楽を作曲できるんです。はっきり言って彼は高度な作曲法は学んでいないので、聴いてきたものの影響を感じさせる音楽となっています。

——他に貴方の人生で重要な監督となりますと、ジュリアーノ・モンタルドがいます。彼とも沢山の映画で組んでいますね。どのようにして関係が始まったのでしょうか？

ジッロ・ポンテコルヴォと仕事をした後、声をかけられました。彼はジッロの助監督をしていて、おそらくジッロは彼を信頼していたのでしょう。会った時、こう言ってきたんです。「僕が今まで手掛けてきた映画はすべて、サッコとヴァンゼッティ事件の映画に備えるためのものだったんだ」。わかりますか？　自分が本当に撮りたい映画を実現させることを辛抱強く願い、しかもなかなか手が着けられない状態が何年も続いたのです。遅かれ早かれ、サッコとヴァンゼッティ事件を企画に載せ、契約に至るだけの力を得ようと働いてきたんです。ようやく実現し、私が音楽を担当し、大ヒットとなりました。

——貴方の作品の中でも最も人気の高いもののひとつです。

ええ、私も大好きです。ラスト、二人が死へと向かって行くところでオーボエによるテーマ曲を使用しました。映画の開巻、暴動の場面にも使われていますが、こちらは弦楽のみによる試演です。ジュリアーノは普段は口を挟まないのですが、その時こう言ったんです。「主題はなしで弦楽だけにしてみてはどうかな？　後でやってみようよ」。彼の言い分は正しく、私は従いました。あのテーマを最初に聴かせるのは正しくなかったのです。ジュリアーノと仕事をしていた時期は私も良い思い出があります。彼は思考、探求、意志に関しては非常に誠実な姿勢で臨んでいました。とても楽しいユーモア感覚も持ち合わせていて、皆を楽しませるように物語を語ったのです。私たちは大親友となりました。彼についていつも思い出すのは『Giordano Bruno』のレコーディング中でのエピソードです。主人公は月など、この世での抽象的な要素に想いを馳せます。その為、私はちょっと変わった、少し不協和音のある音楽を作曲しました。大気、天空、混沌とした不明確な音響。レコーディングの間、ジュリアーノが私に言いました。「すまないがエンニオ、この次はオーケストラが音を合わせた時のものを聴かせてくれないか？」。オーケストラが音を合わせていないわけないです。楽曲を演奏したんです。何年も経った今では微笑ましいのですが、その時は良い気分はしなかったです。こういう言い方でちょっとした衝突になってしまう監督はいます。彼はいつも穏やかでしたので快いものでしたが、それでも衝突はありました。

――曲が気に入らないということを和らげに言ったんじゃないですか？

そうは思いません。曲をそのままにしても、変えろとは言ってきませんでしたから。「別なものにしてくれないか？」などと頼んでくることはなかったです。でも問題となるのはいつもの習慣にありまして、水平的な音、つまり主題を外すと聴く者はまるで倒れそうになるみたいに方向性とバランスを失います。でも倒れることなく、なんとか立ったままでいられます。同様にメロディーを取り去ると音楽を追えなくなります。すべての音が舵を失って自由なものとなるからです。

――『死刑台のメロディ』でジョーン・バエズの歌というアイデアはどのようにして生まれたのですか？

ジュリアーノが映画に歌を入れることを考えたんです。「名案だ！」と私は言いました。「君が歌うかい？」「よしなよ！」と私が答えると、彼はジョーン・バエズの名を出します。「君がここに連れて来るんだぞ」と私は挑発気味に言いました。彼女は成功の頂点にいたのです。数日後ジュリアーノは渡米しますが、そこである晩、偶然にもフリオ・コロンボと出会います。

彼にサッコとヴァンゼッティ事件の映画化、そして主題歌にジョーン・バエズを起用する考えがあることを話したんです。「奇遇だな？　ジョーンなら今夜うちで夕食に来るよ」。ジュリアーノはすぐさま彼に英語で書かれた脚本を渡します。翌朝、ホテルで彼は電話を受けます。ジョーン・バエズからでした。「素晴らしいです、やらせていただきます」と。その後、彼女はサン＝トロペに滞在します。私は朝早くから家族全員を車に乗せて出発しました。現地に着いたのは昼食の時間です。彼女は幼い息子さんと一緒にプールにいました。彼女に歌を聴かせると、とても気に入ってくれました。8月にローマに来てくれまして、ピアノとパーカッションという暫定的な伴奏で歌ってくれたんです。それから彼女の歌声にオーケストラを重ねていきました。難しい状況で歌うことになりましたが、見事な歌唱でした。率直に言って、サントラのもうひとつの曲「サッコとヴァンゼッティのバラード（La ballata di Sacco e Vanzetti）」がヒットするものと思っていました。ところがどうでしょう！　彼女の歌う「勝利への賛歌（Here's to You）」が大ヒットしたではないですか。他の歌手たち、フランスその他の国でも歌われることになります。いくつかの反議会主義的な政党や団体が象徴として扱っています。

——貴方にかけられた賛辞の中で、好ましいものとそうでないものはありますか？

私の音楽が素晴らしいと言われれば、もちろん嬉しいです。かつてトゥッリオ・ケジチが評論の中でこう書いたんです。「ボロニーニの映画で流れる劇伴……」。劇伴？　私は彼に電話して言いました。「すみませんが、劇伴とのことですが、敢えてそのように控え目で最小限なものにしているんです。何故かと言うと映画自体が簡素なものを目指していまして、あらゆる要素を意図的に最小限に抑えているんです」と。

――アルベルト・ラトゥアーダ監督との仕事も多いですね。

『マッチレス殺人戦列』『黄色い戦場』『今のままでいて』です。彼とは変わったことがありました。有能な作曲家で指揮者としても優れているジーノ・マリヌッツィと共同での音楽を依頼されたんです。この依頼には少し違和感を覚えましたが、マリヌッツィには敬意を抱いていましたし、友人でもあったので引き受けました。以前にお話ししたニコライとの期間を別にすれば私のキャリアの中で唯一の例外だと思います。『黄色い戦場』は全部ひとりで担当しました。私にとって実に忘れられないものとなります。第一次世界大戦における毒ガス戦の場面に交響楽的作品を作曲するという意義深いものだったのです。ラトゥアーダ本人が励ましてくれたこともあって、私は落ち着いて純粋な交響的作品の作曲に踏み切れました。この種のものを明確に依頼してきた唯一の監督でしょう。勿論、私からお願いしたことではありません。私は正統的な交響楽を作曲したのです。彼の私に対する大きな信頼も感じられましたし、おそらく普通の人が私の映画音楽を通して感じる以上のことを彼は理解してくれていたのでしょう。彼の父フェリーチェが作曲家で指揮者であっただけに音楽に精通していたのは確かです。その映画の後、『今のままでいて』でも組みました。ナスターシャ・キンスキーのデビュー作で、魅力的な少女でした。

――もうひとり、貴方にとって重要な映画監督にジッロ・ポンテコルヴォがいます。欠かせない人物と言えるでしょう。西部劇の流れから貴方を引き出してくれましたね。

『アルジェの戦い』の音楽を私に依頼したいので会いたいとのことでした。私は映画音楽に手を染めてまだ年数も浅く、このような立派な監督から声がかかるとは思いもかけなかったのです。それで彼に問いかけたんです。「何故、私に依頼を?」と。『夕陽のガンマン』の音楽を聴いて、とても気に入ったとのことでした。びっくりしたというのが正直なところです。彼が説明したところによるとプロデューサーのアントニオ・ムースと会っていて、音楽にも名を連ねるという契約をしたというのです。

――つまり契約ではジッロも音楽を担当することになると?

そうなんです。共同で音楽を作曲すると言われたのです。でもこの第一作のみで、次の作品からは私ひとりで作曲することになります。私も若く、駆け出しでしたのでこのような監督に嫌とは言えませんでした。でも音楽はすべて私が作曲し、彼はひとつだけ重要なアイデアを出してくれたんです。アフリカ風とも言えるある楽器から派生した単純な音の反復を扱ったものです。私はこのヒントを採用し、これを基にして作曲しました。勿論、オーケストレーションは全部私が手掛けまして、思いもよらぬほど異なったものですが、彼からのアイデアも残されています。彼にもわかるようにね。私がどうしたかわかるね。「皆殺しの歌」とトランペットを提案するセルジオに従わなかったのと同様に、この時も従いたくなかったんです。その為、メイン・タイトルは彼の指示とは全く違ったものにしたいと思いました。自作を採用したんです。数年前に仕上げたフレスコバルディの半音階的リチェルカーレの主題に基づく変奏曲で、これをメイン・タイトルに充てました。

――組んだのはどの映画ですか？

『アルジェの戦い』『ケマダの戦い』そして『Ogro』です。彼は少ししか映画を撮っていません。5本だけです。かつて私が音楽で企画しているものを彼に話したことがあって、そこから彼がキリストの受難についての映画を思いつくに至ったのです。彼は映画化を望んでいたようで脚本も書いていました。資金を得られるかどうかというところでしたが、結局手掛けることはなかったです……

――最初の映画はどのような手法で進められましたか？

彼が私の家に来たんです。でも『アルジェの戦い』のアイデアを思いつくのはとても、とても苦しかったです。実際、私は一ヶ月まるごと考え抜きました。ジッロは毎日、私の許へ足を運び、必ずテープレコーダーを持参していまして、口笛を吹いて録音したテーマを私に聴かせるのです。私は連日、それは好きになれないと口にし、彼も毎日、私がピアノで聴かせるものを気に入らないと言います。こんな状態が長く続いた、ある午後のことです。モンテヴェルデのマンションの3階にある私の家まで階段を昇りながら、彼は何か口笛を吹いていました。私はちょうど玄関の前にある机に急いで着き、彼が口笛で吹いていた楽想を楽譜に書き留めました。玄関で彼を迎え入れると、一緒に何か食べました。食事を終えると、彼は私が作曲したものを最初に聴かせるよう言ってきました。私はピアノで、彼が階段を昇りながら口笛で吹いていた楽想を奏でます。調性も同じなので彼にもわかります。ジッロは呆気に取られ、当惑し、驚くばかりでした。何のコメントもせず、今度は自分が録音した口笛を私に聴かせるだけです。同じものでした、つまり私が上手く書けていたということです。突如、彼が怒り出します。「気に入らん、君のも私のも」。そして出て行ってしまいます。私は彼を引き留めようとして言いました。「30日も一緒に取り組んできたじゃないか、ここでやっと考えが一致したんだよ」「駄目だ、気に喰わん」と彼。「ここで起こった事もわけわからんし、まるで気に入らん」。それから も何日か二人で模索し続けました。そしてようやく解決に至りましたが、私が彼に仕掛けたも のには満足していませんでした。彼が説明を求めなかったかと？　彼には奇妙な偶然を装うべ きだったのですよ。

――打ち明けなかったんですか？　その口笛……階段での……

映画がヴェネツィア映画祭に出品されることは知っていました。そこで彼に言いました。「も し受賞したら、本当の事を言うよ」。驚いた様子でした。その後、本当に賞に輝きます。金獅子 賞です。翌日、映画に修正を加えるというので私は声をかけられます。例の件を忘れていなか ったようで「それじゃ、もう話してくれてもいいだろう」と言ってきたんです。そこで私は打 ち明けたんです。「君が階段を昇っている時に吹いていた口笛を耳にしていたんだ。それを楽譜 に再現して、そうして聴かせたんだ、単なるトリックなのさ！」

――ジッロは楽器は演奏できるのですか？

いいえ。お話ししているように、すべて口笛で録音するんです。音楽には精通していました が作曲はできません。『ケマダの戦い』の音楽はレコーディングの際、大きな効果をもたらしま した。その前に彼から映写室で心に刻まれるような事を頼まれていたんです。選び出せるようにエンディングには7通りの曲を作曲してほしいと言うのです。私は本当に7曲書きました。彼はレオーネその他と同様、不信の塊でした。どの音楽を選ぶかアドヴァイスしてもらうために私や彼の妻、編集者、2、3人の協力者らを招集したんです。私はほとんど口を出しませんでした。私から見てどの曲も合っていたからです。結局、ジッロが決めていた曲を誰かが賛同したことで、その曲に決まりました。

──『ケマダの戦い』は独特な映画で、残念な作品と言えますね。

私たちは編集室にいる間、音楽のない映像のスプールを観続けていました。同じ時に私はリリアーナ・カヴァーニ監督の『I cannibali』の作曲と録音を済ませていまして、ジッロのいる編集室の隣にある映写室でその作業が行われていたんです。リリアーナの不在をいいことにジッロは開いていたドアから彼女の映写室に入り込み、ある曲のテープを持ち出します。その曲は彼女らが編集している間、こちらの部室まで聞こえていたものです。彼はその曲を砂浜のシーン、マーロン・ブランドが馬に乗り、その後を人民らがついていくという場面で試してみました。戻って来た彼は私にそのシーンを見せて言います。「この曲をこの場面に使うんだ」。私は彼に言います。「本気で言っているのか？　他の映画の音楽を付けるなんてできないよ」「それなら」と彼。「君からリリアーナに言ってくれ」「駄目だよ、ジッロ、この曲は撮影済みの映画のものなんだ。よく考えろ、リリアーナにそんなこと言えるわけないだろ。無理だ！　頭を冷やせよ！」。かなりの口論へと発展してしまいました。お互い二人とも疲れ果てたところで、彼が口を開きます。「わかった、それなら同じようなものを作ってくれ！」。それで私は作曲してあげました、発想は似通っていますが音は違っています。でも男女のコーラスによる応唱は残っていまして、実際に『I cannibali』のコーラスを思い出してしまいます。これを聴いたリリアーナは激怒します。私には何も言ってきませんでした。でもそれから長い期間、彼女は私を起用しなくなります。私は烈火のごとく怒る二人の間に立たされることになりました。ジッロを痛罵する言葉が発せられ、彼をののしっていましたね。

——『Ogro』には明らかにバッハに対する貴方とジッロの敬愛があります。スコアからそう感じられるのですが、違いますか？

メイン・タイトルに際しては、私の他の映画音楽で彼が耳にしていた曲を作り直すよう頼まれました。実際、かなりバッハ風で、進行する通奏低音、そしてその上を流れる定旋律がありますす。同じものを作ったのではありません。自分の様式を模倣したのです。その時はバッハ風などとは思いませんでしたが、一定の形式で進行するイ短調の低音はスタイルとしてバッハのものと、とてもよく似ていると思われます。

――私の記憶が正しければ、ジッロとの仕事によってエリオ・ペトリと出会うことになったのですよね？

『アルジェの戦い』を観た彼が私の音楽を気に入ったので『怪奇な恋の物語』で私に依頼してきたんです。初対面で言われたことに私は黙ってうなづきました。「エンニオ、僕はニーノ・ロータ、ピエロ・ピッチオーニ、バカロフ、ラヴァニーノらと一回だけ仕事をしてきた。作曲家とは一回しか組まないんだ。だから悪く思わないでくれ、君と仕事するのはこれが最初で最後だ」。わかったと私は言って、取り組みました。彼とはもう仕事を共にすることはないだろうと確信していたのです。ところがその後の彼の全作品で私は起用されることになりました。

――『殺人捜査』は記憶に残る貴方の映画音楽の中でも格別なものです。いかなる基準にも属さない、予想だにしない純音楽的な発想ですね。

最初に書き上げたものはエリオが気に入ってくれず、二度目のアイデアを好んでくれました。彼は何の取り決めも設けず、指示もしなかったので私は落ち着いて自分なりに仕事を進めることになります。マンドリンのアルペジョのある、大衆的な音楽に統一性を与えるのはこの映画には難しかったです。主人公は警察の警部で方言で喋ります。このため、大衆性は残さなければなりません。そこで半音階的な反復をするアルペジョを作曲しました。半音上がっては半音下がるというものです。映画は結局、2つしかテーマ曲がありません。作曲にはかなりの策を講じました。

――エリオ・ペトリは口を挟んだりしましたか？

いいえ。ただ別な映画ですが、ある日、彼の家でシューベルトの遺作のソナタを聴かせられました。模倣ではなく、シューベルト風の発想で変奏曲にしてほしいということでした。私は5つの楽器で作曲します。ヴィオラ、パーカッション、クラリネット、ピアノ[*1]です。良い出来とはなりませんでしたね。

――音楽にあまり関心を持たない監督と仕事をしてきましたね。結局、そういう監督はただ仕方なくという理由だけで音楽を受け入れているのでしょうか？

音楽無関心主義界のチャンピオンとも言うべき人と仕事をしました。まさにその通りで、まるで関心を持たず、職務の為だけで当たっていたんです。パスクァリーノ（パスクァーレ）・フエスタ・カンパニーレです。『Il ladrone』のレコーディングに姿を見せることはありませんでした。ある日、彼に言ったんです。「パスクァリーノ、僕の為じゃなくて君の為、君の映画の為に作曲したんだぞ」。彼は答えます。「既に全部……君がやっているし。君がやったものばかりで、僕は何をしに来ればいいいんだ？」。そういう態度でいるなら、次の映画の音楽は書いてやらないぞと彼に通告したんです。

――閉鎖的な監督と言えば、かつてディノ・リージで経験した、素晴らしいエピソードについて話してくれましたね……

『Il successo』という映画の音楽作曲で起用されまして、その映画の仕上げと監修をリージが担当していました。彼との対話は少し曖昧なものでした。その理由を説明しましょう。トゥスコラーナ通りにある映画実験センターに行ったんです。彼は別な映画を編集していました。『追い越し野郎』だったと思います。その右側、カーテンで仕切られていましたがそこに別な編集スペースがあり、彼は同時に『Il successo』の編集を監修していました。私は編集助手のフランコ・マルヴェスティートと作業に当たります。ある場面に差しかかるとマルヴェスティートはカーテンを引き、別な映画の作業をしているリージに尋ねるんです。「ガスマンが車を走らせるところの音楽はどうしますか?」。リージが答えます。「明るく!」。そしてマルヴェスティートはカーテンを引き戻し、私に向かって「明るい音楽を」。私はメモを取り、曲の長さを記します。それから仕事を続けますが、マルヴェスティートはフィルムをある場面で止めます。再びカーテンを引き、リージに尋ねます。「食事をしているシーンの音楽は?」。するとリージは「暗く!」と。マルヴェスティートは私に「暗い音楽を」と言います。全篇に渡ってこんな馬鹿げた形で進行していきます。ディノ・リージは「明るく！」「暗く！」「明るく！」「明るく！」「暗く！」を繰り返すばかりでした。レコーディングにもリージは姿を見せません。別な映画に掛かりっきりだったのです。レコーディングは私がやりました。メイン・タイトルは金管による異例とも言うべきオーケストラです。対位法を使ったジャズで、なかなかの出来だったと記憶しています。多くの人がアメリカのオーケストラかと思っていましたが、完全にイタリアのもので名手揃いでした。ようやく映写室で音楽の編集作業が終わります。幸い、この時はリージも居合わせまして、映画を観てもらい同時に音楽も聴いてもらいました。彼はどの曲にも口を出し始めます。「この曲は明るすぎる！」「これは暗すぎる！」「明るすぎる！」「暗すぎる！」。つまり、どの曲も明るすぎるか暗すぎるというのです。その時、写譜師のドナート・サローネが私を連れ出して言いました。「エンニオ、説明は後だ、10日後に来てくれ、何もかも簡単にわかってくるから」。10日後にサローネを訪ねると彼が教えてくれました。「早速だが君にディノの好むオーケストラを教える。ヴィヴラフォン、ギター、ピアノ、ドラム、それからよかったらサキソフォンも。複雑すぎるのは駄目、メロディーにはハーモニーを付けて、伴奏はドラムとエレキ・ベースで」。私は従い、万事うまく収まりました。でもかなりうんざりさせられましたね。その後何年も経ってからディノ・リージはU・トニャッツィとV・ガスマン主演の映画『In nome del popolo italiano』で私にオファーしてきます。もちろん断りました。見事な演奏をしても無駄になってしまうという楽団を再び揃える気にはなりません。楽団は作曲家の自由にならないものです。その後また、ソフィア・ローレン主演のTV映画を依頼されます。こちらも断りました。

——通常、何も言わない監督と指示を出したり、いろいろ言ってくる監督とでは、どちらがお好みですか？

何も言わない監督です。どうしてかって？　映画監督は撮影のセットに入る前は、最後に耳にしたテーマに影響されるからなんです。可能な限り、私は独創的であろうとします。調性音楽でも成し得たようにね。作曲家に対して自由にさせなければいけません。それはまさに私に責任を負わせる自由というもので、私は喜んで担います。何も言わない監督は多いですが、言いたくないという人もいれば、私のアイデアを理解していないという理由の人もいます。何年も経ってからモンタルドが打ち明けたことなんですが、彼は私の言うこともピアノで聴かせたものも理解していなかったというのです。それでも彼とは10本の映画で組んできましたからね。驚いたものです。

——雄弁な監督となると、音楽が浮かんでこないということはありますか？

とても実りある対話というのもありますよ。でもそれは3作目、4作目以降ですね。初顔合わせとなる監督とでは、話をしない方がいいですね。

――最も悩ませたのは私ですね、わかってきたような気が……

でも君とは12作目になる。それに君の貢献は極めて意義深い。と言ってもやはり最初の作品では大した討論は無かったね。

――はい、むしろそれぞれのテーマの正当性を深く分析し合ったという記憶があります。他に無言の監督というのはいましたか？

カルロ・リッツァーニは何も言いませんでした！　でも、後でその理由もわかってきたんです。作曲家が曲を書き上げてしまえば、それは作曲家の領分であって監督の関知するものではないということなんです。満足するしないにかかわらず、作曲家の作品は修正できないということで、こうした監督の無言が私にとってそれとなく哀しいことで、困ってしまうというわけです。

――監督が無言でいることは必ずしもそうした意味ばかりではないと思います。それぞれ黙っていることで別なメッセージを発することもあります。

ええ、そうかもしれません。リッツァーニはパスクァリーノ・フェスタ・カンパニーレ同様、黙ったままでした。リッツアーニは何も語らず、パスクァリーノに至ってはレコーディングに姿を見せなかったのです。彼らの場合は介入する余地が無く、絶望的とも言える沈黙が生じていたんです。音楽をそのまま受け入れるというのが監督の宿命で、音楽はその他の映画の要素と違って充分な検査はできないというのです。脚本、美術、衣装、俳優、照明、撮影、フレームのようにはいかないのです。これらはいずれも監督は自らの支配下に置けます。音楽に関してはほとんど何も決められないということです。

――他に特に寡黙だった監督で思い出されるのは？

ジョン・カーペンター。イタリアにやって来て、彼が泊まるホテルで会う約束をしました。私に映画を見せたら立ち去ってしまいました。何も言わずに。本当に黙って行ってしまったんです。私は取り残された格好でした。監督と接することが私にとって決定的なものになるというのにね。私は様々なタイプの曲を作曲しました。彼の映画では、おおむね彼自身が作曲しています。ある作曲家[*2]の力を借りながらカーペンターも自らの映画に作曲者として名を連ねています。私がロサンゼルスへレコーディングに行くと、監督のカーペンターとプロデューサーが大歓迎してくれました。とても喜んでいて、本当に大喜びでレコーディングに立ち会ったのです。私が作曲した楽曲の中には類似したものが2曲あります。ひとつはシンセサイザーのもので、もうひとつはオーケストラによる、よく似た曲です。異なる演奏による2曲です。その後、この映画を映画館へ観に行ったのですが、1曲しか使われていませんでした。それはイタリアで録音したシンセサイザーの曲でして、それ以外は使われず、その曲が劇中で絶えず流れていたんです。こういう結果になるとは聞かされていません。おそらくカーペンターには臆するところがあったのでしょう、人間の腹から恐ろしい怪物が出てくるなど強烈な場面のある映像は私に見せたがりませんでした。結局、私にとってこの仕事はかなり不本意なものです。私の音楽は全篇で聴かれるものではありますが、シンセサイザーによるその曲だけです。私が作曲したものに対してあまりにも敬意が欠けています。

——どのように解釈されます？

お話ししたように私にしてみれば、おそらくパゾリーニの『ソドムの市』の時と同様に、いささか屈辱的ではありました。時折、監督の中では恥じらいというものが出てくるものなのです。その他のケースでは、盲目的とも感じられる信頼というのがありまして、ヴァレリオ・ズルリーニがそうでした。これも不思議なものです。ある日、彼がテーマ曲を聴きたがりました。私がピアノを弾き始めると、彼はごくわずかな音を聴いただけで「わかった、わかった、これで良い」と言います。それから別のテーマ、砂漠のテーマを聴かせると「もういい、実に良い」

と。その曲がどう展開するかも、どのようなオーケストレーションになるかも一切わからないまま了解するんです。監督が信頼しているとするなら、そうなんでしょう。私にとってはそれまでの映画が保証となっていました。レコーディングで再会しましたが、彼はすべて気に入ってくれました。

――ズルリーニとは一本だけ組んでいますね、素晴らしい映画です。貴方の映画音楽の中でも最も功を奏したもののひとつです。

『タタール人の砂漠〈V〉』は確か彼の最後の作品でしたかね。運命的なものを感じました。ズルリーニは私のオーケストレーションを好んでいて、それで私を起用したんです。彼の為に、遥かに響いてくるような5本のトランペットによる楽想を思いつきました。起こることのない戦争を知らせるというものです。軍隊が迫ってくるように感じられながら、何も起こらず虚無感だけが残るのです。5本のトランペットは『続・夕陽のガンマン』でも使いました。でもここではまるで違ったものです。思い出すのは『タタール人の砂漠〈V〉』のミキシング中にベルトルッチ監督の『1900年』が公開されまして酷評が浴びせられたことです。私には不当に思えました。彼に向けられた攻撃は実に言語道断なものでした。私が弁護すると、数人の評論家が私や私の音楽を攻撃の対象に加えます。特にその内のひとりのものは暴論とも言えるものでした。そうなっても私は気にすることはなく、良識ある姿勢を貫きました。監督が私の作品に賛同してくれればそれで問題はありません、言わせておけばいいのです。そこでズルリーニが私に声をかけて言いました。「君の音楽を非難するあの評論家にこのまま言わせておく気か？」「放っとけばいいんだよ、ヴァレリオ」と私は答えます。「本当にどうでもいいことなんだから」「それなら僕も考えがある。君を弁護する記事を書くつもりだ」。彼は本当に書いてくれたんです。私の音楽を弁護する熱の込もったものでした。親友としての、とても勇敢な行為です。

——キャリアを重ねる中で出会った友人は多いですか？

ＲＣＡでは多くの出会いがありました。リッツ・グレコ、リッカルド・ミケリーニ、それからエットーレ・ゼッペーニョ、いずれもこの大手レコード会社で働いていた人たちです。年を経て何人かの映画監督と親友になりました。でも友情と言っても仕事だけに集中したもので家族ぐるみというものではありません。ジュリアーノ・モンタルドとジッロ・ポンテコルヴォは例外で、その時期に最重要と言える二人でした。ダミアーノ・ダミアーニは彼らとは違って真の友人とは言えませんでしたね。ロベルト・ファエンツァとは仲が良く、彼の二作目の映画が酷評された時は私が弁護したくらいです。後に絶交してしまいます。音楽的な問題に彼が口を挟んできたら、もはやついていけなくなったのです。何も言わなければよかったのにね。熟年を迎えた君は間違いなく私が理解し合える映画監督ですよ。信頼と敬意は少しずつ育っていくものです。私たちの家族が知り合いになっていくというのも私にとってより良い関係で、これによって仕事も向上していきます。信頼を感じることが必要なんですよ、ペップッチョ。私も間違えることがあるのはわかっています。でも監督が信頼してくれることで、少し難しい解決法を採る勇気が出てくる時があります。『鑑定士と顔のない依頼人』がそうでしたね。ここはこうすべきではありませんとか、ここはこうではなかったなどと、君が友情という形で私の仕事の結果を寛大に見てくれることなど期待していません。むしろ「エンニオ、この曲では僕は駄目だ」と、はっきり言ってもらうことを望みます。それでも成功するんです。例えば『シチリア！シチリア！』の時のようにね。口にしてくれた事、それに友情そのものが相俟ってこそ、最上の言葉になるんです。そう、友情が創造の成果を高めてくれるものだと思います。

――私を面映ゆい気持ちにさせたいのでしたら成功していますよ。他の友情の話に戻りましょう。音楽界の深いところ、作曲家同士の間ではどうですか？

何人か友人はいましたが、多くなることはなかったです。ペトラッシのクラス出身の作曲家らは、映画音楽の仕事をする私を好意的には見てくれませんでした。ですのでその仕事では少し肩身が狭かったです。私にとっては悲しくもあり、かなり悩みました。アルド・クレメンティその他とは顔を合わせはしますが、真の友人とは言えず、心を許しているわけでもありません。むしろオーケストラの楽員が友人と言えます。常にその存在感と親近感を覚えるのです。作品で発揮している才能に友情を感じている自分に気づきます。トランペットが見事な演奏をすると、その奏者に夢中になってしまいます。首席ヴァイオリン奏者のフランコ・タンポーニがそうですね。私の友人です。とても温厚でしかも名演奏をしてくれるからです。つまり尊敬と友情を捧げるに値するんです。偉大な奏者だったディノ・アッショーラも同様です。同じく非凡な首席ヴィオラ奏者のファウスト・アンツェルモを私はあらゆる映画で起用していまして、時々彼にオーケストラのリハーサルを任せるほどの友人となったのです。沢山の仕事をすることも私の責められるところではありますが、友情を重要視することはその限りではありません。

──さて仕事で組み、良い関係もあれば、苦労を重ねて関係を築けた監督らの名も挙げていただきたいです。パオロとヴィットリオのタヴィアーニ兄弟。

彼らが幅広い観客を得ようとして、ようやく実現できた最初の映画『アロンサンファン／気高い兄弟』で依頼を受けます。引き受けましたが、パオロが自分が耳にしたことのある曲に似せたものにしてほしいと言ってきたんです。他にも色々と……。私は即座に言いました。「わかった、勝手にしてくれ、私は降りる」。彼らは私を引き留めようと喰い下がります。私もすべて自由にやらせてもらえるよう主張しました。結局、私が折れます。勿論、私の音楽になるという保証をしてもらったうえでのことです。ラウラ・ベッティが歌う曲がありました。「残してもらえないか？」と彼らが頼んできました。残してあげましたが、次の映画『父／パードレ・パドローネ』に私は起用されなかったんです。私の友人エジスト・マッキが担当しました。映画が完成する頃、彼が私に何て言ったか知ってる？「もうあいつらとは仕事しないぞ！」。明らかにあの兄弟はエジストに何か押し付けようとしたのです。それが彼らの手法で、作曲家に自分らで選択したものを指示するのです。意見の合わないものでも。こうした仕事のやり方に抵抗を覚えました。静かなる、丁重な抵抗ではありますが、私は好みません。それで……

——何に対する抵抗ですか？

他人の音楽、他で試された音楽の採用、または既存の音楽の模倣を頼まれることです。これは私にとって迷惑千万なんですよ。他人の思考、特に他の作曲家の思考で考えたくはありません。拒否した後、別な映画『Il prato』でまた依頼してきました。私は言ったんです。「私の言った通りに自由にやらせてくれるのなら引き受ける」。彼らは同意し、私は取り掛かります。パオロが何やら直接言いたくなってきます。それは監督としてではなく、おそらく彼自身が音楽家であったことから少し感じたことによるものでした。レコーディング中にそれは起こりました——私としても前代未聞の経験でした——主題曲についてで、全音階的手法による曲なのですが、様々な終止に半音階が用いられているんです。パオロが言います。「この半音階、取り除いたらどうかな？」。私は動揺しながらも答えます。「取り除くなんて、それこそ意味のないことだ！　曲を特徴づけるものなんだ。わからないなら黙っていてくれ！」。そうして自分の望むようにレコーディングしました。今でも気に入っていまして、映画音楽のレコードとして特別賞を受賞しています。それからはもう本当に彼らとは仕事をしたくなかったのです。幸いにして彼らも二度と私に依頼することはありませんでした。彼らと会う時はいつも敬意を表していますし、冗談めかしながら仕事での対立を思い出し合ったりしています。彼らがレジーナチェリ刑務所で撮った『塀の中のジュリアス・シーザー』は素晴らしい映画だと言えます。おそらく彼らの最高傑作でしょう。

——『アロンサンファン／気高い兄弟』のタランテラはどのようにして生まれたのですか？

ラスト・シーンですね。実際、ちょっと奇妙な手法で生まれたんです。映画の撮影中に音楽を再生するよう頼まれたんです。再生する音楽にまず手を着けたのですが、まだ意味がわかっておらず音楽を作曲できませんでした。そこでダンサーにテンポを与えるメトロノームのような、ティンパニと大太鼓によるリズムを考え出します。ブルーノ・チリノら役者たちのグループを誘い出します。彼らが踊り始めてくれて、すべて上手くいきました。映画の撮影が終わってから、そのリズムにオーケストラを重ね、全体の音楽を作曲したんです。

――リナ・ウェルトミュラーとはいかがでしたか？

処女作となる映画『Ibasilischi』について彼女から話を聞いていました。以前、彼女はジョヴァンニーニの舞台の仕事をしていまして、既に知り合いだったのです。映画は風変わりで面白く、気に入りました。音楽を依頼されて喜んで引き受けます。ところが彼女は変わっていて、過剰とも言えるほど、やたらと腹を立てていました。いとも簡単に侮辱の言葉を投げつけます。幸い、私は投げつけられませんでしたけどね。彼女とも仕事は順調でした。ただ彼女は助言を与えるという癖がありました。彼女は、ガリネイとジョヴァンニーニの舞台を担当していた作曲家にもおそらくそうしていたんでしょう。音楽についての忠告は到底我慢できるものではなく、それればかりか使い古された、ありきたりなものまでありました。「ここ、メロディーを2度下げてちょうだい！」。何でしょう？　2度下げる？「ここは逆に2度上げるのよ！」。彼女に言いました。「駄目だ、リナ、できんよ、そんなこと馬鹿げている」。映画が完成する頃、私は彼女にもう一緒に仕事はしないと言ったんです。友情と好意は変わりませんでした。会えばふざけあったものです。彼女がこう言います。「今度はいつ私と仕事してくれるの？」。私はうんざりして答えます。「もうしないよ！」

――でもその後、また仕事をすることになりましたね。

『Ninfa plebea』でね。かなりの年月が経ちましたね。私は言ったんです。「リナ、僕が思った通りにやるよ、邪魔するなよ、でなければ降りるからね」「わかったわ」と彼女。「好きなようにやって！」。全体的に平穏に進みました。結果として彼女もとても満足していると言ってくれました。でもいいですか、彼女は誰も侮辱しませんでしたよ。マイクロフォンにもスタジオにも、何に対しても。

――アルベルト・ベヴィラックァとの関係も重要なものでしたね。

『ラ・カリファ〈M〉』は美しい映画で小説も素晴らしく、おそらく彼の著作の中で最高作でしょう。思い出すのはプロデューサーであるマリオ・チェッキ・ゴーリとの口論です。ラスト・シーンを違ったものにしたいプロデューサーに対し、ベヴィラックァは原作通りに映画を締め括りたがったのです。口論は実に深刻なもので、私の前でもやらかしたんです。私は落ち着かせようとして仲裁に入りまして、ようやく収まりました。ところが2本目の映画、これも製作がチェッキ・ゴーリでまた喧嘩になります。アルベルトは気難しく、荒っぽいタイプで誰とでも喧嘩になってしまいます。あらゆる人たち、特にプロデューサーと争ってしまうように思える時があります。でも私には誠実な態度を崩しませんでした。ある日、彼が打ち明けてくれたんですが、レコード・プレーヤーに私の音楽がかかっていないと執筆できないと言うんです。びっくりしますよね？　勿論、誇らしい気分になりましたよ。

——確か、フランキとイングラシアものも何本か作曲していますよね。

映画2本です。[*3] ちょっと楽しくて愉快な音楽が要るとのことでした。作曲する気になれなかったというわけではありません。ただ、こうした映画ばかりになってしまうのは避けるつもりでした。短い作品で音楽が加わる余地も少ないです。見た目、台詞、しかめ面、そして観客が笑えばそれで充分なのです。自慢できる音楽ではありません。この時期はほとんどすべて引き受けていたからやったまでです。どうしても受け入れられないものだけ断っていました。どちらの映画も監督はルチオ・フルチでした。彼は若い頃、トランペットを吹いていたんです。共通の縁ということもあって親友になりました。

——ヴィットリオ・デ・セータという監督を回想するのも興味深いところです。一本だけの映画で組まれたと思います。それでも多大な貢献ではありますね。

『Un uomo a metà』は辛酸の結晶としての映画だと言えます。映画を撮影する時も、音楽を入れる時も、そしてヴェネツィア映画祭に出品された時も、いずれも監督にとって苦しみだったのです。デ・セータにとって苦痛そのもので、と言うのもその頃の彼はかなり神経を病んでいました。彼の奥さんは穏やかで優しい方でしたが、常に彼に寄り添って落ち着かせようとしていたのを憶えています。この映画に音楽を作曲し、とても満足のいく出来となりました。その他多くの作品と違って商業的な映画ではありませんでも本当に手掛けたことを誇りに思っていますし、満足しているんです。ヴェネツィア映画祭では同じ年に『アルジェの戦い』が出品されていました。つまり私はヴィットリオの映画と同時進行的にジッロとも仕事をしていたということです。このため、映写室での作業に入るとデ・セータは神経質になっていました、私がジッロの映画も手掛けていることを知ったからです。これが彼には不満であり情緒不安定をもたらします。私が同時期に2本の映画を担当するということに納得がいかなかったのです。実際、何の問題もリスクも無かったんですけどね。私としては充分にできましたし、慣れてもいました。2つのスコアを同時に、しかも同じように入念に書き上げることができたんです。私は両手で作曲はしていません。これ、トロヴァヨーリが私に冗談めかして言う言葉なんですよ。私も喜んでしまいますが。私があまりにも多く仕事をするものだから、からかっているんです。「君は右手である映画に作曲し、左手で別な映画に書いているのかな」。いつでも右手で作曲しているよ、と返します。こうしたユーモアのある、ちょっとした言葉、ジョークをいつも言われます。ですが私にあまりに多くの映画のオファーが来ることを不満に思う人たちもいたんです。こうした理由から私を疎外させたいと思ったのかもしれません。

――『Un uomo a metà』のスコアに戻りましょう。とても緻密で……

失敗作とはっきり決めつける観客がいるのは残念なことです。一本の映画には多くの人たちが全身全霊を込めているからです。評論家が何を書いたか、完全には憶えていないのですが、音楽については良い事を言われていたと思います。でも何にもなりません、ペップッチョ、音楽は映画を救えないので。

――お師匠さんのペトラッシは気に入ったようですね。セルジオ・ミチェリがそう書いています。

ミチェリがそう書いているというのは記憶にないです。調性によるテーマではありませんし、調性音楽だったらペトラッシは好まなかったでしょう。彼がこの音楽を評価してくれたのは間違いないです。

――ご説明願いたい事があります。商業的な映画を担当する場合はわかりやすい音楽とし、反対に非商業的な映画にはより複雑な音楽を作曲する。こういう事ですか？ これで正しいと言えますか？

作曲したものから見て、それで正しいです。『Un uomo a metà』には、あれ以外の音楽は考えられなかったのです。映画の主人公は当時の監督同様、精神的に不安定です。その証拠にデ・セータは映画の完成に際し、こうした解釈を認めるような一文を書いているんです。この作品は自分自身を映した鏡であり、ある種の自伝を試みたものを思わせる、と。病んだ男の神経、それもかなり危険な状態を描いた映画の中に、可能な限り伝えられる範囲で挿入された音楽なのです。そんな精神的苦しみを描いた様相を作者、そして観客に伝えなければならなかったので、敢えて複雑な音楽が必要だったのです。ふさわしい音楽だったと感じています。

――あの映画の音楽には、何かその後の運命というものを感じさせます。

君の指摘はなかなか良いところを突いていますよ。『Un uomo a metà』の音楽はイタリアのバレエ団による長期の巡業で使用されます。そのタイトルは「Requiem per un destino（ある運命の為のレクイエム）」です。要するに監督の運命を語ったもので、その場合、主人公が存在しません。

――無言、または雄弁を見越して、貴方は常に監督と直接、つながりを取っているのですか？

いつもそうです。そうした関係こそ私が認めているものです。プロデューサーから電話で何度も提案を聞かされますが、私にとって重要ではないんです。作り手は監督、その人なのです。

ですのでそれ以外、念頭にいれるものはないです。プロデューサーという立場を担っていたセルジオ・レオーネのような明らかな例外もありますが、よくおわかりのように完全に特殊なケースなのです。ある日、テレンス・ヤング監督の『残虐の掟』の音楽を依頼されました。でも実際、彼とは会っていないんです。映画の出演者はアンソニー・クイン、リタ・ヘイワース、ロザンナ・スキャッフィーノでした。私が接したのはイタリア人の編集者だけで、ヤングは姿を現さなかったのです。困難で不安定な状況にも関わらず、音楽の出来はかなり良かったです。仕事を進める中で異常な事が起こりました。ストライキでオーケストラが揃わないのです。2ヶ月ほど演奏者のいないままになるという、考えられない事態となりました。私はプロダクションに問い合わせます。「私はどうすればいいんです、どう進めるのですか？」。ナポリからオーケストラが来るので心配ない、との返事でした。そう言われてもサン・カルロ歌劇場管弦楽団が来るわけありません。当てにならなかったので私は弦楽を実に簡素なものにしました。それでも完璧な書法になったとは言えません。そこでアレッサンドローニのコーラスの他、3人の名手に加わってもらうことですべてを補ったのです。ピアノのアルナルド・グラツィオージ、ヴィオラのディノ・アッショーラ、そしてサンタ・チェチリア管弦楽団の首席ヴァイオリン奏者です。不条理な状況にも関わらず、満足のいく成果が得られました。

――多くの映画監督と仕事をし、さらに複数回組まれた監督も沢山います。ペトリ、モンタルド、パゾリーニ、ボロニーニ、レオーネ、私、ダリオ・アルジェント。彼ら各人のスタイルに対して音楽面で一貫性を保つという問題は意識されていますか?

それはもう間違いないです! 監督が私の音楽で正当に独自の力を注がれることをいつも望んでいます。それを達成するのは難しくありません、何にせよ背後には私もいますから。でも問題は感じています。もし監督がそれまでとは全く違う映画を撮ると、そうした一貫性を保つのは難しくなってきます。例えばエリオ・ペトリにおいては彼自身の創作者としての類似性が強烈なものです。かつてウーゴ・ピッロが言いました。「君は同じ音楽を書いているね。前の映画と同じで」。全然同じではありません。でも強力な一致が感じられ、次の作品にも同等に思えてくるのは認めます。おそらく『Todo modo』は少し異なるでしょう。でも、あの作品からも聞こえてくるものがあると言えます。実際に映画で物語っているものに基づいて変動するという自由も与えてもらいながら、監督それぞれに統一した路線を設けることを選びました。

――それでモンタルド用モリコーネ、レオーネ用モリコーネ、そしてボロニーニ用、ダリオ・アルジェント用、と開発されていって……

その通りです。こうした法則から脱した監督が君なんです。何故なら異なる映画を撮っているからです。『記憶の扉』はそれまでの諸作と類似するところがありません。『ニュー・シネマ・パラダイス』との一致は見られませんし、『みんな元気』とも全然違います。君が多様な映画を撮ったことで私も常に多様性をしっかり持つようになりました。『海の上のピアニスト』では第一作のスタイルを引用しているところを見つけられましたよ。あれ、第二作か、第三作だったかな？　わからなくなってきました。だからジュゼッペ・トルナトーレは私が一貫性を保てない映画監督なのです。

――これら各監督へ、彼らの映画に忠実で他との違いがわかるような、音楽による展望を対等に与えていく、そう理解してよろしいでしょうか？

それでも作曲家は監督自身の一貫性を尊重しなければなりません、従って音楽――映画作品を支える要素です――も、そうした一貫性を保ち、目立たせなければいけません。『ワンス・アポン・ア・タイム・イン・アメリカ』を手掛けた時は、レオーネに私がそれまで担ってきた一貫性を保つことができませんでした。あの映画は全く異なるものだったのです。多様性も尊重されなければなりません、一貫性と同様に。

＊1　ピアノではなくチェンバロ、それにコントラバスを忘れている。
＊2　アラン・ハワース（Alan Howarth）。
＊3　L・フルチが監督したのは『I maniaci』と『I due evasi di Sing Sing』の2本だが、後者のみフランキとイングラシア。

# 8章　失われたオレンジ――影の暗躍者／レオーネの陰謀

――ハリウッド映画との関わりですが、アメリカの監督とも多くの映画を……

30本くらいだと思います。

――様々な理由で断られた映画はそれ以上の数に上ると思います。

何を、どのように依頼されるかに依るんです。自分の模倣をするよう頼まれたり、監督が私の音楽を既存のもののようにしたがったりする場合は、まず断ります。とは言え、私が引き受けて何か違ったようなものを作ると、監督に気に入ってもらえず、拒まれたりします。監督をがっかりさせたくはありませんし、仕事に関して制限されたり、侮辱的な扱いを受けたくはありません。

――アメリカの監督で良い関係を築けたのは？

ブライアン・デ・パルマですね。何も変わった事は頼んできませんでした。私が作曲したテーマ曲を聴きたいということだけでした。彼とは3本の映画で仕事をしています。『アンタッチャブル』『カジュアリティーズ』『ミッション・トゥ・マーズ』。ブライアンは私に全幅の信頼を置いてくれました。最初の作品のオファーを引き受けた私は、ニューヨークに10日ほど泊まりまして、いろいろなテーマ曲を作曲します。すべてその映画の為のものです。彼に聴かせたところ、どの曲にも夢中になってくれました。別れの挨拶に行った最後の日になって彼が言い出します。「だけどエンディングに警察の勝利を謳う曲が欲しいんだ」。さあ困った、どうする?と口に出てしまいました。私は頭を抱えます。勇壮な曲が要るとは。彼に言いました。「わかった。ローマで作曲して、それから全部君に送るから」。そういうことでその場は収まります。私は3曲作りまして、2人のピアニストを呼び4手用のピアノ曲として録音しました。私が演奏したら酷い代物になりますからね。私は手紙を一通添えて録音を送りました。その3曲はどうにもいただけないという返事が来ました。ヒロイックな感じのする曲を求めてきたんです。オーケストラを分厚くすることになるので私は好みません。それとなく感じさせるようなものを常に好むのです。もう3曲書き上げることになります。そして彼に送りました。この時も手紙を一通添えてね。再び返事が来まして、どれも納得いかないというのです。それからまた3曲書きました。これも駄目です。気に入らないと知らせてきました。この3回目となる3曲を仕上げたところで私は1から9まで番号を付けました。私、何をしたと思います？　6曲目を選んでオーケストレーションしたものを送ったんです。彼は大満足です。私の妻が最近TVでこの映画を観て、立派な曲だと言いましてね。私は気に入っていないのですが。通常、こうしたやたら鳴らしまくる、警察の力を誇示した大時代的なパワーというのは私の好むものではないのですが、映画を観た後ではデ・パルマが正しいと言わざるを得なくなりました。

――それと、とても長い曲があって……

駅で繰り広げられる激戦の間、人が走り、追われ、隠れ、逃げます。8、9分の音楽が必要となりました。私は作曲しましたが途中で単調であることに気づき、そこにワルツみたいなものを加えてみたんです。まるで関係のないリズムを場面に与えるという選択でしたが、駅の高所にいる主人公の激しい胸の高鳴りに合っているように思えました。特にスローモーションの場面と考えられる、赤ん坊を乗せた乳母車が階段を下っていくところは、緊張感みなぎる音楽による進行を変えさせてくれるものとなりました。このためワルツを採り入れたんです。レコーディングの際に聞かれました。「関係あるの？」。説明を試みましたが納得してもらえませんでした。それでも受け入れてくれたんです。数ヶ月後、ある新聞のインタビュー記事がありまして、そこで彼は私の選択が正当であったこと、自分が当初は批判的であったことなどを主張していました。プロとしてのその誠実さには驚きました。あの曲は効果的で、高所で聴かれるワルツは逃亡する者を見る観客の想像を混乱させます。そしてゆったりとしたリズムで降りていく赤ん坊を乗せた乳母車……。ドラマティックですが他愛なくもあります。私が試みた結果です。

――奥様の言う通りです。あの6曲目は素晴らしく、私も大好きです。

おそらくデ・パルマにとって挑戦でもあったのでしょう。でも彼は気のいい人でしたよ。いつも腹を立てていたり内向的といった印象がありましたが、実際に知り合うとそうじゃないことがわかります。

――『アンタッチャブル』は大ヒットし、音楽も成功しています。オスカーにノミネートされました。その次に手掛けられたのが『カジュアリティーズ』で、これはかなり特殊なスコアですね。

そうです、特殊なものです。映画はヴェトナム領土に派遣されたアメリカ軍を描いています。彼らは朝鮮人の少女を略奪し、輪姦みたいなことをします。[*1] 兵士のひとりがその虐待行為を由としません。やがてアメリカ軍は少女を殺したくなりますが、当然ながらその兵士は抵抗します。少女は切り抜けようとするもアメリカ軍は彼女に発砲してしまいます。堕ちる場面はスローモーションで、私には鳥が激しく地面に落ちる音を思わせました。それでフルートの独奏者を起用しますが普通の音は出させません。徐々に弱めながら素早く楽器に一息吹きかける奏法を繰り返し、同時に指でフルートのキーを叩くのです。あの悲劇的な死に対する私の表現がどれだけ理解されたかはわかりません。ですがその後、映画を象徴するものになったと気づきました。

――鳥という発想から始まったのですね。

デ・パルマはそのシーンを素早く撮影しました。最終的な結果はスローモーションとなっています。このため私には飛翔というアイデアが浮かんできました。まさに少女が飛んだように感じたのです。フルートを、キーを叩きながら息を吹きかけるという形で用いました。鳥が羽ばたき、そして地面で死を迎えるという感じを出すためです。これは映画の象徴となり、他の場面でも使用しています。知っての通り、スコアに非音楽的な手法を採り入れるのは私にとって至極真っ当なことなのです。

――デ・パルマとの仕事も3作目となり……

『ミッション・トゥ・マーズ』です。実を言いますと、それまで少なくとも3本は依頼されていたのですが、断っていました。できなかったんです。これはSF映画で、よく出来た美しい作品です。いつもの通り、何も要求はされませんでした。映像を観たままの、自由な反応に任せるということです。どう作曲すべきなのかまるでわからず、あらゆる場面に適用し得る音楽を多く書きました。例えば囁くようなコーラスの曲、ミキシングによってオーケストラが添えられる形となって観客に送られます。こうして少し夢想的な楽曲となっています。すべてがそうであるかどうかは何とも言えません。宇宙船が宇宙の中で停止するシーンでは10分ほどの曲が求められました。私は不安でした。とてもシンプルな一音で書き始めまして、パーカッション、その他を加えていき、そして徐々に明瞭で激しいものとなります。謎めいた始まり方をする曲が、何かを巻き込んでいくように、さらなる高みへと達していくのです。エンディングも印象に残っています。この時はデ・パルマから要求がありました。『ミッション』のエンド・タイトルと似たものにしてほしいというのです。私が同じものは作らないのは周知の通りですが、でも少し模倣しました。その曲を聴く人は『ミッション』があるとは気づかないでしょう。全然違う映画です。でも宇宙船の凱旋を祝うかのように熱狂的で自由に歌い上げるコーラスも加わっています。

——ある楽曲が記憶に残るものとなると、問題も生じてきますね。

**記憶に残る……君の言ったことで愉快なエピソードを思い出しましたよ。映画では実に風変**

わりな事があるものですが、これは本当に変わったものです。アルベルト・デ・マルティーノ監督の『ドクター・コネリー／キッドブラザー作戦』を担当することになりました。プロデューサーはこの業界では経験が浅かったのですが、この映画に潤沢な資金を投入していました。私との契約に、音楽は国際的で記憶に残り、大ヒット確実なものであること、などという条項が設けられていたんですよ。私は言いました。「この映画は引き受けられません。契約を果たせないからですよ。国際的だか何だかの音楽なんてどう書けばいいんです？　そんな能力ありませんよ」。そんな馬鹿げた条項は削除することに納得してもらえました。それから映画に取り組んだんです。時を経てエイドリアン・ライン監督の『ロリータ』の依頼を受けます。監督に作曲したテーマ曲を聴かせました。そして彼は言います。「とても美しい、だけど記憶に残るようなもの作れないかな？」。記憶に残るようなものとはどういうことでしょう？　時代の風雪に耐えなければならないものと想像します。つまり私が今、あるテーマ曲を作曲します。それを聴いた人が5年経っても憶えていると言えるものなのです。それなのにどうして今の段階で記憶に残るかどうか判断できるというのでしょうか？　勿論、別なものを作れという言い方であったことはわかっています。音楽があまり彼の気に召さなかったからですね。それから最後になってほとんど即興的に作曲した曲もあります。私に見せようとしなかった、少し荒っぽい場面の為のものです。彼はとても気に入ってくれました。彼にしてみれば記憶に残るものだったのです。

――おそらくデ・マルティーノ監督のプロデューサーは単純に、エイドリアン・ラインは純粋に頼んだのでしょう。どちらも貴方を迎え入れられたことで期待も大きかったのです。

曲が記憶に残るようになるなんて作曲家には全く想像もつかないことです。愚かでおこがましい考えというものですよ。感じたものを、深く感じ入ったものを曲として書き、正しい響きで練り上げて仕上げるだけです。大衆に理解され、それでいて安易に堕することのない曲、そこまでした時のみにその曲が将来、記憶に残る可能性が多少は出てきます。それから映画がヒットするかにも依りますね。でも机に向かって「今から、不滅の作品を作るぞ」などと言うのはありえません。確実に観客の記憶に残させる音楽を作り上げるなんてできません。

――音楽を担当したかったのに果たせなかった映画など、大きな悔いが残られることは?

自分が関わった中で激しく悔やまれる作品がひとつだけあります。『時計じかけのオレンジ』です。スタンリー・キューブリックとはすべて意見がまとまっていたんですよ。ミレーナ・カノネロから電話がきまして――彼女はキューブリックの通訳をしてくれました――『殺人捜査』を思わせるような曲が欲しいというのです。そっくりな曲を望むほど気に入っていたというわけです。通常、こうした仕事は断りますよね。でもこの時は引き受けました。単なる映画監督ではなく、巨匠から声がかかったのですから。私は言いました。「了解です、あの曲を思わせるようなものにしてみましょう」。ローマで録音をしたい私に対し彼も異を唱えませんでした。ただ飛行機には乗らないのでイタリアには来れないとだけ言ってきました。ギャラを含め話はまとまり、万全の準備が整ったのです。その後、キューブリックはセルジオ・レオーネと話をします。『ウエスタン』でカルディナーレが駅に到着するシーン、どのようにして音楽とシンクロさせたのか尋ねたんです。セルジオは私たちの行った方式を説明しました。そこでキューブリックは『時計じかけのオレンジ』に私を起用したい旨を伝え、レオーネにちょっとした了解をもらおうとしたのです。その頃、私は彼と『夕陽のギャングたち』で仕事をしていました。セルジオはこう答えたんです。それは無理だ、エンニオとは仕事で掛かりっきりになっている、と。これは事実ではありません。私はもう映画のミキシングに入っていて音楽は片付いていたんです。これでキューブリックがすべて白紙に戻してしまうことになりました。何の連絡もなく私は外されました。別なアメリカ人の作曲家が起用されることになったんです。

――どうしてレオーネはそんな事を言ったのですか？

君がおかしく思うのも道理ですが、彼を問い詰めるようなことはしませんでした。でも本当に残念です。担当できなかったことで無念さの残る唯一の映画です。

――他人の音楽の付いた映画を観て、「こんな音楽を自分も作ってみたい」などと思ったりしますか？

映画では素晴らしい音楽を聴けますが、あまり良くないものも沢山耳に入ってきます。時々、自分だったら全然違うやり方をするだろうなと独り言で言ってしまいます。間違った音楽は映画にも不快な印象を持ってしまいます。でも立派な音楽の付けられた、見事な映画も数多く観てきました。それで、もし当惑を少しでも感じるとしたら、それは作曲者への嫉妬ではなく影響されてしまうことへの不安です。常に自律性を求めている私としては、影響を受けてしまうのは由としません。無意識のうちに被って感化されないことを本当に気にしていたんです。ですので、たとえその映画の音楽を作曲した人のようになりたいと思わなくても、音楽を聴いて何らかの共感を覚えた発想に隷属してしまうのが怖かったんです。私にとってどの影響にも指針となるものが含まれていますが、落とし穴にもなるんです。なりかねませんよね？

――とても興味をそそられる見解です。貴方にすれば、他人の音楽を聴いて出来が悪かったり、または多少なりとも好まぬものであると、作曲家は冒険をしなくなるということですね。

矛盾していることはわかります。でも、ある面ではそういうことです。感化される過程というのは不可解なものです。自分は影響を受けていないと信じていますが、今日自分がカンツォーネのアレンジ、舞台、前衛音楽で培った経験により映画音楽史にはめ込まれる小さなピースであると考えるなら、まさに小さな寄木細工、断片であるに違いありません……。自分自身を音楽的に識別することなどできませんし、名作の映画から、影響を受けているかどうかもわかりません。もしかしたら記憶に残っていないのかもしれませんが。そうなっていないことを願うばかりです。

——新世代を含め多くの作曲家が貴方の音楽を愛し、インスピレーションを得る時があると言っていますが、それを聞いてどうお感じになりますか？　この場合、他人の創造性に貴方が及ぼした影響についてはどうお考えになりますか？

私の作品は実際には重視されていないのがほとんどです。作品の中にある価値に気づいてくれる人はごくわずかです。私が大いに心を痛めるのは、あまりにも安直な曲が褒めそやされることです。明らかに大衆に支持されていますが、私自身は大した作品とは思っていません。従って音楽の聴き方が違っているなど、音楽的素養の欠如は嘆かわしいと言わざるを得ないです。立派な作品が扱われず、取るに足らない曲が万人に賛美されるなどということがどれほどあったでしょうか！　今、打ち明けた事が私を悩ませているものです。こんな回答は望んでいなかったかな？

――望んではいませんでしたが重要だと思います。とても複雑ながら価値のある貴方の音楽が、気づいてもらえないままであるとお考えになるわけですね。

そうなんです。いくつかの作品はまるで重視されていません。『ある夕食のテーブル〈M〉』という綺麗な映画に作曲した曲なんですが、愛を描いたもので二人の男性が同じひとりの女性と愛し合う場面の曲です。彼女の美を褒めたたえ、芸術作品のように理想的に扱います。いいですか、それほど重要な曲なのに……誰も気に留めてくれません。誰もね。昨年、私の活動に対して賞を与えるセレモニーに招かれまして、どの映画の曲を披露したいか尋ねられたんです。いろいろある中で、この曲の流れるシークエンスを勧めました。他の曲はすべて流れましたが、この曲は外されてしまったんです。ヌードの場面があるからというのがその理由です。その代わりとなるのはどれも大したテーマ曲ではなく……「マエストロ、テーマ曲を聴かせてください。綺麗なもの！　美しいものを！」。うんざりしますし、傷つくことすらよくあります。

――愚かな質問は私もされると苛立ちを覚えます。もし、ご自分の最高傑作を選ばなければならないとしたら、どれを挙げますか？

ひとつかふたつのタイトルで話題を切り上げるのは難しいですね。でも『ミッション』が挙げられるのは確かでしょう。音楽に著しく重要性のある映画ですが、その中で意味されるものについては大衆は充分に把握していないでしょう。説明すべきですが、音楽がどのようにして生まれ出てきたかを説明するのは不合理というものです。

――でも『ミッション』のスコアが生まれた経緯はどのようなものなのか、お話しできるのでは……

フェルナンド・ギアが自らの企画を実現してくれるプロダクションを10年ほどかけて探していたんです。イタリアのあちこちで話を持ち掛けるも徒労に終わり、ロンドンに行ってようやく『ミッション』の映画化を望むイギリス人、デヴィッド・パットナムと出会います。ギアは私に声をかけまして、そしてロンドンへやって来た私に映像とモンタージュを見せました。私が興味を示すかどうか知ろうとしていたんですね。監督のローランド・ジョフェも同席していました。音楽なしの映像を観たのですが、その内容に打ちひしがれて気持ちが変わったと言えるでしょう。インディオとイエズス会士らの虐殺には憤りと胸の痛みを覚えました。担当しないことを決めた私はギアに、この映画は音楽なしでもとても美しい、私がやると台無しにしかねない、と言ったんです。でも小一時間かけてギアは私を説得し、私も引き受けることになりました。

――このサウンドトラックの構想はどのようにして立てたのですか？

3つのテーマを書き上げました。でも作曲する時は自分でもほとんど抑えが利かないような、不思議な現象を体験したんです。ええ、まさに自分を抑えきれないまま作曲したんです。その成果はある種、説明し難い奇跡、偶発的とも言えるものです。最初にオーボエによるテーマ曲を作曲しました。主人公であるガブリエル神父が奏でる楽器です。それから時代に即した合唱曲を書く必要がありました。映画の時代設定は1750年で、既にトレント公会議により典礼音楽の作曲に関しては新たに教条主義的な設定が設けられていました。ですので、そうした規定を考慮したモテットを映画に採り入れます。さらに民族的雰囲気を醸し出す音楽が不可欠で、これについてはまるで詳しくなかったのですが、リズミカルなテーマ曲で切り抜けました。望んだわけでもないのに頭に浮かんできたのはモテットと結びついたオーボエの曲で、モテットの方もインディオの、民族性のあるリズミカルな曲と共存します。さらにリズミカルな曲はオーボエの曲と連なるのです。こうして3つのテーマ曲すべてが一体化します。映画ではいずれも聴かれますが、3曲が一緒になるのはラストの一回のみとなります。他は1曲目が2曲目と重なり、1曲目が3曲目と、そして2曲目が3曲目と共になっているんです。何かが私に、この音楽とその論理性を教示してくれたみたいです。まさにこのようにして作曲を進めました。映画が完成すると音楽はとても喜ばしいものとなります。時が流れて私はジェズ広場へ新聞を買いに行ったのですが、ある司祭に呼び止められます。1814年のイエズス会復興、その200年祭の為のミサを依頼されました。「いいですか、神父」。私は答えます。「できるかどうかわかりませんし、お約束できませんね、ここ10年ほど妻からもミサの作曲を頼まれているのですが実現できていません。それではまず原詩をいただけませんか、出来上がったら電話しますよ」。完成したので電話をかけました。イエズス会の壊滅を描いている映画の後に200年を経た、その復興の為のものを手掛けるなんて信じられない気分でしたね。私の人生、その運命の中でもものすごい偶然のような気がします。

――オーボエのテーマ曲は映画の撮影方式に左右されたりしましたか？

少しね。ジェレミー・アイアンズがガブリエル神父に扮し、ジョフェは楽器を手にした彼に何気なく指を動かすように言ったんです。それで私は彼の指先の動きを考慮に入れました。それから、いわゆる当時の装飾音、つまりヨーロッパにおける器楽の発展を考えたテーマ曲を作らなければなりませんでした。装飾音がありまして、ターン、複モルデント、二重ターン、短前打音、前打音、いずれも当時、メロディーを豊かにするために用いられた要素です。

――どれも演奏者にとっては問題となったのでは？

かなりありました。装飾音は偶然に生じるものではなく、オーボエ奏者はガブリエル神父の手の動きを追わなければなりませんでした。従って奏者はテーマ曲を暗譜しなければならなくなったのです。幸いにして、そのロンドン出身のオーボエ奏者は大した腕前でした。映像を観て演奏します、そして主人公が森の中で奏でるところは役者の指の動きに左右されてしまいます。でも暗譜しているので指の動きに応じるのは彼にとって容易ではありました。でもオーボエ奏者が従わなければならなかったのはその1回だけです。その後、オーボエは画面に現れません、インディオに粉々にされたからです。その時点で演奏は私が書いた通りの自由なものとなります。ところがオーボエが映っている時は休止や音の流れが少し長くなったり短くなったりします。

——貴方は、音楽なしの『ミッション』を観て、担当しないことを決めるも説得されます。その時から貴方ひとりで進めていったのですか、それとも監督やプロデューサーが寄り添ってくれたのでしょうか?

ひとりでやりました。力になってくれたのはフェルナンド・ギアだけです。私にとって実質上の監督は彼であって、ジョフェはロンドンに残り、私はローマで作曲していたんです。数年後、プロデューサーが音楽担当を希望していたのは実はエルマー・バーンスタインであったことを知りました。*2 最初から私に声がかかったわけではないことを知って残念な気がしたものです。彼らはバーンスタインを求めるも、会えなかったとか。ギアはパットナムにこう言ったそうです。「バーンスタインはあきらめて、モリコーネに頼もう」。パットナムは納得できなかったのですが、それでもバーンスタインに会えなかったこともあって……。音楽を聴かせるとジョフェはとても喜んでくれました。インディオやイエズス会士らが虐殺されるシーンには3つの音楽をすべて一緒に流すようなことはしないよう何度もお願いしたのですが、彼はラストで一様に混ぜ合わせたものを使いたがりました。私には混乱しているように思えます。

――でも効果的でしたよ。

ラストにはふさわしくないといまだに思っています。その後の、エンド・タイトルの最後の部分、そこにこそ3つのテーマが同時に流れて見事に合うんです。その前では無意味で、ポルトガル軍やスペイン軍が発砲する音だけで充分だったのです。いただけませんね。大きな誤解です。わかっていないんです。

――いずれにせよ『ミッション』は貴方の音楽で最も愛され、人気のあるものとなります。

確かにそうですね。お話しした通り、奇妙な偶発性で形作られています。あるテーマの中に別なテーマが、ほとんど無意識のうちに生じてきたのです。最小限の労力で済みましたね。これほど複雑な大作なのにまるで苦労しませんでした。

――この曲には「束の間に燃えつきて」のテーマと、とても似通ったものがあるようにいつも感じるのですが……

ええ。そうですね。3つの音の処置がそう感じさせますね。言っていることはわかりますよ。全く同じではありません。一方は3つの音が連なっていて、他方は3つの音を4拍子で、さらに主音を強拍としています。かなり変更していると言えます。私が言っていることは誰も注目しないでしょうね？　とにかく自作を引用したとしても、わざとやったわけではありません。ええ、君の判断は正しくもあります。でも私は全くそう思いません。

――『ミッション』では貴方の音楽史についての知識を活用せざるを得なくなりましたよね。

ひとつの時代をまるごと意識するようになりました。カトリック教会で何が起こっていたか、同じ頃の南米の音楽事情はどうだったかを理解すべく再び学んだんです。オーボエで制限があったことで、その時代の器楽のことも頭にありました。アルタミラーノ枢機卿が宣教師らを視察し教会に行くと、私が作曲した合唱曲で迎えられます。これは意図的に貧相なコーラスにしています。何故ならイエズス会士に指導されたインディオが歌っているからです。プロの声ではなく、ほとんど付け刃的な歌唱です。このような効果を出すにはどうすればよいのかと私たちは頭をひねりました。監督が大使館員を巻き込むことを提案します。「あそこの従業員らを採用するんだ。歌えないような人たちをね。それでコーラスを作ろう」。私も名案に思えました。ローランドは実行に移します。誰かが手配をしてくれまして、スタジオには群衆がやって来ました、50人くらいはいましたね。そこで私はあるアイデアを思いつきます。コーラスの配置を伝統的な方式にしなかったのです。5人をこちら側、5人をあちら側、別な4人をあちらへ、10人をこっちへと。彼らは曲をそらで歌えるようになっていたので、すぐに歌い始めます。私も指揮は執りませんでした。途方もなく混乱したんですよ。幸いにして、歌うこととは無縁な人たちによるリアルなコーラスをレコーディングできました。その間、その即製のコーラスは嵐の中の船のように進んだのです。テンポを取っていてもやがて乱れ、音を合わせてもやがてずれていき、クレッシェンドするかと思えばディミヌエンドになったり。要するにドラマティックであります。まさに教会で現実にあった、私たちが求めていたものなのです。

――この映画に課せられた音楽史研究からどのような教訓を引き出せましたか？

何よりもイエズス会がカトリック教会から持ち込まなければならなかったものです。実際にイタリアやヨーロッパで演奏されていたものなのです。このため、制限を付けられたオーボエ、合唱、モテットはパレストリーナから発想したものです。あの時代のインディオの音楽もありまして、何らかの形で原始的な音楽です。彼らの歌は固執低音でしかありません。従って伝統的書法の中で私はリズミカルな第2テーマ曲を作曲しました。リズミカルであるだけで、その歌詞は宗教的な合唱曲のそれとは全く異なるものです。インディオによるリズミカルな楽曲は抗議の歌なのです。

——ローランド・ジョフェとは良い関係を築いており、彼とは他の映画でも仕事をしていますね。

『シャドー・メーカーズ〈V〉』『シティ・オブ・ジョイ』そして『宮廷料理人ヴァテール』です。『スカーレット・レター』でもオファーが来ましたが、ローランドからケルト音楽から発想したものをと頼まれました。ケルト音楽についての充分な情報は持ち合わせていなかったのです。私は研究し、その音階を使ってケルト風の楽曲を書き上げました。コンサートでローマに来ていた、あるアイルランドの女性歌手が聴きに来たんです。彼女が言いました。「だけどこれ、全然ケルト風じゃないわ！」。そんな彼女に私は答えます。「確かにケルト音楽じゃない、私が作曲したんだ！　本物のケルト音楽を望むのならケルト人が作曲したものを採り上げるべきだ」。結局、私はこの映画を担当しないことに決めました。ケルト音楽の作曲に真剣に向き合うような冒険はできなかったのです。映画が公開されると、私は好奇心もあって観に行きましたが、聴こえてきたのはジョン・バリーの音楽です。いいですか、ケルト音楽とは何の関係もなくて、全然それを思わせるものではなかったのですよ。ローランドに会った時、彼に言ったんです。「どうしたんだ。私のケルト音楽を没にして、もっと関連性の薄いジョン・バリーの音楽を使うなんて？　ケルト風でも何でもない、いつも通りの明々白々なジョン・バリーの音楽じゃないいか」

——テレンス・マリックという、とても重要な監督と組まれましたね。『天国の日々』はどうでしたか？　彼との仕事はいかがでしたか？

渡米して映画を観たんです。イタリアに戻って18もの発想による音楽を作曲し、すべてピアノで録音して彼に送りました。よくは憶えていないのですが、もし私がピアニストだったらもっと上手く演奏されていたのは間違いないです。マリックは私が送った楽曲の中から何曲か選び出すほどの大胆さがありました。そして私は彼が選んだ曲のレコーディングに入ります。演奏中、彼は何度か私の楽器編成を修正しようとしました。こういったことです。「このパッセージはフルートではなくヴァイオリンに歌わせたらどうかな？」「悪いけど」。私は答えます。「楽器にはその性格というのがあるんだ。フルートによる一節をヴァイオリンに与えることはできない。その逆も然りで。楽器編成は技術的にも正しい配置になっているんだ！」。彼はどうにも納得できないでいましたね。その違いを聴いてみたいと頼んできました。その後「わかった、貴方の言う通りだ」。と理解したんです。彼はこの種の異議申し立てを3、4回はしてきました。それでも必ず最後には私の言い分を認めるのです。「そうしょう、貴方の解釈で行きましょう」と。まさに彼もレオーネ、ポンテコルヴォ同様に猜疑心の塊です、でもその後は簡単に納得してくれますけどね。この映画の後も私たちの関係は続きました。彼は頻繁に手紙を送ってくれましたよ。おそらく、これほど熱烈に手紙で交流を保ってくれた監督というのは彼以前にはいなかったでしょう。ミュージカルの話も持ち掛けて作曲を頼まれましたね。実現しませんでしたが。それから彼が思い描いている、彼の発案と思われる別な映画についても話してくれました。『天国の日々』から次の企画である『シン・レッド・ライン』まで20年もの歳月が流れています。20年迷っていたんだと思います。その映画の音楽を私は担当していません。彼と再会した時、私を探したんだけど会えなかったと言われました。実際のところ、私のアメリカ人のエージェントが絡んでいまして、彼が私をよく探さなかったのですね。私が忙しくて電話にも出られないなどという情報がマリックの耳に入ったのです。ペップッチョ、君のオスカー・ノミネート作品の為のセレモニーで、その説明があったんです。友情に変わりはありません。

――どうして彼に18曲も作曲したんですか？

実際にはどの監督にも沢山のテーマ曲を聴かせることはないです。しかし、求められたものに基づいて私の不安を取り除く手段とはなります。その後、自由にやらせてもらえたのは間違いのないところです。映写室で時間を測ると、私にとって重要となる曲を書かせてもらえました。燃える火を音にした類いのもので「The Fire」という題です。畑から出火し、大火事となる場面に流れ、音楽には燃え盛る火の音も入っています。オスカーにノミネートされた私の映画音楽すべてを含めた幻想曲が完成したら、聴衆の前でこの曲を演奏したいです。

――興味深いことに『シン・レッド・ライン』のサントラを担当したある有名な作曲家が貴方の音楽、特に『ウエスタン』と『ミッション』を聴いたから作曲家になったのだと何度も発言しています。

ハンス・ジマーですね。彼はドイツ人でアメリカに移住しています。かつてニューヨークで私への表敬コンサートが開催されると、彼はわざわざ聴きに来てくれました。そこで出会い、友人となりました。これは『シン・レッド・ライン』より前のことです。ジマーは私がマイク・ニコルズ監督の『ウルフ』をレコーディングしている時も、会えないかと頼んでいました。

――貴方のキャリアにはもうひとり、アメリカの偉大な映画監督であるドン・シーゲルが見られます。彼の西部劇『真昼の死闘』で手掛けられたスコア、私大好きなんです。

ドン・シーゲルから声をかけられました。最初は幾分気がひけました。と言うのも映画の出演者の中にクリント・イーストウッドの名があったからで、彼はセルジオ・レオーネの映画の主演者です。でもその後、引き受けることにしました。奇妙な西部劇で、レオーネや他のアメリカの監督のものとは全然違います。主役はシャーリー・マクレーンで尼僧を装うも最後は革命に関わる人物であることがわかってしまいます。メイン・タイトルにはレオーネ作品でやったようなことはできませんでした。そこで次元的にも音響的にも巨大なザンポーニャを使うようなことを想像したんです。一曲作り上げました。高音へ上行してはすぐに下行し、また広がりを見せ、同じテンポを保ちながら、音を増やしていく最小限の主題、それを扱うべくオーケストラが一気に重なり合っていくというものです。ドン・シーゲルはとても気に入ってくれました。信じられないでしょう、でも他の曲を好んでいたかどうかはわかりません。何も言ってくれなかったのです！

——あの映画ではラバが重要な役割を担っています。それが音楽の要素になっています。

尼僧と一緒にね。彼女はラバに乗って旅します。そこで私は野生動物の鳴き声を導入することを思いついたんです。スコアとしては異例のものとなります。主題は素朴なものですがオーケストレーションによって自由に飛翔していき、ラバの鳴き声を思わせる響きとなります。音程も離れていて、これが音楽にとても独創的な表現をもたらしているんです。私としても、この種のことはやったことがありません。

――ドン・シーゲルはどんなタイプでしたか？

彼との関係は少し残念なものとなりましたね。監督から褒められようという気は毛頭ありませんが、少なくとも会ってみて……反応が……少なくともあの音楽の書法を気に入ってくれたでしょう！　逆に言えば最初のその曲を褒めてくれた以外は何もなかったということです。アルモドヴァルで経験したことを思い出しました。彼も無口な監督のリストに入ります。

――でもクリント・イーストウッド監督作を手掛けなかったのは不思議な気がします。

彼の初期の監督作で何本かオファーがありましたが断ってしまいました。クリント・イーストウッド監督作を手掛けるのは正しい行為ではないような気がしたんです。セルジオの体面を保つ為です。失敗です。間違いだったとわかっています。事実、声がかからなくなりました。おそらく初期作品を断ったのが原因でしょう。断るなんて愚かなことでした。痛感しています。セルジオと仕事をしていたもので礼儀をわきまえていないように思えまして……。本当に馬鹿なことをしたものです。また、まるで根拠のないことですが、彼の作品に対して私が反感を抱いているような印象を与えるところでした。それでも彼は優しくて気さくですし、何よりも有能です。彼の非凡さがわかる映画を一本観ました。『ミリオンダラー・ベイビー』です。他の作品も良いと言われていますが、観に行っていません。理由はわからないです。オスカー功労賞を受けるということで私がロサンゼルスにいた時のことですが、イタリア文化会館に彼が来てくれたのは嬉しい思い出です。思いがけない来場で、素晴らしい再会を先に果たしていたというわけです。他に彼が俳優として出た映画もいくつか手掛けています。例えばウォルフガング・ペーターゼン監督の『ザ・シークレット・サービス』。自ら進んでやらせていただきました。良い出来になったと思います。監督は実際のところ、少し気難しい方でした。でも当初から、他の作曲家による音楽を撥ねつけていたことは知っていました。すべて、完全に拒否したのです。そうして私は映画の音楽を引き受けました。ペーターゼンは変人ですがとても有能です！

――ペドロ・アルモドヴァルの名が出ましたね。

彼とは『アタメ！』で仕事をしました。マドリードに行き、そしてローマに戻って音楽を作曲したんです。レコーディング中、彼はひとことも喋らなかったんです！　私が書いたものがまるで気に入っていないように思えました。何にも言わないんですね。無言の監督というのは私にとって悩ましい存在です。ブアマン流の言い方で私が恐れる「Terrific」というものです。何を考えているのか思い切って尋ねてみる勇気もなかったもので。おそらく私の起用はプロデューサーとレコード会社の意向で決まったもので、彼としてはその決定に同意はしないものの受け入れるしかなかったのでしょう。こう考えれば彼がずっと押し黙ったままだったのも説明がつきます。どの場面に音楽を入れるかだけ決めて、それからは私の自由にやらせてくれました。完全にね。私が作曲したテーマ曲は長いもので、息が続かなくなるほどです。でも、今でもとても満足のいくもので、歓喜と生気とがたっぷりと噴出するものです。

——何も言ってくれない代わりに、貴方としては充分なほどの創作の自由が得られたということですね！

私に与えられた自由が、あのように長いテーマにすべて出たということです。あのテーマは憶えやすいのですが、反復はありません。私としても稀な作品です。テーマ曲は観客の関心を引くために、少ない音を使って記憶に残させるようにするものです。ここではそんな必要を頭に入れることなく、私の作曲家人生の中で最も豊かなもののひとつを書き上げるに至ったのです。何年か後にベルリンでアルモドヴァルと会います。彼と私に賞が与えられる場でした。彼に尋ねます。「すまないが、結局『アタメ！』の音楽を気に入ってくれていたのかどうか教えてくれないか？　あの時は何も言ってくれなかったのでね！」。とても高く評価しているとの返事でした。本音かどうかわかりませんね。

——他に無言の監督というと？

イヴ・ボワッセ。悩みましたよ。でも後になってわかりました。彼の監督作『影の暗殺者／

フランスの陰謀〈V〉』に作曲した音楽に対し彼が主導権を取れないという意味で悩んだんです。彼もまた、うなづくだけの人でした。彼の為に私は通常とは少し異なるものを開発しました。24トラックもの録音をしまして、これだと機材が一台では足りません。ですので二台要求したんです。一台はシンクロしないレコーディングで8トラック、もう一台はシンクロ・レコーディングで16トラックです。録音は2つに分けました。ところが演奏中はシンクロができないので、監督は最終的な楽曲を聴けません。後になってしか聴けないので、私の説明に頼るしかないのです。きちんと作曲したものもあれば、他とシンクロしないものもあるという具合で仕事を進めました。万事こんな調子で抽象的な音楽となり、大きな賭けでしたが欠かせない実験でもありましたので、試みるだけの勇気が要りました。おそらく、私の奇妙な提案に譲歩して受け入れてくれるような監督の善良さを利用したとも言えるでしょう。彼は次の映画でも私を起用してくれたんですから。ボワッセは、私がパリで行った初期のコンサートのひとつに足を運んでくれるような良い人です。私がレコーディングしている間は、すっかり途方に暮れていたのを憶えています。私は繰り返し言い続けました。「全部シンクロだよね？　全部シンクロで行くよ」。私から見て彼はこう考えていたのでしょう。「だけど、これでモリコーネは何をするんだ？」

――他にフランスの映画監督で思い浮かぶのはアンリ・ヴェルヌイユ……

**素晴らしい映画で彼と仕事をしましたよ！**

――子供の頃、大好きだったんです……ヒットした時、フランスではヌーヴェル・ヴァーグが頂点に達していました。彼の映画作りは昔ながらの実に大衆的なもので、それで評論家からの受けも良くなくて、無視されることもありました。

『サン・セバスチャンの攻防』で初めて音楽に起用され、続いて『シシリアン』でも依頼されました。そのすぐ後に『殺人捜査』の仕事が舞い込んだのです。何故憶えているかというと、エリオの『殺人捜査』の音楽にはごくわずかながらヴェルヌイユ作品の根源が見られるからです。主題曲にはかなりの苦労が強いられました。テーマ曲そのものにバッハの名を活用することに決めたんです。これは私だけの秘密だったもので監督や観客に知られてはいませんし、知られてはいけません。♭シ、ラ、ド、♮シ、これに基づいて20日かけて作ります。ようやく主題曲に適用できました。その曲には次のテーマであるシチリアのテーマも含んでいます。[*3]私が重ねたんです。困難な仕事でしたが、いつもの通り純音楽の作曲家としての私の役割に威厳を与えるという目的をもって課したのです。「ここは正統な作曲家としてやっているのさ、映画が必ずしも許容していなくてもね」と自らに言わしめるほどの成果を、少なくとも精神的に得られるように至るところで関連づけてみたのです。そのすぐ後でエリオ・ペトリとの間で起こったことについて話してみましょう。『殺人捜査』で最初に作曲したテーマ曲を彼に聴かせました。それは『シシリアン』と似た曲だったのです。エリオは拒みました。私としてもかなり苦心して練り上げたものだっただけにがっくりとしました。こう言ったのです。「駄目だ、別のを頼むよ！」。エリオがノーと言った珍しいケースのひとつです。彼はいつも私が提案した処置に好意的でしたから。一方、ヴェルヌイユはこちらが提示したものに満足してくれました。時々、大げさなまでに称賛してくれまして、彼のフランス語は言葉は明瞭ですが回りくどくもありました。でも好意を示してくれましたね。言っていることが真実かどうかわかりませんが、彼が満足してくれることが大切なんです。結局のところ、それから4本の映画で起用してもらえましたから。晩年の頃の一本は彼の母親の物語を描いたもので、私に中近東風のテーマ曲を求めてきました。彼に言いました。「アラブの曲を採り上げて使ったらどうだい、さもなくば我々の使う楽器に書き写せるような曲を出してくれ」。中近東の曲はそれ相応の楽器で演奏されなければなりません。私たちの楽器で奏でたら、似て非なる香りとなってしまいます。ほどほどの雰囲気が得られるのはおそらくヴァイオリンだけでしょう。それも重音奏法や四分音を使ってです。いずれにせよ無理だと説明したのですが、彼は引き下がりません。ディナーの席でもそれ以外は話題にせず、私はうとうとと眠りこんでしまったと思います。私はその映画は担当しませんでした。そして二度と彼と仕事をすることはなくなりました。

――『シシリアン』のテーマに隠されたバッハの名前に気づいた人は、当時はいなかったでしょうね。

気づくのは無理でしょう。順番が違っていましたから。対位法もあって、この映画のテーマ曲は実は3拍子から成っています。でも書法、そして演奏のし易さという理由で4拍子で書かれているんです。4分の3拍子に4分の4拍子は重ねられませんから。

――映画も音楽も大ヒットしました。テーマ曲は大衆にとても好まれています。

ヒットしたのはちょっと不思議で驚いています。何故なら大衆に受けるテーマというのは率直に言って、湧き出てくるというか、ほとんど一気に書き上げたもので、それで大衆にも容易に受け入れられるのです。この映画に私が作曲したテーマ曲は大変考えあぐね、苦心したものです。なので大衆が愛着を抱くのは難しいはずなのです。

――作り上げるのに20日も苦心されたのはともかく、構成も複雑なものですね？

連結が込み入っているんです。まずバッハの名による対位法、それからシチリアのテーマの対位法が加わります。君が専門家でこの曲の分析をするとしたら、思ったほど単純ではないことがわかりますよ。勿論、何もかも簡素なものにしたうえで、このテーマ曲となったのですけど。コンサートで演奏する時も簡素化したものです。仕掛けから始まります。まずバッハのテーマを出しまして、もうひとつのテーマの中で流れます。その後、シチリアのテーマが加わります。こうして取り付けるものが変わってくることによって単純に思われ、そうした楽曲として聴衆の耳に届くのでしょう。でも、それぞれの細部から見ていくと、とても入念な作業を重ねた複雑なものであることがわかりますよ。

――西部劇特有の2つの要素が含まれています、ジューズ・ハープと口笛。ヴェルヌイユが頼んだのですか？　それとも貴方のアイデア？

いずれも私です。イタリア、シチリアの物語にはジューズ・ハープを入れてしまうんです。『荒野の用心棒』[*4]においては単なる響きで、それで充分だったのです。しかも映画の物語とも画面に映るものとも関係がありません。アメリカともジューズ・ハープは何の関わりもないです。ところがここでは物語の真の要素となるものだったのです。口笛も大衆的な要素です。この時も採り入れるのにふさわしかったのです。シチリアを舞台にしたダミアーニ監督の映画で、オルネラ・ムーティのデビュー作『シシリアの恋人』のようにね。あの映画では様々に調律されたジューズ・ハープの合奏を書きました。主題を担うものではなく、エレクトロニクスみたいな音響となりました。

――バッハの名の使用。こういった処置を何度も用いて……

いつも上手い具合に、こっそりとやっています。気づかれません。「おい、これバッハの名前じゃないか？」などとは言われませんから。

――何でしょう？　習慣的なおまじないですか？　存在証明の秘密の暗号ですか？

バッハの名前やフレスコバルディの「半音階的リチェルカーレ」の３つの音を用いるのはまじないなどではありません。自分の音楽にさらにもうひとつ威厳を与えたいという私の夢想なのです。こうした単純なやり方が私に力を与えてくれます。力と感じるのは、私の愛する古典の作曲家たちにまさしく由来するからです。私が最も愛する音楽作品を作曲しているという夢想をフレスコバルディとバッハが与えてくれるのです。

――映画音楽を、低級な料理の食材のように扱う大多数の判断に対する貴方なりの挑戦ですね。

そうです。でもそうした音を使うだけでは充分ではありません。下手に書かれたスコアは、バッハやフレスコバルディに因んだ音があっても駄目であることに変わりはありません。

――アルフレッド・ヒッチコックのようですね。彼は自分の映画に瞬間的に姿を見せます。貴方はスコアにバッハの名前を成す文字に符号する音を密かに用いています。

そう、ヒッチコックが遊びで画面に登場するのに似たところがあるかもしれません。

――ヴェルヌイユとは『華麗なる大泥棒』でも仕事をしていますね。これも大ヒットしました。

ギリシャに招待されましてね。あの映画はそこで撮影したんです。ここで打ち明けても恥とはならないのですが、あの映画の主題曲には『ある夕食のテーブル〈M〉』で既に用いた主題プラス対位法の技法を活用しました。主題は全然違いますが、その背景に重ねた対位法は上手く功を奏しているように思えます。

――この『シシリアン』とセルジオ・ソリーマ監督の『狼の挽歌』には、'70年代に頻繁に用いられたサウンドがあります。エレキ・サウンド……何なのか、どうやって出るのか私にはわかりません。

ギターです。エレキ・ギターがある奏法で弾かれています。音に関しては、ハーモニクスですね。通常、ハーモニクスはかすかな音ですが、エレキ・ギターだとそうではなく、むしろ攻撃的、極めて鋭いものとなります。奏者は第1弦、5弦、3弦で弾きます。そのようにして刺すような、ほとんど猫の鳴き声のような音が得られます。

――以前、ニコラ・ピオヴァーニが私に話してくれたのですが、貴方たちがギターに作曲することの難しさについて語っていたといいます。さらにそこで貴方なりの秘訣についても話されたとか。本当ですか？

　私が考える秘訣というのは、ギターを手に取って指が届くところを見ることです。勿論、至るところに届くというものではないのなら、すべての音を出すということもできません。指を長くすることなど誰にもできないのです。そこで出せる音で曲を作ることになります。室内楽作品を含めギターの曲を書く時は、楽器の限度にも気をつけます。これが大変気を遣うところなのです。ギター協奏曲ではなく、ギターの独奏曲を書かなくてはなりませんでした、それであらゆる可能性をすぐに理解する必要があったのです。ギターはひどく難しい楽器です。ピアノはもう音が用意されていますす、ギターはそうではなく音を作り出さなければなりません。複雑なものです。信じられないような奏法でギターを弾くアマチュア・ギタリストを知っていますよ。ありえないテクニックでパッセージを弾きこなすんです。どんな弾き方をしたと思う？コントラバスのように垂直に持つという、異様な弾き方でした。ファウスト・チリアーノの家でディナーを共にしたのですが、彼がギターを手に取り、ありえないような常軌を逸した演奏をしたんですよ。私には野獣のような楽器に思えました。ヴァイオリン、コントラバス、チェロ、ヴィオラと並んで最も扱いの難しいもののひとつです。

――ロマン・ポランスキーの映画も一本担当されていますね。『フランティック』という映画でヒットしています。彼とはいかがでしたか？

ポランスキーからは頻繁に声がかかっていたのですが、断っていたんです。いずれも他の仕事に取り掛かっている時だったもので。ようやく、それもこのような素晴らしい、良く出来たジャーロ映画に音楽を作曲できたのです。ロマンと一緒に映写室で映像の時間を測ったことを憶えています。彼はとても几帳面でした。私はあるアイデアを音楽に採り入れようとしました。タイトルに様々な音楽的処理を重ねたのです。旋律面でのアイデアについては口にしませんでした。複合的作曲という実験でしたが、簡素で大衆的、結果としてわかりやすいものです。映画を観た時、とても失望しました。最も単純な部分だけが選ばれ、私が考案した大規模な積重ねは拒まれたのです。その後、ミュージカル・コメディでも声をかけられました。でも実現しませんでした。

――貴方とミュージカルとの関わりは、かなり不遇なものに思えます。沢山の依頼を受けながら、その後何らかの理由、またはその他の事情により立ち消えになったというお話でしたね。私から見て、貴方は内心好きではないのでは。

テレンス・マリックからも依頼があったのは憶えてる？　少し前にも優れた舞台演出家であるフランコ・ドラゴーネからもありました。彼と公演について話をしました。彼は私に映像も送ってくれたんです。自分の仕事のやり方をサンプルとして見せたかったのですね。私は気に入りまして、引き受けました。作曲までしたんです。舞台公演華やかなりし時代の音楽で、多額の費用がかかるものと思ってください。彼は何年にも渡ってラスベガスの劇場で仕事をし、今はその公演をヨーロッパに持ち込んだのです。ところが私の音楽は使用されませんでした。大掛かりな公演は行われなくなったのです。その音楽は引き出しの中で眠ったままです。私がミュージカルを手掛ける可能性としては、おそらく最後のものとなるでしょう。

――でも『ニュー・シネマ・パラダイス』や『ミッション』のミュージカル版も依頼されてますよね？

『ミッション』が先です。息子のアンドレアに担当するように言いました。アンドレアは全力を尽くしてくれました。そのミュージカルはその後、アジアで6日間だけ上演されました。韓国かヴェトナムだったかと思います。大した成功は得られませんでしたね。引き続き『ニュー・シネマ・パラダイス』のミュージカル化の話が来ます。ガリネイとジョヴァンニーニの有能な協力者だったヤーヤ・フィアストリが書いた台本も読みました。曲を書くなど、少し仕事をしましたが、役者と歌手は気に入りました。ミュージカルに対する私の葛藤というのは、いつもこういう事なんです。歌の下手な役者にはうんざりさせられます。でも歌手の演技はそれに比べて良いですね。「Ciao Rudy」[*5]でのマルチェロ・マストロヤンニの酷い歌を憶えているでしょう？　歌がとても上手いジョニー・ドレッリは例外です。ですのでミュージカルを依頼されたら、すぐにこう言います。「歌手は僕が選ぶよ」

——でも観客としてはミュージカルや恋愛映画がお嫌いとのことでしたね。どうしてです？

俳優が突如、演技を止めて歌ったり踊ったりするのに、ひどく違和感を覚えます。観客を現実そのものから完全に絵空事の次元へと移すのです。ましてやオーケストラの伴奏つきで歌うのですから。好きになれません。

——恋愛映画は？

どれもこれも少し作り話めいていています。俳優らにも納得いきませんでした。他人の事などどうでもいいということです。ジャーロ映画と冒険ものが好きなんです。後になって何本かの恋愛映画を評価するようになりました。今はもうそんな分け隔てはしません。映画が良く出来ていれば、それはそれで充分ということです。

——ウォーレン・ベイティの出た『めぐり逢い』を思いつきました。あれは恋愛映画ですよね。違います？

あれは良い映画と言えますね。リメークだったと思います。ええ、とてもセンチメンタルなラストでした。音楽も上手くいきました。ベイティもとても気に入ってくれましたね。彼は私が他の監督に書いた曲を愛聴していると言っていて、自分にも作曲してほしいとのことでした。『めぐり逢い』にはテーマ曲を5つ作曲しました。5曲聴いた彼はこう言いました。「これにしよう。今、却下した曲も使いたいが、あと4本映画を撮らなくてはならないな」。いい人です。

——俳優としての彼とは『バグジー』でも仕事をしていまして、これは4度目のオスカー候補となります。

バリー・レヴィンソン監督との仕事は順調に進みました。すぐに打ち解けまして、私が抱いていたアイデアを聞いてもらったんです。彼は、私が作曲し録音したままのものを映画に採り入れてくれました。ウォーレン・ベイティはその時から、一緒に仕事をしようと繰り返し口にしていたんです。

——クエンティン・タランティーノとの関わりについてお話しいただけませんか？

実際、『ヘイトフル・エイト』以前は彼とは仕事をしていません。彼は私の音楽で仕事をしていたんです。実を言うと、彼の映画の何本かには、私の曲の使い方を含め、感心していたんです。彼が既製曲を聴き、気に入ったら自作に使うという音楽の使用法を好んでいることははっきりしています。ある映画の曲を使い、また別な映画の音楽、それからまた別な映画のものというふうに採り入れていったら、音楽面での一貫性が失われるのは明らかです。多分、仕事を共にするのは難しかったでしょう。映画には一貫性がなければいけないと思っていまして、たとえ個々の楽曲が上手く合っていても、音楽的にとりとめのない、寄せ集めにすることはできません。実際、『イングロリアス・バスターズ』で音楽を依頼されたんです、2月のことで彼はカンヌに行かねばならず、作曲に与えられた時間は2ヶ月でした。でも私は君の映画に取り掛かっていて時間が足りないので断ったんです。結果的にやらなくてよかったと思っています。映画を観まして、あまりにそれぞれがかけ離れたタイプの曲が選ばれていまして、一応は画面には合っていましたが。一貫性など眼中になく、聴いて夢中になったり共感を覚えるような曲を機能させることを考えるばかりで……。次の映画『ヘイトフル・エイト』は即座に断りました、他にも多くの仕事を抱えていたもので。タランティーノはダヴィッド・ディ・ドナテッロを受け取りにローマに来まして、そして私を説得に我が家を訪れます。実際は頼み込んできたわけではなく、イタリア語で書かれた脚本を渡してくれたのです。そこで私はすぐに引き受けると言いました。先に入っていた仕事は電話で断りを入れます。彼はこう付け加えただけです。「この映画は雪の場面だらけです。雪、それと雪道を走る駅馬車のための長い曲を頼みます。7分もあれば充分」。映像を観ることなく7分もの曲を依頼されるなんて面妖な話です。妻も脚本を読みまして私同様に高く評価していました。口にしない言葉ですが「傑作」と呼ぶにふさわしいです。従って責任の大きさを感じながらも、引き受けたのです。でも何を作曲するばよいのか？　彼は西部劇だと言っていますが、私から見ると西部劇ではなく、アメリカの歴史に位置付けられた冒険映画なのです。ロサンゼルスにいる彼に電話しました。「この雪の場面はどれくらいの長さなのかな？」。彼は答えました。「20分から40分」。40分？　30分はある雪の音楽を書くということですね？　私は依頼された7分よりも長い曲を作曲することに決めました。それから力強い曲や私にとって興味深い曲も。そして今までにない、初めての交響楽に仕上げたんです。どうしてかって？　かつての、大衆の為だけに作曲した、わかりやすい西部劇への雪辱を果たすようなものだったんです。交響楽があるということは、おそらく映画に対して大げさでしょうし、ふさわしくないかもしれません。いずれにせよ、私は思い切って敢行したのです。さらに言えばタランティーノからはあまり指示がなかったということもあって、大胆に行えたということです。また予備となる楽曲をいくつか用意していたことを打ち明けておきましょう。どうしてそんな事をしたかわかりますよね。もし監督から「この曲は合わない」と言われたら、すぐ別なもの、前もって用意していたものを取り上げてオーケストラに配り、その場で演奏できるのです。その前に彼とはおかしなことがありました。私がある歌を作曲し、それをクエンティンが耳にしたのです。彼は気に入って映画に採り入れました。でもそれは単なるテスト盤だったのです。エリサが本格的にレコード録音する前の試演でした。でも彼は映画にそのまま入れたのです。言っておきますが、タランティーノに説教などしたくありません。彼には好意を抱いておりますし、私への多くの賛辞にも感謝しています。でもピアノで演奏しただけの、あの暫定的なヴァージョンを映画に使ってしまうのは気掛かりでした。

――おそらく、テスト盤だということを彼に言う人がいなかったのでしょう。

**でも、決定ヴァージョンでないことを理解しないと！**

――『ヘイトフル・エイト』の話に戻りましょう。教えていただきたいことがあります。盲目的に音楽を作曲したということでしょうか？　タランティーノが電話で場面について語り、貴方の知力で仕上げたというものですか？

**脚本もありました。雪と駅馬車が出ることは知っていました。レオーネその他の監督による西部劇で使い古された路線を踏襲せずに何が書けるか？　ここで最終的に本格的な交響楽を選んだのです。第1部は7分、第2部は雪の場面の為のもので12分、他にも2曲あります。書き下ろしの音楽がまさに30分はあります。7分で頼まれましたが、豊富なものとなった気がします。**

――経験に頼ることなく、音楽にぴったり合わせることを念頭に入れなくなった監督との仕事は逆に面白く、刺激に満ち、より楽しいものとなり得ませんか？　貴方は素晴らしい弓矢を沢山持っています。まさにこうした矛盾を土台としながらも映画を担当できるという……

音楽が独創的であるためには、作品を頭に入れなければなりません。映画の中では、あるテーマの繰り返しは、その響きだけのものも含めて偶発的ではない形で、鏡に映るように再び鳴り響き、次の局面において前のものは反響となるのです。聴覚だけでなく記憶、そして視覚での記憶で聴く者を捉えるのです。こうしたものすべてが足りていないと、音楽は標的の中心を射ることはありません。こうした理由から映画音楽における一貫性というものは、作曲家による単なる固定観念ではないのです。

――彼が貴方に代わってゴールデン・グローブを受け取った時、思いのまま饒舌に発言しました。「モリコーネはモーツァルト、シューベルトのようだ……」。どう思われましたか？

有難いと思いますが、おそらく心にもないことを口にしているのでしょう。でも言っておきますが、作曲家だけに限った話ではなく、どの芸術家についてもその評価というものは死後にのみできるもので、そのスコアなり、絵画なり、彫刻なりを入念に研究してから行えるのです。すぐに評価するのは無理です。熱狂しても、その後考え直されたり、改められたりすることが時々あります。彼の言葉は少し嬉しいですが、少しからかわれているような感じもします。おそらく映画の宣伝になるという目的もあるのでしょう。こうした評価におもねることなどありません。若い頃は素晴らしいなどと言われて、とてもうんざりしたものです。今は何も言わず「本当だろうか?」と自らに問うだけです。

——映画祭でのモリコーネ審査員はいかがでしたか?

いくつか記憶に残っています。かつてカンヌでフランコ・クリスタルディと私、二人のイギリス人その他で審査員を務めました。マルコ・ベロッキオ監督の『エンリコ四世』が出品されていましたが、実のところ審査団からはあまり好意的な評価は得られていなかったのです。私とクリスタルディは他に二人の審査員を巻き込んで、その映画に票を投じるよう結託しました。この作戦は成功せず、別な映画が受賞してしまいます。芸術面での事情よりも愛国的な理由でベロッキオを支持したかったのです。ヴェネツィアでは違ったことになります。審査員は私とフランス人がひとり、後はアメリカ人でした。そのアメリカ人らがデヴィッド・マメットの戯曲を原作とした、自国の監督ジェームズ・フォーリーの傑作『摩天楼を夢見て』に否定的な評価を下したのです。あまりに強硬なもので結局、賞を取らせないことになりましたよ。

——貴方と賞の関わりについて分析してみましょう。貴方が仰ってましたが、イタリアでは西部劇の時代が終わってから、貴方に賞が与えられ始めたと。

そうですね。その後、賞を沢山いただくようになりました。で、言っておきますが、いずれも予想などしていませんでしたし、それに価するとは思っていませんでした。そのうえ賞というものは、映画館と映画の宣伝を何よりも確かなものとする方法なのです。賞は私や監督以上に映画に対して有益です。イタリアでの賞を見渡してみますと、実に沢山あります。特に君との映画でね。他の監督とのものは多くはないです。理由はわかっているつもりです。君が音楽を聴かせてくれているからですよ！

――実のところ、私の映画には音楽があまりに鳴りすぎていると非難されているんですよ。音量の問題についてはいかがですか？

低い音量だと力強い音楽が損なわれますし、大きな音量では柔和な音楽が損なわれます。実を言うと、音楽の程度に関して君の映画では違和感を覚えることはないです。『ニュー・シネマ・パラダイス』のラストは音楽だけです。多くの人に感銘を与えましたが、それは慣れていないからです。レオーネの映画でもそうです。彼は音楽のみを響かせましたが、多くの人は違和感を覚えます。と言うのも台詞や物音、走る馬の音と混ぜられた音楽に慣れていたからです。

他方ではミキシングは監督の手によって行われます。音楽が存在しないかのように響かせていない時は、私は何度も口にします。「聴かせ方が良くない、物音や台詞と一緒にしないでくれ、これじゃわからないよ」。音楽は現実の要素ではありませんから。君の映画では適度に目立っています。映画を良く見せようとするような使い方ではないですね。実際、映画を良く見せようとして、やたらと音楽を詰め込む監督はいるんですよ。良くはなりません！　君の場合は音楽が表すべきものを正しく表すために用いているんです。

――オスカー功労賞、その後の『ヘイトフル・エイト』で受賞する前に、5回ノミネートされるも受賞は適いませんでした。最も無念だったのはどれですか？

はい、授賞式には2回か3回しか行ってません。『マレーナ』の時と『ミッション』の時でしたか。『ミッション』が受賞を逃した時は、少しうんざりした気持ちになったというのが正直なところです。認められて然るべきだったと言えます。受賞したハービー・ハンコックは立派な作曲家でジャズ・ミュージシャンです、それでも彼もまた自分の担当した映画に比べて『ミッション』の方がより意義の高い音楽処理がされていることがわかっていたと思います。その『ラウンド・ミッドナイト』は既製曲ばかりで、編曲であって作曲ではありません。受賞者が発表されると客席から抗議の声が上がったことを憶えています。私は憤然として会場を後にしました。

――他の4つのノミネーションは？

良い出来ですね。どれも受賞にふさわしかったでしょう。『天国の日々』『バグジー』『アンタッチャブル』『ミッション』それから『マレーナ』。私の参席が少ないとしたら、受賞できないことがわかっていたからでしょう。実行団体や賞の選考委員会からアメリカへの招待は来ていましたが。２００７年の功労賞は不当な扱いを正す為の手段だったとも考えています。

――まず功労賞に輝き、それから本家本元のオスカーを手にする。アカデミー史上、そんな人はポール・ニューマンしかいませんでした。

それは知りませんでした。オスカー功労賞の方をより重要に考えていると言うことが恥だとは思いません。私はどの映画とも結ばれていません。私が手掛け、音楽を捧げたすべてに結ばれているのです。他の人にとってはそうではないことはわかっています。ある映画でオスカーを受賞したことに対し、あらゆる事が大きな価値を与えているのです。

――『ヘイトフル・エイト』で受賞すると思っていましたか？

前夜祭でジョン・ウィリアムズが私に言ったんです。「今回は獲れますよ、大丈夫です」。それで白状しますが短いスピーチを用意していたんです。言葉としては多くはなく、２００７年のオスカーの時と似たようなもので、妻に捧げるという内容でした。

――ジョン・ウィリアムズの密告はさておき、ロサンゼルスに着いた時、どんな雰囲気でしたか？

**誰もが熱狂的に迎えてくれたようでした。雪辱を果たすには絶好の日に思えましたね。**

＊1　ヴェトナム人である（役柄も、演じている女優も）。
＊2　レナード・バーンスタイン。言い間違いである。
＊3　BACH（♭シ、ラ、ド、♮シ）の順番を変えて、ラ、ド、シ、♭シとしている。ここでモリコーネが「シチリアのテーマ」と言っているのは、『シシリアン』の「Tema italiano（イタリアのテーマ）」のことと思われる。
＊4　『夕陽のガンマン』。言い間違い。
＊5　ガリネイ&ジョヴァンニーニ原作、演出のミュージカル・コメディ。音楽はアルマンド・トロヴァヨーリ。１９６６、１９７２、２０１３年の三回上演。ここでモリコーネが言及しているのは１９６６年公演のもの。

# 9章　脳内音楽——音楽が静かにやって来る

——ご自身の性格については？　ご自分についてどう述べられますか？

誠実でとても善良だと思いますよ。妻が教えてくれたのですが、時々自分にひどく腹を立てているというのです。その通りで、ほとんど決まって自分に怒っているんです。ミスをしてしまうと、些細なものであっても自分に怒りをぶつけてしまうのです。他人ではなく常に自分に対してです！　例えば楽想に耽っている時は物音に苛立ってしまいます。母が電話をしている時は何度も怒りを覚えました。母に対してではなく電話の音に。私がこうなのはおそらく父が私にとても厳しかったからでしょう。母はとても優しかったのですが、父は厳格で几帳面、口ごたえすら許しませんでした。ですので私が少し優しいのは母から、少し厳しいのは父から受け継いだのですね。これが結果として表面に出ているわけです。

——心が別の世界に行っているような、放心した人というイメージを醸し出されていることがよくあります。指摘されませんか？

誰かが話している時、話題の冒頭から気持ちが離れている時があります。これによって言われている事の意味がわからなくなってしまいます。そこで次のような言葉を口にするんです。「失礼、何と仰いましたか？」「今、何て言った？」。こうして中断させてしまい、私がうわの空だったり関心が無いように思われてしまうのは申し訳ないことです。実のところ、私の頭ではいつも音楽が鳴っているんです。対話に上手く参加できていないとしたら、曲のことを考えているからで、誰かが私に話しかけても、こちらは作曲すべきものについて思いを巡らしているということです。音楽で頭がいっぱいになっていて常に響いているんです。このため寡黙となり、口数が少なくて表舞台に現れない者となってしまうのです。さらに他の人たちが話しているところで口を挟むのも嫌です。わからなくなりますから。人間の耳は何もかも捉えられるわけではありません。

——作曲していない時でも音楽が頭にあるんですか？

そうなんです！　想像する時がありまして、オーケストラの響きとなって感じることもあるんです。あるいはひとつのメロディー、大抵は単純で、または童謡のようなものです。自分でも音が抑えられません。時々、独り言で出ます。「困ったな、自作のテーマ曲を引っきりなしに思い返しているぞ」。繰り返し、また繰り返し、嫌になるまで繰り返されるのです。本当に自分が作曲したテーマの何曲かが自分の中で蘇り、再び歌い続けているのです。こんな具合ですが、どうしたものでしょうね？

――それで他人の言葉など身の回りの音を、騒音、割り込んできた音と感じるのですか？

ペップッチョ、私の周りで起こることはどれもほとんど気にならなくなるんですよ。何日か前、「デボラのテーマ」を自分の中で歌っていました。何度もね。蘇ってきたんです。「もう止めよう」と口に出ました。それでもまた始まります。止めたいと思ってもまた始まってしまうという、悩みの種としては奇妙な部類です。万事こうしたわけで、私は人との関わりの中で放心状態になってしまうのです、避けられないんです。

――作曲をする時で、一日で最も好都合な時間は？

午前中に作曲するのがいいですね。急ぎの仕事となると午後も続けます。食後はとても疲れてしまい、その疲れが作品に出てしまうのではないかと不安になります。

――貴方の典型的な一日は、どのような構成ですか？

現況をお話ししましょうか？　早く寝ます。通常は9時半、遅くても10時半です。起きるのは4時です。そんな時間に何をするかって？　少し体操をします。とてもゆっくりとね。それからソファで横になって少し休みます。7時頃にシャワーを浴び、それから新聞を取りに外へ出ます。時々、新聞売りが外で私を待っていることがあります。売店を開きながら私に待つようにに言ってくるんですね。新聞がまだ重なっているんです。家に戻って新聞を読み、8時半に妻と朝食を摂ります。それから書斎に向かい仕事に着きます。作曲です。最近は差し迫った仕事もないので、午後も作曲するというのは録音まで一ヶ月を切っていて写譜師に渡さなければならない等、必要のある時だけです。何人かの作曲家はかなり遅れて渡すことは知っています。でもそれだと写譜師のミスに我慢することになります。私は言い訳はしたくないので、一ヶ月先にスコアを渡します。そうすれば見直しができますから。とにかく写譜師の小さなミスは時間とオーケストラの集中力を損なってしまいます。一日の様相の多くは、録音しなければならない時期の中で変わっていきます。一日に3度のレコーディングとなれば各回に3時間かけるのでトータルで9時間です。昼食に時間がかかるほど、私がいつも立ち会う準備に費やす時間も長くなります。私の信頼するレコーディング・ディレクターで、友人であり綿密な仕事をしてくれる協力者でもあるファビオ・ヴェンチュリはマイクロフォンを配置し、録音、そして次のプレミキシングのための機材を設置しなければなりません。その間、譜面台が整えられ、その上にスコアが載せられます。間違いのないように点検します。そうしないとクラリネットの前にオーボエを置くことになりかねません。何より監督が聴きに来る前の、こうした長い準備には本当に不安を覚えます。レコーディングは私にとって落ち着かない時間であり、いつも不安な段階です。

——半世紀以上もそんな経験を積まれてきたなんて信じられませんね。レコーディングは今でも貴方の胸をときめかせているのですね。

まさにそうなんです、ペップッチョ。でも創作上の不安というものが無かったら、世の中を渡っていけなかったでしょう。スタジアムで感じる不安とは違いますね。

——ASローマの熱狂的ファンですよね。その熱狂はどのようにして生じたのですか？

SSラツィオのファンだったのは知ってる？　ラツィオのファンだったんです！　子供の頃は試合を観たことがありませんでした。小学校の頃、私のクラスにラツィオ・ファンの子たちがいて、私に「君、ラツィオのファンかい？」と聞かれました。何と言えばいいのかわからない私はすぐに「うん、ラツィオ・ファンだよ」と答え、それで大したことも知らぬまま、その日からラツィオ・ファンとなりました。まずいことに父はラツィオ・ファンではなかったのです。ある日、父が尋ねてきます。「お前はどのチームのファンなんだ？」「ラツィオだよ、パパ」。殴られました。「お前、恥ずかしくないのか？」こういうわけで、恥に思ってローマのファンになったということです。

――それから正真正銘のファンとなったのですね。わかる気がします！

ええ、スタジアムに10年間決まった時間に足を運んだんですよ！　何年も前ですが、ガエターノ・アンザローネがローマの代表を降りる前に、10年分のシーズン・チケットを売りに出したんです。３００万リラしました。結構な額ですよね！　私は買いまして、私と妻、友人――おそらく私以上に熱狂的ファンです――とその奥さんとでスタジアムに行きました。ローマがミスをすると腹が立ちます。でも私は冷静なファンです。ローマがシュートを決めても座ったままです。スタジアムで羽目を外すようなことはしません。私の恥じらいなのかどうかはわかりません。セルジオ・レオーネもサッカーが好きでした。スタディオ・オリンピコ・ディ・ローマで観戦に行っていた頃、私は車を一台購入したんです。軍用車みたいなのをね。私とセルジオ、そして互いの家族を乗せてスタジアムに行きました。私は彼がラツィオ・ファンだとは知らなかったんです。ある日、ローマ対ラツィオの同一区域内対抗戦で彼がぱっと立ち上がり、狂ったように声を上げました。ラツィオがローマ相手にゴールを決めたからです。その時、彼に言いました。「今後、私と家内だけでスタジアムに行くからな！」

――スタジアムでのファンの叫び声など貴方を取り巻く環境から発生する音、嵐の中の落雷など地面に落ちてくる物、これらを常に調性で認識することはできますか？

ええ、それはありますね。すぐに言えます。あれはニ長調、ヘ長調、またはト長調だと。時々、同じように聞こえてしまうという思わぬ事態が起こります。トランペットを学んでいた時代まで遡りましょう。あの楽器はドを吹いているつもりでも♭シの音です。60年前の自分ならドと言ってしまいます。間違いです。実際は♭シです。勿論、私は本来トランペット奏者でして、私の音楽性はトランペットとともに育まれ、それで……まあ、いいでしょう、大したことではありません。普段は♭シの音も聴き分けられますから。[*1]

――トランペットが貴方に対し、かつての支配力を求めてきて、貴方もそれに影響されてしまうという……

そうですね、認めざるを得ません。

――モリコーネの弱点が発見されたということですね。消防車のサイレンなんかも調性でわかりますか？

実を言うとサイレンは特に嫌な音です。でもフランスのパトカーのサイレンに基づいた曲を書きました。ミ、ド、♭ミ、ラ、この4つの音を操りました。イタリアのパトカーのサイレンよりフーガにし易いです。このフーガはコンサートでも演奏しています。同じサイレンの音をカルロ・リッツァーニ監督の映画『目をさまして殺せ』で用いたことを憶えています。

——非音楽的な音を多く使っていますが、映画の効果音担当者とはどのような関係を築かれていますか？

素晴らしい効果音担当者であるイタロ・カメラカンナを思い出します。彼とは何度も衝突しましたよ。でも友情ある態度での衝突です。彼に言いました。「悪いけど、君がミキシングに来てくれたからといって、効果音を大きくして音楽を低くするなんてことはしないよ」。すると「そんな事、監督には言わないでくれ、頼むよ」。私たちのぶつかり合いはいつもこんな調子で変わらないです。「あー、ぐしゃぐしゃにしないでくれ、音楽をよく響かせて、効果音は小さくして重ねないで」。些細な口論はありますが、最終的に監督が音楽と効果音のレベルを決めます。

——非音楽的サウンドを使用する時は、効果音担当者に音を出してもらうのですか？

『労働者階級は天国に入る〈TV〉』での工場のプレス音は自分で考案し、オーケストラに演奏させています。非音楽的サウンドを扱うとなると、どのようなものにするか誰に出してもらうかは私が決めます。『L'ultimo uomo di Sara』という映画では監督のヴィルジニア・オノラートが果敢な方で、ノイズも私に自由にやらせてくれたんです。音楽はノイズではありませんが、ノイズと隣り合っているのは明白です。この場合は、効果音担当者を巻き込んでいたと思います。

——音楽評論とは今までどのような関わりがありましたか？

なかったと言えるでしょう。かつてある評論家を路上で非難したことがあります。その人は何も知らないのに私について語り、書き続けていたんです。本当に何も知らずにね。

——ご自分に原因があると思える最大の欠点は何でしょうか？

悪態をついてしまうんですよ、ペップッチョ。自分の行動、やった事に腹を立ててしまいます。自分がミスを犯すたびに自分自身に対して悪態をつくんです。いつもそうなんです。恨めしい言葉を発している自分に気づきます。お話ししましたが仕事をしている時に電話が鳴るのにも腹が立ちます。名前を名乗らぬ電話にも。その後、あまりに衝動的になってしまうのですね。妻と口論になる時も、衝動的に自分の理性が間違った方向に行ってしまいます。ファルコーネ判事が言ったことを覚えているかね？　外観は本質より優位に立つ。争いもある時点で腹を立てるための手段となり、不和というのがもはや動機ではなくなるのです。

——かつて免許を剥奪されたことがあるというのは本当ですか？

どうしてそんな話が出てきたのかな？　ミキシングの仕事に行きまして、アルバロンガ通りに車を停めたんです。そこは駐車が認められていませんでした。罰金を科されまして後日、警察署へ免許を受け取りに行きました。剥奪と言えば剥奪ですが、結局は減点だけで済んだのです。

――貴方の純音楽作品で最も大胆で、最も狂躁的なものは何でしょう？

音楽院を卒業した時の私は、自分が生きる時代を前にして無防備な作曲家でした。奇抜な音楽が耳に入ってくるほど、音楽書法の開発においては大きな進歩を遂げていた世界だったのです。つまらない実験音楽も申し訳程度にありました。私は孤立状態から身を守る必要を感じたのです。このため当時作られていたものとは異なる、前衛的だと今でも思える曲を書きました。でも、そんな曲の中にも曲調に当時を思わせる雰囲気が注ぎ込まれています。「Musica per undici violini（11のヴァイオリンの為の音楽）」「Tre studi per flauto, clarinetto, e fagotto（3つの練習曲～フルート、クラリネット、ファゴットの為の）」そしてピアノ、ヴァイオリン、チェロの為の「Distanze（距離）」という題の曲を書きました。理解困難な曲であるとは思いますが、大衆のことは重要視しませんでした。大衆を見捨てるというわけではなく作曲したことに満足を覚えていたのです。大衆には何度も説明したことですが、現代音楽作品は一回だけ聴くものではなく、作曲者が込めた意味を理解したいのなら少なくとも二回は聴かなければなりません。メロディーを排し、ハーモニーを排し、リズムを排し、それ以外のパラメーターが聴衆に活気をもたらすことが難しくてできないというのなら、作曲家には何が残されるのでしょう？　メロディーやメロディーに付けるハーモニー、リズム、そしてメロディーの韻律が支配していた時代を経て、今はさらに深いところを求め、進んでいくのです。私はパラメーターを試み、変化をつけてみました。純音楽においてはわかりやすいものではありません。でもいくつかのケースでは可能だと思います。

――インタビューとの関わりは？　貴方はいつも気前よく……

場合によります。実に頻繁にインタビューの依頼を受けますが、いつも疑問に思っています。「私に何を尋ねるというのだろう？」。多くのインタビューは貧弱で安易なもので、いつも同じ質問です。例えば、ある時点で私はセルジオ・レオーネについての回答を打ち切ったりします。「失礼ですが、私は他にも数多くの映画を手掛けています。それについて話しませんか？　レオーネの話はここまでにしましょう。彼の事だけで30分も語り合っていますよ」。何年にも渡ってこう答えています。どうして他の質問をしてくれないのでしょうかね？　あるスペイン人のジャーナリストが家に来たのが忘れられません。何度も電話で約束を試みるも、私が他にやる事があって延ばしてきたのですが、その後、ようやく私が「来てもよろしい」と彼に言ったのです。彼はマドリードからやって来ました。どの質問も私が自画自賛せざるを得なくなるような回答を見込んだものだったのです。３つ目の質問で私が制止しました。「私に自らを非凡であるとか、驚異的であるとか、唯一無二の作曲家であるとか言わせるような回答をお望みなら、この辺でやめましょう」。次の質問で礼を言って別れを告げました。

――ローリング・ストーンズはアマチュアであると、かつて貴方が言ったとされていますが、ご記憶ありますか?

ええ、おぼろげながら。でもアマチュアなどとは思っていません。彼らはレコードを売るために、つまり単に満足感を与えるために作った音楽を演奏しています。彼らが巻き込む大衆は、ベートーヴェンやモーツァルト、またはバッハの音楽について意見を述べられません。私が言っているのはレコードを買う大衆で、つまり向き合うべき大多数ということです。そうしてプライドと能力を込めて作曲しているのです。これらはいずれも他の音楽と混同すべきではないことは明らかです。後に私が軽音楽に他の音楽の要素を持ち込みましたが、これは私個人の問題で大した事ではありません。あのイギリスの音楽はイタリアの市場にも影響を与え、ある面では崩壊させかねないほど音楽のコマーシャリズムに多大な教訓を残しました。我が国の歌手にもだいぶ後になって反応が見られました。でも当初からローリング・ストーンズ同様に素晴らしいその他のグループ――どれもイギリスだと思いますが――の影響でそれまでの決まり事が改められていました。繰り返しますが、私は否定的な見方はしていません。ただジーノ・パオリやセルジオ・エンドリゴ、ルチオ・ダッラが歌うような見事なカンツォーネと、売ることだけを目的としたカンツォーネには違いがあるんです。

——作曲家のエジスト・マッキについて一度ならずお話しされています。貴方がたお二人の間には大きな友情、敬愛の気持ちがあったように感じられますが、違いますか？

違いませんよ。エジストは私の人生で大切な思い出のある人です。立派な作曲家であり、同時代に作られたものと比較しても高い水準にある純音楽を生み出してきました。晩年に私とミケーレ・ダロンガロ、アントニオ・ポーチェらと共同で「Via Crucis（十字架の道）」を作曲した時は、彼の書法はまるで違ったものとなっていました。伝統的書法で、すべて平易なものだったのです。理由はわかりません。映画にも作曲していますが、そんなに多くはないと思います。映画作品においても作曲家としてのプライドを大切にしていたことはわかります。彼が専門としていたのはドキュメンタリー映画です。そこで実験できましたし、実際に行っていました。自らが望む音楽を書き、かなり良質なものとなったこともよくありました。真の作曲家であり、伴奏に純音楽を提供した偉大な音楽家です。

——エヴァ・フィッシャーと芸術家同士のつきあいがあったことは知っています。音楽家と画家という間での芸術面での交流などはありましたか？

この仕事を始めて間もない頃に知り合いまして、その少し前に私は結婚していました。彼女は私の住んでいたマンションの上、ペントハウスで生活していました。私の家には屋根裏部屋があったんです。私が初めて買った絵が彼女の作品で、今でも気に入っています。「Scale verso il cielo（天空への階段）」という絵です。建物が次々と建ち並んでいて空は見えません。想像するのです。どの建築もすべて高みに向かっていますから。実際に創作上のアイデアをぶつけ合うということはなかったです。でも完成した絵を見に頻繁に彼女に会いに行きまして、何枚か購入しましたよ。何年も経ってから彼女から声がかかります。「私の絵を貴方の音楽に捧げるというレコードを作りたいんだけど」「それは実にいい！」と私は賛同しました。書き下ろしの曲は無く、私の既製曲を採り上げました、こうして「Eva Fischer e Ennio Morricone」というディスクになったのです。[*2] 彼女は美人で、知り合った時なんて本当に綺麗でしたよ。当時の彼女の夫は建築家で、現在のテルミニ駅の設計に携わった人です。

――貴方は常に穏やかな感じですが、我慢の限界を超えた時はまたエネルギッシュであることもわかっています。

確かにそれはありますね。喜ばしいことではないですね。ある日、ＴＶの女性司会者が個人的にインタビューを申し込んできました。私の仕事と人生についての質問にはすべて答えました。そのうち、事前の了解なく彼女はこう言ってきます。「マエストロ、何故ピアノをお弾きにならないのですか?」。ピアノには限界を感じていまして、学びはしましたし音楽院で試験も受けましたが、練習していないとアルペジョや音階でもない限り……人前でまともに弾けません。私は答えます。「すみませんが、弾けないんです」。すると彼女が「マエストロ、弾いてください、大丈夫ですよ」「いや、そう言われても」。私は説明しました。「弾きたくないんですよ!」こんなやり取りが少なくとも5分は続きました。「わかりました、弾きましょう」。こう言わざるを得ないところまで追い込まれたんです。私はピアノの前に座り、拳を鍵盤に叩きつけました。「グルッポ」でフランコ・エヴァンジェリスティがやる弾き方です。彼は真っ当なピアノの音には関心が無くて、乱暴に扱わなければいけないかのように、また憎しみを抱いているかの如く破壊せんばかりに演奏するんです。これがカッとなったという事ですかね? 彼女は自分への抵抗だと思いました。実際、彼女の耐え難きしつこさに対する思い切った、目に見える形での反発ではありました。でも「グルッポ」でのそのような演奏スタイルはエヴァンジェリスティにしたら普通だったんですよ。

——いいですよ、エンニオ!

ある授賞式で、そこの女性司会者との間でも似たような事が起こったんです。その美人司会者は私に賞を渡すと、こう言います。「マエストロ、どうしてピアノをお弾きにならないのですか?」。また来ました。彼女に答えます。「私は弾かないんです、弾けないんです」「いえいえ、マエストロ、全国に放送されています！　生放送ですので！」。私は少し引き下がろうとしましたが、彼女に押し付けられる形となり従わなければならなくなります。前の時のような弾き方はせず、ここではかなり易しい曲を選びました。『ワンス・アポン・ア・タイム・イン・アメリカ』の「デボラのテーマ」です。放送が終わると同時に、思った事を主張します。私は彼女に、事前に了解が取れていないことをしつこく言うべきではない、ゲストにこのような形で強制するのは間違っていると言いました。

——貴方にとってピアノとの関わりは苦しいもので……

素敵な関係とは言えないものでしたね。7年次に実施された試験は通常のピアノ科7年次のそれに相当するものでした。私のは作曲家としてのピアノでしたからね。7年次以降はオーケストラのスコアをピアノで読譜する為に続けるんです。試験は厳しいもので、課題曲の半分を弾くことを強制されます。12曲ある中で6曲弾けるようにしなければならないということですね。ムツィオ・クレメンティの「グラドゥス・アド・パルナッスム」からの6曲、バッハの「プレリュードとフーガ」からの6曲です。作曲課程の方は快調に進んでいたんです。そこでピアノの試験にパスしないと作曲の学位は取れないので、作曲の学習をちょうど1年延ばすことに決めました。試験での演奏曲目の練習に1日10時間以上費やすことになります。「グラドゥス」にじっくりと取り組みました。メトロノームを使ってゆっくりと、とてもゆっくりと弾き始め、音を間違えずに弾けるようになったところで少しだけ加速します。結果として順当なテンポで弾けるところまで持っていったのです。かなり上質な方法で練習したのですが、それでもピアノとその試験には底知れぬ不安を抱いていました。試験ではバッハを弾くという巡り合わせとなりまして、しかも演奏するにはとても難しい嬰ハ長調の曲です。弾きましたが、おそらく上手くいかなかったのでしょう、神経質になっていておどおどしたものです。それから「グラドゥス」を演奏しました。好成績とはいきませんでしたが、進級となります。6点という情けない得点ですが、有難いものです。何から何まで不安だらけだったと思います。その直後に黄疸が出て来て、軽い肝炎にもなってしまいました。本当に病気になってしまい、そっけない食事しか摂れませんでした。幸いにしてその後、回復しました。試験のせいであることは明らかです。

──貴方の秘密であると言えそうですね。ピアノはモリコーネのアキレス腱ということで。

ピアノとの関わりは私に至福と屈辱とを一緒にもたらします。例えばバカロフのような名ピアニストを前にすると「自分は本当に弾けないんだなあ」と口にしてしまいます。一方で自分がピアノの名手ではないことに満足を覚えてもいます。何故ならピアニストはピアノで自らの発想を聴かせます、もちろん然るべき音で。でも危険が潜んでいるんです。オーケストレーションすると、ピアノによる暫定的ながらも見事な演奏に対して聴き劣りがするように感じられてしまいます。これでは困ります。私だと反対な事になります。自分の作曲したテーマを下手なピアノ演奏で監督に聴かせます。すると監督は嫌な曲だと口にしたり、または思ったりします。でもその後にオーケストレーションしたものを聴かせると、私の貧弱なピアノ演奏がかき消されるんです。他にもピアノが上手く弾けなくてよかったと思える理由があります。ピアノに縛られることがないからです！　本当にピアノが上手いとオーケストレーションに際し、自らのピアニズムに左右されてしまい、オーケストレーションがピアノからの編曲みたいに思われがちとなります。書かれたものを見ればわかりますし、演奏されたものを聴いてもわかります。これはいただけません！　オーケストラは自立したものでなければなりません。ですので繰り返し言います。オーケストラはそれだけで、ひとつの特異な楽器なのです。

——ピアノでテーマ曲を聴かせる時、大抵は鼻歌で補ったりしていますね。技術面で助かるということですか、それとも監督に対して良い効果があるのでしょうか？

君の言う通り、時々歌っています。歌うことに慣れていない声なのはわかっています。訓練していませんし、囁き声みたいなものです。私の声は良くないのですが自分を鼓舞したり、監督にメロディーラインをよりわかりやすくさせるために歌ってみるんです。メロディーとなる音を大きく目立たせようとはしませんから。こうして私の歌が監督の助けとなるんです。最近はやめましたけどね。録音で聴き直すと実に酷い歌声なのがわかりまして、音程も外れていました。音程を正すには訓練が必要です。訓練して耳を鍛え、脳を鍛えれば音程は身に付きます、特に音楽家であれば。私は歌の訓練などしていません、私の歌は常に一時的なものですから。でもピアノが加わるのは有効ですね。私の演奏は酷いもので、監督が最終ヴァージョンを聴いて大満足するくらいですので。それで私も胸をなでおろすんです。

——でもピアノで音楽を生み出すというのが真の作曲家というイメージがありますけど？

それはまるで正しくないと言えます。いずれにせよ、私には当てはまりません。私ばかりか本物の作曲家に対してもそうです。作曲にピアノは要りません！　断じて！　それは素人のやる事です。作曲しているものをピアノで弾く必要はありません。むしろ真の作曲家はピアノの力を借りることなく作曲するものだと知るべきでしょう。それでも譜面に書く前にハ長調の和音を奏でるアレンジャーを目にしました。馬鹿げています。

――そうしますと、作曲している時はどんな音を望み、出てくるかを既にイメージされているのですか？

そうです。ピアノではそのような事は考えません。ごく稀に音を書き留めまして、後でそれがどの程度役立つか検討したりします。何故なら実際、どんな音であっても作曲できるんです。例えば君に音で私とやり取りするよう頼むこともできますよ。それからその音を使って曲に仕上げるんです。私は魔術師ではないですよ。真の作曲家であれば誰でもできることです。私が特別なわけではありません。素人だとこうはいきません。それでピアノに頼る必要が出てくるのです。

――使いたいと思っている、そして今日まで使っていない発想や音楽処理というのはありますか？

思いついたアイデアはすべて使っています。使っていないものがあるとすれば、有効な発想ではなかったということになります。狼やカッコウ、ジャッカル、コヨーテの鳴き声というのが頭に浮かんできました。これはお話ししてないかな？　馬鹿にするような吹き方を強いられる口笛まで作曲したんですよ。それは『豹／ジャガー』です。他人を頼っては巻き込んでいく主人公の厚かましさを含ませたテーマ曲を書くようセルジオ・コルブッチに頼まれました。「クソ野郎を表すテーマ曲を頼むよ」。どう思う、おかしいですよね？　私は取り掛かりましたよ。二の句が告げられなかったのは勿論です。音楽で解決する法を見つけ出す必要がありました。少しずつ見えてきました。口笛に委ねたのです。彼はとても気に入ってくれました。でもコルブッチという人はねえ……「クソ野郎」なんて今まで取り組んだことないですし。ローマ人特有のユーモアもあって彼とはとても気が合いました。お話ししたように、問題は彼の手にかかると音楽がほとんど聞こえなくなることです。理由はわかりませんが、物音と一緒くたにしてしまうんです。

――そして電報や流れ作業の音……あるアニメ映画では森の音、ある西部劇ではラバの鳴き声を模倣しました。作品やオーケストラによって多くの現実音を再生産しています。模倣できないものはありますか、それとも何でも音楽で似せられるというものなのでしょうか？

オーケストラを使ってみまして、非音楽的音響を模倣するのに一種類の楽器をかなり頻繁に使用したものです。通常は現実音をそのまま差し込む方を好みます。現実の音を忠実に思い出させる響きを見つけ出すのは困難だからです。『真昼の死闘』でラバを模倣したのは事実です。ラバは鋭い鳴き声を発しても、すぐにとても低い鳴き声へと急速に変わっていくという事実をあの曲に応用したんです。楽器の間隔を広げることで、そうした急落を思わせることができました。いずれにせよ理想とする音です。多分、ラバの鳴き声であるとわからない人もいるでしょうが。

――『労働者階級は天国に入る〈ＴＶ〉』での流れ作業は？

金属を曲げたり切断したりするのに使うプレス機の音は、シンセサイザーを用いて出すのがより簡単です。伝統的な意味では音楽的な楽器ではありませんが、あの音を出すには欠かせない、完璧なまでに現代的なものです。オーケストラと組み合わせれば何でも上手くいきます。繰り返し言いますが、オーケストラの音で現実音をそっくり模倣できるというのは稀なんです。多様な音を出せる楽器の出番となるわけですが、逆を言えば私は何も使わないことになります。人間の声について述べましょう。望むものをほとんど模倣できるという特異な可能性を持っています。そればかりか、無数なまでに音を開発したり、奇天烈なサウンドを作り出せもします。人間の声にそのような魔力がある理由は至極簡単なことです。人間の肉体から発せられるからで、感じるままに分解したり組み直せるのです。

――今日のシンセサイザーやコンピューター用の音楽については、どうお考えになりますか？

形態の入れ替わり、変化と捉えています。シンセサイザーの使用はとても重要ですが、使う人、使い方に常に依存しています。電子楽器は大きな可能性を与えてくれます。オーケストラでは出せない、存在しない音を作り出します。ですので思いがけない響きが作曲者にもたらされるのです。ですがシンセサイザーがオーケストラの音を模倣するのは好みません。既に存在するオーケストラの音を真似るというのはいただけないです。シンセサイザー奏者と正統なオーケストラというのを私は好みます。しかしレコード会社やプロデューサーが音楽に費用をかけたくない時があって、何としても節約しようとします。こうしてオーケストラの音を再現する楽器としてシンセサイザーが使用されることになるんです。

――かつて、映画全篇を弦楽四重奏または五重奏で作曲してみたいと打ち明けてくれましたが、まだ実現されてませんね。

音楽への費用がかなりのものである重要な映画を手掛けてきましたが、お金をかけることの必要性は誰も否定しません。名監督のものであれば特にね。お話しした通り、私は浪費も倹約もせず、必要と感じたことを行ってきました。弦楽四重奏は映画にも好ましいものと思いますが、かと言って50人や60人ものオーケストラを節約するためではありません。弦楽四重奏は基本的に作曲家にとって好奇心を刺激する編成です。映画の音楽を弦楽四重奏で作曲するという発想は常に抱いていますが、今までそうした機会に恵まれなかったのです。依頼する監督もいませんでしたし、映画に適用する可能性については何とも言えません。弦楽四重奏は作曲はしましたが、映画全篇に渡るものではありません。

——ご記憶している中で、最も奇妙な状況で作曲したのは……

ある日、ガス代を支払いにバルベリーニ広場に行っていると、あるテーマが頭に浮かんできました。ミーナから頼まれていた「束の間に燃えつきて」のテーマです。ＲＡＩが番組のテーマソングとして求めていた曲について考え、頭をひねっていたところでした。アイデアを求めていると、思わぬ時に浮かんでくるものです。

——すぐに作曲する必要のないアイデアというのは、いつ浮かんできますか？

そうはありませんね。でもナイト・テーブルにいつも五線紙を用意して寝ています。真夜中に起きて、最初に閃いた2、3の音を書き留めるための準備となるものです。その後改めて発展させていきます。そう頻繁にはありませんが、あることはあります。

——夢の中から楽想を得るということは？

タルティーニの「悪魔のトリル」みたいに？　いえ、そういうのは無かったです。それにあったとしても既に知っている曲、忘れているだけの曲の夢である可能性もあって疑わしいです。危険なことになりかねません。似たようなものになるのは避けたいです。

——確かにそうですね。興味深くはありますが。でも眠りと貴方の音楽とのつながりをセルジオ・レオーネが把握しています。貴方に捧げられた有名なソネット、ご記憶にありますか？

***T'ho visto dormi'***
***su li banchi de la scola,***
***t'ho sentito russa'***
***mentre stavi in moviola***
***Ma 'ste musiche belle***
***'sti magnifici sòni***
***Ma quanno li componi?***

スコラチェアの長椅子で
眠る君を見た
映写室にいる間
君のいびきを耳にした
だけどこの美しい音楽
この素晴らしい調べ
いつの間に作曲したのか？

この詩は『夕陽のギャングたち』のミキシングから生まれたものです。彼がミキシングをしまして、私はその場にいて見ていました。それから自分の意見を述べたのです。ところが作業はなかなか進まず、私はいつしか眠り込んでしまいました。その間セルジオはファウスト・アンチライと一緒にミキシングを続けます。レオーネの悪ふざけというのは滅多にないのですが、その時は可愛いものでしたよ。深夜の1時で私は眠っていたところ、彼はマイクロフォンを手にして唸りきます。「モリコーネ、酷い音楽を書いたものだな、何なんだ、これは?」。映画に出てくるような幽霊の口調で語りました。自分の声が私の夢の中で響くことを望んでいたのです。「酷い音楽を書いたな、酷すぎるぞ」と囁いたのです。目を覚ました私は、2時まで開いているバーへ連れていかれ、そこでカプチーノを飲みました。ひとつ説明しておきましょう。12か13歳の頃までは私は夜になるといつも眠かったんです。その頃、独軍または米軍相手に仕事をしていまして、夜の2時か3時まで演奏していたんです。それから朝は早く起きて音楽院に通い、午後は宿題をこなします。つまりほとんど眠っていなくて、その時から眠そうな顔をしていました。今は朝の4時に起き、夜10時には寝ます。ディナーに招かれると起きていまして眠りません。それでも翌朝の4時には起きるんです。

——ご友人である他の映画監督も貴方によく冗談を仕掛けたとか……

エリオ・ペトリが私に悪ふざけをしたんですよ。本当に良くない。作曲家がいかに映画監督に従属した立場であるか思い知らされました。ある日『殺人捜査』のミキシングに私には来てほしくないということになったんです。「いや、君は来ないでくれ」と、はっきり言われたんです。そこで私は家にいました。その後、完成版を見てもらいたいと声がかかります。その時はまだスプールが残っていまして、それぞれ10分ほどの長さのものでした。エリオは私に初号を見せます。音楽が替えられていました。以前、フォノ・ローマで手掛けた、世に知られていない映画の音楽が入れられていたんです。磁気録音テープがかけられ、最初のスプールに流されました。コーラスがあったと記憶しています。彼に言いました。「これはどうしたんだ?」。彼は夢中になっています。「いいじゃないか、いいと思わないか?」「いや、でも」。私は喰い下がります。「関係ないだろ、何なんだ?」。荒っぽい言葉になってしまいました。彼は素晴らしいと繰り返すばかりです。「どうだいF・ボルカンが殺されるところ、コーラスがぴったりじゃないか」。その間、ルッジェーロ・マストロヤンニが私の左側にいまして、彼もまた「エンニオ、この素晴らしさがわからんのか?」と言います。誰も彼もまともには思えず、異様な事を口にしているのがわかっていないのです。何もかもが戯言に終始しています。そこで私も自暴自棄となり言いました。「そんなに気に入っているのなら、好きにすればいいよ、だけどこれは別の映画の音楽だから、勝手にはできないよ」。それでも折れるところでした。次のような言葉が出そうになったのです。「私の音楽が気に入らないのなら好きにするがいい。会社から苦情がでるぞ、無駄に私に作曲料を支払ったんだから。それからあの映画の会社も怒ってくるぞ、音楽を盗用したということで」。私はほとんど無条件降伏です。本当ですよ。突如、エリオが照明を点け、そして今思い出しても感動することを言ったんです。「エンニオ、想像し得る最高の音楽を君は作曲してくれたよ、こんな事をして殴られても仕方ないな」。どうしてこのような悪ふざけをしたのかはわかりません。でもその日は、作曲家というものは何にせよ常に監督に仕えるものだと痛感しました。実際に従うところでしたから。音楽が気に入ってもらえなかったら、こちらとしては致し方なくなるのです。

――エリオ・ペトリとルッジェーロ・マストロヤンニが音楽を盗用した映画は何だったか憶えていますか？

アルフィオ・カルタビアーノ監督の『ギャングスター』です。カルタビアーノはスタントマンとして映画界に入った監督です。実に変な映画で、音楽で何とか救おうとしたのが正直なところです。レオーネはこのカルタビアーノをえらく気に入っていまして、彼もセルジオが行ったように役者をゆっくりと歩かせていました。でもレオーネはレオーネ、カルタビアーノはカルタビアーノです。水の中を歩いているみたいで、どれも猿真似です。観客がそれに気を取られないようにするべく、特異な音楽を作曲しました。

――貴方も人の悪い冗談を仕掛けたことがあるとか……

ＲＣＡでレコードを制作しなければならなくて、そこにはトランペットによる重要な独奏部がありました。オーケストラはなく、トランペットは重ね録りということになったのです。私は音声調整室にいました。聴いていた私たちはもう上出来であると感じていました。そこでトランペット奏者のニーノ・クラッソに言います。「ニーノ、とても良かった。だけどもう少し弱く演奏してくれないかな？」。彼はさらに弱く吹きました。「今のも良かった」と私は言いました。「そのまま、さらにもう少し弱くできないかな？」。彼は何も言わず黙って、さらに弱く吹きました。つまり、こんなデタラメな要求を3、4回続けたということです。突然、彼が演奏できなくなります。さらに弱い音を出そうとしてトランペットの吹き口から遠ざかりながら吹いていたのです。疲れてしまったところで冗談だったと伝えました。彼の謙虚さは大したものです。何の不平も言わず、どの要求も受け入れてくれたんですから。

——それだけじゃないでしょう、エンニオ。他にもあると聞いてますが……

ＲＡＩの番組のオーケストラを初めて指揮した時のことです。週一回のもので番組用のアレンジもぼう大な量でした。全部仕上げるには3ヶ月はかかります。オーケストラにはマリオ・ミダーナという首席トロンボーン奏者がいました。この男は熱意に欠けるタイプで、なかなかお喋りをやめません。それでも出だしは正確ですし、冒頭で揃わないということもなかったです。トランペットを吹いていた私としては、直前には楽器を口元に備えておく必要を感じていましたし、他の仲間らがすぐに音を出せないこともわかっていました。オペラ座の首席トランペット奏者は、吹き口を口元にうまく位置づけるのに頭を下げる必要すらありまして、それから演奏したのです。ところが、このトロンボーン奏者ときたら瞬時に楽器を口に持っていき、すぐに音を出すのです。これが私の勘に障りました。そればかりか自分の隣にいる第二トロンボーン奏者のエンツォ・フォルテといつも話をしています。何もかも腹立たしく、苛立ちを覚えました。RAIの総局長と社長の机には専用電話があるということがオーケストラ団員の間では広く伝わっていました。あるボタンを押すと大ホールの音声を聴くことができて、別なボタンを押すと小ホール、さらに別なボタンでフォロ・イタリコ[*3]を聞けます。要するに、好きな時にチェックできるということです。その後、私は録音技師に首席トロンボーンのマリオ・ミダーナの口元に、わからないようにマイクロフォンを向けるように言いました。トロンボーン用のマイクロフォンに混ぜながらね。彼はフォルテを相手にお喋りを続けています。今や私の共犯者であるとも知らず、フォルテを挑発しているのです。「誰に投票する？　俺は共産党に入れるよ、どうでもいいんだ、司祭だろうが何だろうが関係ない」。眉をひそめるような、危ない内容を口にしていきます。私は他にもやりました。休憩時間にはオーケストラ団員から成る様々な人垣《ひとがき》ができるのですが、私の指図により彼が現れたら、遠ざけて彼を孤立させるようにしたんです。彼は別なグループに近寄りましたが、それも離れていき、彼はひとり取り残される格好となりました。何が起こっているのかわからず、困惑するばかりでした。最終日にホールの検査官がテープを渡しに来ました。そのテープは録音された首席トロンボーンの声と共に全曲が録音技師によって編集されていたのです。一連の放送をすべて録音した、長大なテープもひとつ出てきました。「上に置いてください」と私は頼んでおきました。「レコーディングが終わる頃に聴きに上がりますから」。首席トロンボーン奏者は何かが起きていることに感づいていました。近づくたびに同僚が離れていくということが続いていましたから。離れていく者には第二トロンボーン奏者も含まれていて、彼は器用なナポリ人で自分のパートは見事に奏していました。レコーディングが終わります。そこで私は検査官に言いました。「録音技師によるレコーディングを聴きに上に行きたい」。オーケストラ・メンバーも成果を聴くのを心待ちにしていたんです。勿論あの首席トロンボーン奏者もね。私たちは、彼の知らぬ間に録音された声を聞いたんです。彼はＲＡＩとその経営陣、キリスト教民主党、司祭など、あらゆるものについて悪しざまに語っていました。自分が共産党員であることも口にしていたんです。当時は危険思想とされていました。その後、私たちは階下を降りて路上に出ます。茫然自失となっている彼に目をやります。私は言いました。「マリオ、私語は慎めと言っただろう。上層部がチェックしているんだぞ」「クビになってしまうよ」と彼は力なく言いました。しばらくして単なる悪ふざけだったと教えてあげたんです。

――私が何を思い浮かべたかわかります？　チェロ奏者のヨーヨー・マもそのトロンボーン奏者みたいなことをしています。出だしが間に合っていないように見えました。貴方とのコンサートでは、ちょっとはらはらしましたよ。

確かに、彼の弓の動きが遅れていて、出だしが揃っていない感じがしたのは憶えています。オーケストラとずれているように見て取れたでしょう。でも結果的にはオーケストラと寄り添い、同じテンポで演奏しました。

――ヨーヨー・マとの仕事はどうでしたか？

レコード会社のディレクターが私と彼とのレコーディングを要望したんです。ヨーヨー・マも快諾してくれました。こうして私は自らの旧作を新たなスコアとして書き下ろします。楽曲は大衆にも馴染みのあるものでなければいけません。そしてチェロのパートが追加されたものとして聴かれなければならず、時にはメロディー、時にはそれ以外のものというふうに。実に素晴らしい演奏をしてくれました。オーケストラも彼の礼儀正しさと謙虚さを好ましく思っていました。彼が絶えることなく示す行動に感動していたのです。私も彼を前にするたびに全員が好意を抱いているのを感じていました。録音した曲を私たちが聴いている時のことですが、ヨーヨー・マが調整室に入ると、オーケストラ全員が彼の後をついてきました。50人にもなりました。とても密集した状態で聴いたんです。今までにないことです。彼も記憶に残るものになったと感じていました。愚かにも勿体をつけて気取ったチェリストがいるのは知っています。それに比べてヨーヨー・マはどこから見ても立派で偉大な存在です。

――映画音楽の作曲家としてのキャリアにおいて、まさに転換点になったと言える時はいつでしょうか?

お話ししましたが、ダリオ・アルジェントの映画での経験ですね、転換点となったのは。間違いないです。アルジェントとの仕事は続きましたが、おそらくもう映画では声はかからないでしょう。他に決定的と言えるのは『鑑定士と顔のない依頼人』の時で、楽曲は脚本を読んでから作曲したものです。オークションの査定官が自宅にある秘密の倉庫にこもって、密かに収集した多くの美女の肖像画に見とれている場面には感動しました。映像も忘れられないもので、脳と心に染み込んできたのです。マドリガルを意識したものを君は提案してきました。とても論理的なアドヴァイスに思えます。すぐに作曲しましたが正統なスコアではなく、テンポも音強も異なる6声から成る女声ヴォーカルに委ねました。とても鋭い声と濃密な声、とても重苦しい声と静的な声、鋭い声と静的な声、つまり演奏に差異を設けたかったのです。レコーディング中は各人が何回か歌いますが、ずっとひとりです。ですので他人の演奏はわからないのです。このやり方によって異なる性格を持つ24ものメロディーの聴かせ所が得られるのです。各人が前のとは違う歌い方をするんです。過去にも「I bambini del mondo」という人権についての十戒を讃えた作品で、こうした声楽を操作しました。ダミアーニ監督の『Il sorriso del grande tentatore』もそうですね。でも今回の選択は独特なものです。偶発的で一貫性のない多くのヴォーカルがキャンバスに描かれた美女という、ある種抽象的な存在を具現化してくれるものと考えました。あの美女たちは主人公の人生で唯一、女性を表す存在です。君が好んだアイデア、声楽とマドリガルは親近性のある要素です、私はオーケストラを使って録音を行いましたが、そこでの楽器は他者の演奏を知らずに奏されたものです。エレキ・ベース担当のナンニ・チヴィテンガにパートを与えましたが、彼は自宅でマイクロフォンを使い、自ら演奏・録音をしたんです。それぞれの楽想はその他大勢にとって不可思議なものですが、私は形にすべく正しく並べることができます。しかもそれは変奏可能なものです。作曲家がオーケストレーションしたもので監督に不意打ちを喰らわしてしまうような場合、土壇場になって監督は音楽に対して疑念を覚えてしまうことが往々にしてあるのですが、この体系はそんな監督を守るものとなります。私が転換点と考える理由はそこにあるんです。この新たな作曲方式は、どれを採用するか選ぶ機会を監督に与えます。最初はあの要素、次は別のもの、その次は和声感のあるもの、そしてまた別な要素、というふうにしてスコアが仕上がってきます。今まで用いたことのない、それこそ純音楽でも使ったことのないような映画ならではの重要なカギとなるものです。プレミキシングの後で君に曲を聴かせ、その仕上がりに君は夢中になってくれたね。ふさわしい音楽だと言ってくれた時は喜びと誇りを感じましたよ。心が和みました。後で私に声をかけ、こう言ったよね。「忘れないでほしいんだけど、これはジャーロ映画なんだ、ジャーロ風音楽はある？」。私はまた動揺してしまいました。そこでジャーロ用の音楽に取り掛かり、場面の時間を測らないまま6、7曲書きます。どれも異なるものですが、それぞれ連なってはいます。心配なのは、この体系で行くと音楽作曲が段階的に長引いてしまい、映画のポストプロダクションにまで差し掛かってしまうことです。この手法は監督を巻き込むことになります。つまり作曲行為に参加する権利が監督に与えられるのです。映画を前にした監督は、頭に入っている各要素を配置できます、既に耳にしていますから。好きな場面に採用できまして、作曲家の決めた響きも含め、作曲家によって作られたフォームが役立ってくるというわけです。そうして監督はほとんど音楽の共作者となるのです。

――実際、そうでしたね。場面に際し、一緒になって楽曲を築いていったことを憶えています。

理想とするものに到達するまで、数多くの処置を曲に連ねていったんです。ええ、作曲家になったような気分を少し味わえましたよ。

あ、言い忘れていたけど……著作権は私にあるからね！

――アハハ！　勿論です。いつも最初に貴方の音楽を聴くことになるのは誰ですか？

私が何度も残念に思う点のひとつがそれなんですよ。仕事で組む監督に、必要とされる以上の様々なメロディーによるアイデアを聴かせます。監督が取捨選択します。実際に良くないテーマが選ばれることがしばしばあるんです。駄目なテーマを扱わなければならなくなった私は、せめてオーケストレーションで良く聴けるようにします。そこで突然、最初に各テーマを妻に聴かせようという気になりました。監督に提示されるテーマ曲の仲介を彼女にさせるということです。彼女が気に入れば監督に差し出し、そうでなければ没にします。重要なもので、はっきりとわかってくるんです。『ある夕食のテーブル〈M〉』を手掛けた時、監督のジュゼッペ・パトローニ・グリッフィにピアノでテーマ曲を聴かせました。音程を工夫したもので、7度音程が繰り返され、メロディーに斬新なセンスを与えていますが、その副主題をすべてカットしたいと思っていたんです。「ペッピーノ（ジュゼッペ）、これは没にしよう」。すると彼が「何を言うんだ、最高のパートだよ」。その時、自分の作品について的確な判断をしていないことに気づきました。ですので妻が好む曲だけを監督が聴くことになりました。

――どうして没にしたかったのですか？

単に気に入らなかったからです。失敗作だったのです。でもお話ししたようにマリアには助かっています。全曲まるごと聴いてもらっているんです。『鑑定士と顔のない依頼人』の女声ヴォーカルの曲は聴かせていません。無理です。主題がないので聴かせられなかったのです。でも本当に、私にとっても映画にとっても大助かりです。彼女は批評的な役割は担いません。単純に大衆としての立場を取らなければいけないのです。

――奥様と直接話をつければ監督は先んじて聴きますよ！

まあまあ。彼女は私が聴かせたものから選んでいるだけです。

――映画を担当するかどうかを奥様がお決めになったことはありますか？

ないです。有り得ないでしょ？　テーマ曲の選択で手伝ってもらってはいても、映画ではありません！　私は熱意を持って脚本を読みます。そしてまるで理解できないものもよくあります。君の脚本は小説のようにして読んでいます。理由はわかりません。脚本がとても気に入るとマリアにも読ませます。大抵、彼女も私に賛同してくれます。

――他に奥様の方からの共同作業というのはありますか？

いちばん大きいのは成功している時も苦しい時も、常に私に寄り添ってくれたことですね。思い出すのはまだ複写機というものが存在しなかった頃、私の仕事をやり易くしようとして、彼女が五線紙を一束用意し、しかも譜表の左側の各編成を手書きで書いてくれたことです。全ページに渡ってね。大した根気ですよ！

＊1　トランペットは移調楽器で、ここで言っているのはB♭管のトランペット。記譜上はドでも実際に鳴っている音は♭シとなる。

＊2　Eva Fischer（1920〜2015）旧ユーゴスラヴィア出身の画家。第二次大戦後、イタリアに移住。「A Eva Fischer pittore」というタイトルのCDで、画集とセットになっていた。

＊3　ローマにあるスポーツ施設。

# 10章　隠された愛のテーマ——アンドレア／果てしなき成長

——今や、ご家族にはもうひとり作曲家がいますね……

　何年も前ですが息子のアンドレアが私に言ったんです。「パパ、僕は作曲家になりたい」。私はそんな考えは捨てるよう言いました。難しいもの、仕事としても難しいからです。当然ながら妻はアンドレアの側に付きます。「貴方はいつもレコーディングに出ているから知らないでしょうけど、アンドレアはピアノの前で何時間も過ごしていて、弾きながら作曲しているのよ！」。私は問いかけます。「何を作曲しているんだ？」「終わりのないメロディーよ」「終わりがないとはどういうこと？」。マリアが語ります。「貴方が来るとやめてしまうの、そして貴方が行ってしまうとまた始まるのね。貴方がいない時に続いているのよ。メロディーがたっぷりある曲で終わらないの！　だから作曲の勉強をさせましょうよ！」。充分な学習をしても作曲家になれない者が山ほどいると私は告げました。それでも彼女は折れません。こうしてアンドレアは本格的に作曲の学習を始めます。最初は私が指導しました。そして私とそっくりであることに気づきます。大人しくしていられないというか、簡単なものでも何でも難しくしてしまうんです。バス課題で上声部を正しく響かせるよう配置するだけでいいのに、必要のないものまで書いてしまいます。若い頃の私もそうでした。アントニオ・フェルナンディの後に最初に師事したカルロ・ジョルジョ・ガロファーロが私に言いました。「これでは駄目だ、じゃがいもをやりなさい」。何のことか説明しましたよね。同じく「じゃがいも」をやるようにアンドレアにも言いました。彼が将来作れるものを予想するのは楽しかったです。ある日、アンドレアに言います。「ここまでで良い。お前を鍛え上げるような、とても厳しい先生を紹介する。厳しくされても挫けるんじゃないぞ。本当に厳しい人なんだからな！」。アンドレアをイルマ・ラヴィナーレ[*1]に師事させました。彼女は有能な作曲家で、多くの教え子を擁していました。毎回というわけではありませんでしたが、アンドレアは帰宅するたびに「パパ、もうやめたい」と私に言ってきました。私は「駄目だ、続けるんだ！」と突き放します。イルマは私が真似できないほど厳しかったのです。「パパ、上手くできない時があるんだ」「落ち着くんだ、落ち着いてじっくり取り組みなさい」。結果的にはやり遂げました。悩み苦しみながらも作曲家になれたのです。今は不本意で難しい仕事もしていますが、息子には簡単なものではないと言い聞かせてきました。でも映画音楽を手掛けるようになり、良い成果を挙げています。ジュリアーノ・モンタルド、ジュリオ・バーゼ、バリー・レヴィンソンらの作品など何本か担当しました……モンタルドの『L'industriale』は予想を超えるほど良いものでした。息子を評価していなかったというわけではなく、アンドレアが私に聴かせてきたものと、ここで映画に作曲したものとが違っていたからです。独自でやり遂げたことを嬉しく思います。ミニマル・ミュージックの道を歩んだ時は感心しませんでした。流されるまま手を着けたのなら、いただけません。ミニマリズムへの未練を断ち切って、然るべき自分なりの作曲をしてほしいものです。

――音楽面での個性というものは大切なのでしょうか？

独自のスタイルを持つことは必要不可欠です。そうでなければ既に在るものの焼き直しとなってしまいます。作曲家は音楽史の中で起こった事すべてを知っておかなければなりません。学習の途中で、おそらく憧れから来るものでしょうが、立ち止まってしまっては無駄になってしまいます。私の、とある同僚はフレスコバルディが気に入ってしまい、生涯かけてフレスコバルディ風の作品を書き続けましたが、誰にも関心を持たれませんでした。バッハのような曲を書いたとしても誰からも讃えられません。作曲家は頭を使って学習し、歴史上の音楽作品についても自ら復習しなければならないのです。愛する、また愛した、そしてさらに愛していくであろう音楽を抑制するためにも自らの個性を用いなければいけません。容易なことではないです。作曲科の学生に対し、どれだけ「およしなさい」と言ったことでしょう？　何年も犠牲にした挙句、作曲家になれないのです。学んでいる人たちの大半を見て予見できるのですが、本物の作曲家になれるのは2％です。いいですか、2％ですよ！　このためアンドレアが作曲を始めることを最初は望まなかったのです。

――エンニオ・モリコーネという父親が、彼が仕事をする上で重圧を与えてしまうのではないかと心配ではないですか？

名を成した父親が息子の仕事を難しくしてしまうというのは、よくある話です。しかも近年はこれにある要素が加わります。シンセサイザーです。今日とても重要な位置を占めており、多くの場合アマチュアによって用いられています。これが仕事をする機会に大きな制限を与えてしまうんです。コンピューターやシンセサイザーで映画音楽を担当させると、かなりの金額が節約されます。しばしば作品がありきたりなものとなってしまいますが、監督には権限がなく、受け入れてしまうんです。会社の方は節約になるので大喜びです。アンドレアが直面する困難は、大作曲家含め誰にとっても同じです。最初はＴＶなど私の仕事をいくつかやらせました。その後、『ニュー・シネマ・パラダイス』の愛のテーマを作曲した時のことですが、私はいろいろと書き上げまして、その中にアンドレア作曲のものを君には知らせないまま含ませたことを憶えています。君はどれを選んだかな？　そう、アンドレアの曲です。私はすぐに打ち明けることなく、曲を採り上げオーケストレーションし、君を連れてレコーディングに臨みました。レコーディングの間、自らに問いかけます。「さて、今話すべきだろうか？」。私は繰り返し君に尋ねます。「これでいいのか？　このテーマ気に入ったのかい？」。君の答えは「うん、最高に気に入ったよ」。翌日、また尋ねます。「本当に気に入ったのか？」「そうだよ」と君は答えました。「大好きだと言ったじゃないか」。こんなやり取りを4、5回は繰り返さなくてはなりませんでしたが、確かめたかったのです。レコーディングが終わる頃に秘密を君に打ち明けました。君の提案で、オーケストレーションが私であってもアンドレアを愛のテーマの作曲者としてメイン・タイトルに表記される権利が認められます。その時まで君を騙していたような気がしていましたが、救われた気分になりました。でも、あのテーマを選んでくれたのは私ではなく、ペップッチョ、君なんだ。

――はっきりと憶えています。まさにそのようにして事が運びましたね。本当に残念なのは、私が選ばなかった曲すべてが外されたり、没になったことです。

そうですね。でもすべてが没になったわけではないですよ。

――あの時は3曲聴かせてもらいました。私が選んだのは2曲目で、そこで貴方が「いいのか?」と尋ね、私は「はい」と答えました。そこでまた2回ほど再び聴かせてくれて、私もまた一番良いと答えます。そうして1曲目と3曲目が外されました。今となってはまた聴いてみたいですよ。「没」になったものも実に美しかった。でも、その選んだ曲がアンドレアの作だと後になって知りましたが、1回聴いただけで心を奪われたんです。

真相を言わなければならないなと、どれだけ頭を痛めたことか。

――ご尊父が貴方に厳しかったように、アンドレアにも厳しく接しましたか?

いいえ、そんなに厳しくする必要はなかったです。総体的に息子たちとはいつも上手くいっていたんですよ。彼らは私の前では大人しく、慕ってもくれました。私も子供たちにはそれぞれ同じように愛情を注ぎました。アンドレアにも、マルコやアレッサンドラ、ジョヴァンニと同様にね。幼いマルコに一度だけ手を上げたことがあります。男の子に石を投げたからです。でも子供らとは本当に良好な関係を築けました。マリアとはまた明らかに違ったもので、こちらは別な形での愛情表現でした。私も厳しく接した時もありましたが、父が時々私に対して示したようなものではありません。父の欠点でしたね、神経質で私と母との関係に嫉妬していました。

――エンニオ、貴方は家庭を築き、映画も6、7本、それ以上手掛ける時期のある年が何年か続きました。作曲家としての仕事と父親の役割とをどう両立させましたか？

その頃は数多く仕事をこなすのが普通に思えていました。ある時期、実質的にどのオファーも受け入れていて、最初は断ることなどありませんでした。ある時点で断ち切るようになっていた西部劇は別ですけど。作曲は私の喜びであり、満足のいく仕事に自ら専念することで私の作曲家魂を羽ばたかせたのです。オーケストラを前にした私は自分が作曲したものを演奏します。おそらく作曲家だけが味わえるものでしょう。映画監督が自分が撮った映画を観て感じるものと同じだと思います。五線紙から演奏を経て現実化した音を聴くというのは、形容し難い感覚です。年に10本もの映画を担当することが続きました。それほど激しく仕事をしているという自覚はなかったんですよ！　実際、『殺人捜査』や『ある夕食のテーブル〈M〉』のような重要な映画を同時に手掛けていたんですからね。今、唯一残念なのは、家族に父親としてあるべき姿を享受させてあげなかったことでしょう。私は書斎で作曲し、それから録音をしに出てしまいます。つまり、いつも独り。独りで仕事をするのです。その間、妻は母親や妹と会ったりして常に誰かと一緒にいました。私が家にいる時と言えば、夕食の時間に顔を合わせるくらいです。妻は私が不在がちなのを淋しく思うことがよくありました。にもかかわらず私としては、作曲する時は独りでなければならないという考えを変えませんでした。それればかりか、オーケストラが揃い、録音を行う場であるスタジオに妻を連れて行くのも由としませんでした。彼女にとっては嬉しいことになったと思いますが、私は来ないように常に言っていたのです。理由があります。監督に、私の作品についての所見を好きなだけ自由に述べられる気分にさせないといけません。家内がそこにいると、そうした自由が得られなくなってしまいます。わかるかね、ペップッチョ？　残念なことは重なるもので、仕事がもたらす哀しみです。そして生きている中で大きな満足感を与えてくれるのも同じく仕事なのです。

――『ニュー・シネマ・パラダイス』の話に戻ります。貴方の作品の中にアンドレア作曲のテーマを含ませる気になったのはどうしてです？

アンドレアが頼んだわけではなく、単に彼が聴かせてくれて私が気に入ったというだけのことです。私より上手いピアノで聴かせてくれましてね、そこで言ったんです。「どうする？　このテーマもペップッチョに聴かせる曲の中に入れてみるか、どうなるかやってみよう」。とにかく自分の作品ではないので妻に聴かせることもなく、より客観的に判断できたのですね。

――ラストの、カットされてきたキス・シーンに流れる愛のテーマを録音する前に、貴方とオーケストラの間でちょっとした対話があったのを憶えています。「皆さん、今から演奏する曲についで聞いていただきたいのです。私がこの映画を、他をさしおいてでも担当しようという気にさせられたシーンに流れるものなのです」

ええ、確かにそう言いましたね。

——それからこうも言いました。「よろしいですか、まず映像を先に観ましょう」。オーケストラの人たちはあのシーンを観て、終わると両足を踏み鳴らしました。オーケストラがやる拍手です。私、感動しました。

そうです！　ラスト・シーンの音楽をレコーディングする時に、オーケストラにあのシーンを観るよう頼みました。美しく感動的で、豊かな才能を感じさせる場面です。司祭によってカットされたキス・シーン……上映したことでヴァイオリン奏者らは弓を譜面台に叩いたり、両足を床に踏み鳴らして拍手することになりました。レコーディング前に見せたことが功を奏して、オーケストラは大いに共感し純度の高い演奏をしてくれたんです。通常はこのような事はしません。演奏者の気が散ったり、テンポがずれたり、観ながら演奏を始められては困ります。それは良くない。あの時は特異なケースと感じていました。映画のラスト・シーンが特異であるようにね。あの有名なキス・シーンは私も大好きで、本当にあの場面があるということだけで、君の映画を手掛ける気になったんですよ。それに君の要求により撮影前にレコーディングを済ませていました。レオーネにもほぼ決まってそうしていました。後で映画に入れることになる音楽を愛せるようになりますから。君の映画でもこの方式を続けました。例外となったのは『記憶の扉』です。ドパルデューが歌うことになった主題歌だけを君に聴かせました。

――『記憶の扉』の音楽のアイデアは脚本から着想したものでしょうか？　触発されるような詳細な場面とかありましたか？

脚本は、雷雨の中を疾走する男を描いているところから始まります。これは一種のプレリュードで、ここで私はその後に流れるものとは密接した関係を持たない音楽を作曲しました。ある種の不明瞭さを与える必要を感じたのです。と言うのもドパルデュー演じる人物と彼の精神状態が曖昧模糊としているからです。記憶を失っていまして、音楽もそんな彼の消失した記憶を表現しなければなりません。少しずつ音楽が明瞭なものになってくると主人公も理性を取り戻していきます。ようやく理解し、自覚できるようになったところで歌が流れます。過去の記憶が蘇ったのです。この場面に基づいてテーマが中断しては始まり、さらにまた始まります。記憶が蘇ることで生じたテーマが徐々に形になっていくんです。

――私の他の映画においても、音楽を構想するうえでの鍵となるものを物語の中から模索するのですか？

通常そうしています。進展していく物語を表現することを試みています。いつも可能とは限りませんが。時には物語とともに進展する音楽ではなく、映画全体を表現するために然るべき雰囲気となる響きを主眼とした音楽を作曲しなければなりません。物語表現に急激なクレッシェンドを要する時もあります。『記憶の扉』にはこうした可能性があるのが明白です。このため冒頭はやや不定形、やや無調気味な音楽を作曲し、回想場面では主人公の記憶の混乱を強調するため、弦による奇妙で、まさに乱れたピッツィカートまであります。

——水のために楽器を使いましたね、どうして？

映画では水は重要な役割を担っています。常に雨が降っています、外も中も。トランペットを水の中に浸すことはできませんし、ヴァイオリンでは尚更です。水中だと振動する打楽器が必要です、それも皮製のものでは駄目です、音強と持続性が失われますから。そこで金属製の打楽器が要ることになります。様々なサイズの小型のタムタムを用意します。まずそれを手に取った私は柔らかいバチで叩き、すぐに水中に浸しました。水によって楽器の振動が遮られ、そうして本来のものとは違う音になります。気に入った私はこれを続けます。二人の奏者が2つのタムタムで奏でました。つまり4つの異なる楽器で奏し、4つの異なる打楽器の音が得られたのです。あの音はいささか凝ったものですが、面白いものでした。

——『記憶の扉』ではピアノを内部の弦に硬貨を載せてずっと弾かせていました。以前にも一回はこうしたことを行っていましたね。デ・セータ監督の「Un uomo a metà」でしたか。同じような事を既に誰かが試みていたのですか、それとも貴方の発案ですか？

グルッポ・ディ・インプロヴィザツィオネ・ヌオヴァ・コンソナンツァで培った経験による成果です。ピアノに関してあらゆることを私たちは試みていました。私は通常とは異なる、風変わりな音を出そうとして弦を使ったんです。『記憶の扉』での音は私が望んだ抽象的な感覚をもたらしてくれるもので、ピアノから出ているようには聴こえない、奇妙な音です。しかも一本の弦が異なる形で振動しているのです。ドパルデューの歌のアレンジに、その方法を採り入れたのは私のアイデアですが、いずれもあの頃の経験から来たものです。実は当初、お話ししたような音を出すためにビー玉を使わなければならなかったんです。2本の弦の間で振動することを望みました。でも満足のいくものとはならなかったんです。硬貨によって良い結果となることがわかり、使うことにしました。最初にこうした手法でピアノを演奏した人たちは二人のフランス人エンジニア[*2]で、彼らはレコードも製作しました。奇妙な方式でピアノを用いましたが、彼らの曲には論理と形式はあるものの、いずれも、どちらかと言うと偶発的な音で構成されているものでした。その後、同じ二人によってノイズのみを扱った音楽が作り出されます。これも啓示となりましたよ。音素材になるノイズ、そのノイズによって形式と成果が得られるのですから。これらはいずれも少し馬鹿げていて、かなり抽象的なものであることはわかっています。でも、これもまた私を形成したものでもあるんです。経験したことを用いるという範囲で常に制限を設けることにしています。

――私の映画で、貴方にとって最も難しかったものは何ですか？

最も複雑で頭を悩ませたものと言えば……『題名のない子守唄』と『海の上のピアニスト』ですね。でも『鑑定士と顔のない依頼人』もそのリストに入れられるでしょう。確かに『海の上……』は凄いもので、ほとんどミュージカルでした。楽しかった場面はラストでして、ジェリー・ロール・モートンとノヴェチェントの対決について語りましょう。ジェリー・ロール・モートンが弾く曲は既成曲ですが、ノヴェチェントの演奏曲目は私が用意したもの、私の自作です。問題はそこです。対決に勝利するからには何をノヴェチェントに弾かせるか？　困ったことに相手は強敵で、神と謳われる演奏をするのです。君に提案したアイデアを思いつきました。「ピアノに対して限りなく大きな動きをさせよう、長い休止や鋭い音、低い音を重ねるんだ」。これらはどれも君が思い描いていたイメージが正しかったという証左となります。つまりノヴェチェントの手にさらにまた別な手を重ねるのです。私がやることは少ないのですが、的を射た処置となりました。気にしないわけにもいかないほど心配ではありましたが。

——ある時点で、2つの楽曲が現れ出てきます。ノヴェチェントが夜、独りで奏でた曲で、その後、彼は共同寝室で眠る少女を探しに行きます。最後にダンスホールで乗船客の顔から発想を得ながら演奏する場面。これらについて初めて貴方に語った時、私は自分が望むものをはっきりと言えませんでした。私の心を惑わしていたある疑問から始めたんです。「音楽を顔にたとえることはできますか?」。その時、貴方は言いました。「来てくれ、私の隣に座って、顔というものをよく説明してくれないか」。私が言い表すと、即興のピアノで音を引き出し、貴方なりの方法で顔を描写したんです。見事なものでした。

主人公が三等客室へ降り、共同寝室で寝ている少女を伺いに行くところでのエピソードも憶えています。この場面について語りながら、君はノヴェチェントが自分でもわからない、ある感情に突き動かされているのだと説明してくれました。普段の彼自身の生活、そのバランスを揺るがしかねないものです。そこで私はピアノ独奏で始まる曲を書きます。単純なピアノ曲ですが、3つ目の音が耳障りな不協和音となっていて、調性による簡単なアルペジョですが、指使いを間違えたかのように響くものです。心ならずも間違った音で、鍵盤を2つ重ねて出た不協和音です。彼の中で不協和音を繰り返すピアノのオスティナート(固執低音)が鳴り続けます。普通の調性の中に不協和音を入れたのは初めてです。この「調子外れの音」は、主人公の人生のある瞬間における彼の精神状態を表しているんです。彼は初めて恋をしました。でも私が本当に関心があったのはピアノのオスティナートと共存すべく、ゆっくりと発生してくる弦による音の構築だったのです。ノヴェチェントはピアニストです。音の構築が徐々に立ち上がり、互いに混ざり合うというのがまさにお話ししてきたような、私の極めて個人的なスタイルがもたらす効果でありまして、私が最も愛する書法です。何故なら音楽的、映画的でありながらそうではないという、重要な原理を持ち込むからです。縦の対位法、その縦を水平化するという弦の用い方は私が魅かれている書法の持つ価値であります。私だけが使用している処置なんです！　かつてジョルジョ・カルニーニ[*3]が演奏してくれましたが、見事なものでした。オーケストラも向きを変えて彼を見ていました。「何なんだ、モリコーネ？」と。ところが君はオーケストラが最初の譜読みを終えると、すぐにインターフォンで私を呼びました。「駄目だ、この曲は良くない！」。弦の音が波打つようで、漠然とながら不協和音も響いていました。君の好むものではないので、私に何とかするよう頼んできましたね。「わかった、どうすべきかは心得ているよ」と私は答えたんです。

――あの時の貴方の特殊な書法を嫌ったのではありません。ただ、明らかに感傷に訴える場面に対して弦楽があまりにも抽象的に響いたもので。

無調ではなかったけど、実際すぐに書き直しましたので。オーケストラがとても高音だったので、私はそれを低くし、中庸的にしました。内声部はそのままで、ほとんど対位法的です。即座に行ったので君もびっくりしていたね。

——何と言ってもオーケストラが呆気に取られながら私たちを見ている間に、貴方は書き直していたんですから。

そうでもありませんよ。第一ヴァイオリンは階上に引き上げていて、第二ヴァイオリンも上がっていましたよ。私はヴィオラとチェロ、コントラバスもですが、ほとんど同一にしたまま音を修正しました。結果的に、より正統的な曲に仕上がりました。君も感激してくれました。大きな教訓となりましたよ。君にはこの種の書法を用いることはなくなりました。

——宙に浮いたような弦の書法……

そう。出処のわからない音と、進行と解決の決まった音による浮遊感のある弦の書法です。

——素晴らしい。でもあのシークエンスにはふさわしくなかったです。

監督だけがわかることです。私は君の作品を手掛ける立場です。君と仕事を共にしていくという関係を築いていく中で最も貴重な瞬間のひとつとして記憶されるものです。

＊1　Irma Ravinale（1937〜2013）。イタリアの作曲家・音楽教育者。

＊2　第2章、訳注＊3を参照。

＊3　イタリアのオルガニスト。「第4協奏曲〜オルガンと2本のトランペット、2本のトロンボーンのための」での演奏のことを言っていると思われる。

## 11章　エンニオ革命——聴衆にそっと寄り添って

——純音楽も数多く作曲されています。どのような目的で？　誰からの依頼ですか？

映画音楽は監督からの要望で生まれ、レコード会社やプロデューサーが費用を出してくれます。一方、純音楽は自分自身による発注です。発想を得ると作曲し始めまして、ある企図に基づいて進行していきます。よくあるのが詩から企画したもので、またはオーケストラの編成、突然気に入った楽器から由来することもあるでしょう。特にオーケストラは特異な音響といい、音色といい、作曲家にとって完成度の高い、大きな楽器です。頭に浮かんでいる楽曲は必ずしも明確なものではありません。とても長きに渡って構想を練る人もいます。当然ながら、それは問題ではありません。私の目的は音楽が抽象的な発想を明快に説明してくれるものとなることです。

——要するにリスクを冒しつつ作曲するという……

どの作曲家にもあることだと思いますよ。発想したところで作曲するんです。ですが映画の為ではない音楽で、仕事として依頼されたものもありますよ。例えば「Cantata per l'Europa（ヨーロッパ・カンタータ）」、それから「Vidi aquam」で、後者はガルダ湖を描く曲で、ヴェネト州から私に要望があったんです。これらは例外です。でも、ただ言われたまま作曲したわけではありません。例えば「Vidi aquam」にはとても意義の深い明確な発想が浮かんだんです。湖というのは程度の差こそあれ、動きのない水の広がりです。動きがない……さて？　手掛かりを見つけなければなりませんでした、何も起こらない25分もの曲なんて書けません。ですが不動性というのは普通の音階による、いくつかの音で獲得できます。常にその音だけで。私が考案した編成は5群の四重奏です。弦楽四重奏、木管四重奏、金管四重奏、打楽器の四重奏、鍵盤楽器の四重奏となります。私はそれぞれの四重奏を練り上げ、それから順番に重ねていったのです。可能な組み合わせは24となります。1群と2群と3群と4群と5群、2群と3群と4群と5群……こんな按配です。それぞれの組み合わせがまさに不動性といった感じを与えています。それでいて動的でもあります。「Cantata per l'Europa」はベルギーから私に委嘱されたものです。ソプラノと二人の朗読者、合唱とオーケストラの曲として書きました。ヨーロッパ統一を望んだ政治家たちの全講演に関する本を用意したんです。詩人や文化人のものも含まれています。様々な短文を選び出し、二人の朗読者が交互に語れるよう並べました。アルティエーロ・スピネッリ、トーマス・マン、ダンテ・アルギエーリ、ポール・ヴァレリー、ウィンストン・チャーチル、アルシーデ・デ・ガスペリ、コンラート・アデナウアー、ベネデット・クローチェ、ロベルト・シューマンその他。第一部は合唱、第二部は様々な言語で歌ったり語ったりするものです、第三部はひとりの朗読者がヨーロッパについて書かれたヴィクトル・ユーゴーの文を読み上げます。このようにして発想と作品とを意のままにしたと感じています。上手い奏者を聴くだけで充分発想できる時もあります。思い当たるのは……ヴァイオリンです。それでヴァイオリン独奏またはヴァイオリンとオーケストラの為の作品を作曲しました。トランペットの作品も書きました。素晴らしいトランペット奏者がいたからです。誰に頼まれたわけでもない曲です。

——ある監督の映画に作曲する場合と、何の対象もない発案に基づいた純音楽作品を作曲する場合とでは、貴方の脳内では何か変わってきますか？

映画音楽は別な作品に奉仕するものです、私のではなく監督の作品です。生まれ出たものは監督のもので、音楽は基本的に共同製作というものなのです。映画においては監督は音楽にも少しは責任を持ちます。純音楽となりますと作曲家の願望、発想から生まれてくるもので、まるで話が違ってきます。自由であるという自由があり、自分自身にのみ応じているのです。私の作品が聴衆に向かう時、私は責任を負うことになるでしょう。たまたま聴衆に対して何か耐え難きものとなったり、不快なものとなっても私は堂々とやり過ごします。ここにも革命があることを打ち明けていますけどね。近年は、私の中から生まれたどの音楽にも聴衆に理解してもらいたい、共感してもらいたいという意志が込められています。

——間違っていたら申し訳ないのですが……モリコーネの革命というのを打ち明けてくれているのでしょうか？

多分そうですね。何年も経ってからの話です。強い義務感というのは無いのですが、自分自身を理解できるようになれば、聴衆に対してだけでなく音楽にもより近づける気がするのです。理由は言わずもがなで、多くの聴衆と現代音楽の間には距離があります。これの大部分は作曲家の責任で、どうにも近寄れない道を進んでいったのです。私が言うことは、聴衆は現代音楽に向けて歩み寄らなければならず、作曲家も聴衆に対し少しは向かい合わなければいけないのです。

——そうした新たな考え方は、純音楽が聴衆を獲得していないのではという疑念から生じたものですか？

聴衆の耳に届かせる前に、作曲家はいろいろな経過に左右されてしまいます。そのいくつかは自分ではどうしようもないことなんです。いまだ演奏されていない作品が私にも数多くあります。例えばチェーザレ・パヴェーゼの詩に基づくカンタータ。既にお話しした、様々な詩人の作品に若き日の私が作曲した声楽とピアノの為の抒情歌曲も演奏されるに至っていません。曲が書き込まれた譜面は今では取るに足らないものですが、作曲する者にとってはちょっとした作品です。

——聴衆に寄り添うということは、純音楽作品の背後にある発想を根底から覆すことになりませんか？

おそらく君の言う通りでしょう。聴衆を魅了することがあながち間違いではないと突然わかってきたのです。私の中ではこうした探求が行われることは初期にはありませんでした。全くなかったんです。11のヴァイオリンの曲を作りましたが、人々がそれを理解するか、評価するか、もしくは聴いてくれるかなど気に留めることはなかったのです。おそらく、お話しした5群の四重奏曲——「Vidi aquam」——から始まったのでしょう。自らを理解させるための、理論的裏付けのある試みがあります。同じ音階を使っていますが、音がひとつ欠けています。その後ソプラノが登場して、その音を出します。[*1] 最近、純音楽について異なる考え方をしています。聴衆と音楽との間に新たな出会いが必要であるとわかったのです。当初、現代音楽には聴衆がいないのが普通でした。私が今も加入している協会のコンサートを思い出します。来場してくれたのは作曲家が連れてきた家族、また友人も多くて数人だけといったところでした。要するに、ちょっと悲しい公演と言わざるを得ません。聴衆を重視していない時代だったのでしょう。今は来てくれる聴衆の心情に寄り添っています。

――近年、実に多くの世界的ロック・ミュージシャンらが、貴方の音楽から恩恵を受けていることを表明しています。理由を知りたいところですね。貴方の音楽世界とロックとの接点は何でしょう？

多くのグループが私の音楽を用いているという話をよく耳にします。ブルース・スプリングスティーンがコンサートの開幕、または締め括りに『ウエスタン』のテーマを演奏していることも知っています。他にも様々なロック・バンドが私にオマージュを捧げています。理由はわかりません。おそらく答えとしてはそれほど難しくはないと思います。私はとてもシンプルなコードを使ってよく作曲します。アマチュアのギタリストが奏でるのと同じで2つ、3つ、4つのコードです。時々、こうしたグループがひとつだけのコードで演奏するふりをしています。単純な和声を使用していることで若いギタリストが再創造できるようになっているのかもしれません。これによって私に近づいているのです。さらに言うと私の作品の中に最も大衆的な音楽、しかもそれを変化させることのできる雰囲気を密接に感じているのだと思います。おそらくシンプルな作品にも威厳を与えようとした、かつての私の試みを無意識ながら見出しているのでしょう。いつも大ヒットした曲が使われているので、いくつかの曲の中にはいささか小賢しくも聴衆に寄り添いたいという願望があるのかもしれません。

――2、3年前からずっと多くのコンサートを行っています。貴方の映画音楽コンサートの企画、運営はどのようにして始まったのですか?

30年ほど前からヨーロッパでコンサートを何度か散発的に行ってはいました。数えるほどです。20年前にあるプロモーターが私の家に来て、ロンドンでコンサートを開いてほしいと言いました。企画としては悪くなかったのですが、私はこう提案したんです。「映画音楽と純音楽を半々で」。引き受けた私はロンドンでの初めてのコンサートを指揮しました。第一部は純音楽で、ヴィオラとオーケストラの為の曲、それからソプラノ合唱とオーケストラの為の「Frammenti di Eros（エロスの断章）」を演奏しました。第二部はすべて映画音楽です。大成功となりまして、楽屋に通じる廊下に大勢もの人たちがサインを求めに私を待っていたんです。誰かが私をそこから引き離したのでサインはしませんでした。その後、コンサートはさらに規模の大きなものとなっていきます。嫌な気はしません。いつも大成功、本当に大成功だったのです。多くのホールで聴衆が熱狂的に拍手をしてくれたのが忘れられません。年齢も年齢なので、気力のあるうちは続けるつもりですが、とにかく幸福な気分にさせてくれる仕事です。ホールがずっと満席にならなかったり、聴衆が喜んでくれなくなったら、その時は身を引くだけです。

——他に強く記憶に残ったコンサートは？

東京です。合唱のリハーサルを聴きに行ったのですが、非の打ちどころのない完璧なものと感じました。想像を絶するコーラスです！　身震いするほど完璧な合唱団でした。1曲目の演奏が終わったところ、拍手は貧弱なものでローマだったら蠅の音みたいなものでした。2曲目が終わってもさらに弱い蠅みたいな音、しかも少ない。3曲目の後も相変わらず弱々しい。コンサートの第一部が終わると私は独りごとで「馬鹿どもめ、アンコールなどしてやるものか」と口にします。わかっています、汚い言葉で不躾な考えであることはよくわかっています。でもまさに今言ったような言葉が頭に浮かんだんですよ。第二部では驚くほどの勢いある熱狂が不意に湧き上がってきまして、聴衆総立ちの中でコンサートが終わります。私は3曲のアンコールをしてあげることになりました！

――ミラノでも、ちょっと当惑させられる聴衆を前に指揮されたとか……

ミラノで、冬の野外コンサートでした。手違いがあったのでしょう。でも市で行われる毎年恒例の祝祭の一環だったと思います。それで参加したのです。指揮をしている時は聴衆の姿は見えません。何よりも照明が私に当たって見えなくなるんですから。第1曲目が終わります、拍手がありません。2曲目が終わります、拍手なしです。3曲目、拍手ゼロ、1曲目より少ないです。「何て冷たい聴衆だ！」と思い始めます。コンサートが終わると拍手が無いにも関わらず、聴衆に礼をしに回ります。指揮者とオーケストラが聴衆に対して必ず行う義務、礼儀です。大聖堂広場は密集状態、と言っても傘が密集していたんです。雨が激しく降っているのに私は気づかなかったんです。気の毒に傘を持っていて、拍手するか濡れてしまうかの選択を迫られていたということです。

――ご自分が担当された映画を正確に数えてみたことはありますか？

いいえ。500本以上だなんて言われると少し控えさせるようにしています。でも400本を超えるのは確かでしょう。これはTV作品も含めたうえでの計算です。50年間、平均すると年に9本か10本の映画を手掛けたと言われているようですね。18本、また20本担当したように思われる時期もあります。自分でも不思議ですが、そんなことできると思います？　でもさほど驚くには当たらないんです。昔、シネマコンプレックスなど無い頃は、映画は何百本と製作されていました。撮影が完了してもすぐに映画館にかかるというわけではなかったのです。録音が終わっても公開されるのは翌年、時には2年後、また3年後という映画もありました。特に難解な映画となりますと、人気がありヒットしている映画の観客動員数が衰えてくるまで公開を待たなければなりませんでした。ですので正確に数えるのは無理です。いちばん現実的に断言できるのは、最も多作な時期として一年に11〜13本の映画を手掛けたということです。

——今は何本ぐらい担当したいですか？

今はもう君の映画だけにすると言いたいところです。残りの時間はほぼすべて、家族のために費やしたいですね。

——カルロ・アツェリオ・チャンピがイタリア大統領だった頃、イタリア国歌について語ろうという内容の手紙を貴方に送っています。それからどうなりました？

家に手紙が届きました。他の作曲家にも同じ手紙が行っていると思います。チャンピは私がマメーリの賛歌についてどう考えているか知りたかったのです。私は歌詞もメロディーも伴奏も、どちらかと言うと良くないと言いました。イギリス、ドイツ、フランス、アメリカその他の国家と比べてもイタリアのは聴き劣りがするように感じます。それらの国家には魅力的でより音楽的なメロディーがあります。我が国のは小行進曲という形で片付けられていて、うんざりするとクイリナーレ（イタリア大統領官邸）の担当者にそのような事を言ったんです。そこで私はある試みを思いつきます。歌詞の形式や韻はそのままで音価は違ったものとし、メロディーを書き直したんです。チャンピに捧げるコンサートとしてクイリナーレ広場で演奏することになりました。ところがチャンピが出られなくなります。その頃、東南アジアで津波による犠牲者が出まして、[*2]公式に哀悼の意を表することになったんだと思います。さらに大統領府の職員からとても丁重な連絡がありまして、それによると私の着想による国歌を受け入れることはできず、クリナーレで私は演奏できないということなんです。メロディーも申し分なく、ハーモニーも違ったものとなっていますが、凝りすぎることはなく、面白くて適正なものでしたけどね。当然ながら演奏することはなかったです。ある夏の日にクイリナーレに行きました。そこの広大な中庭でロベルト・アバドの指揮するコンサートが開催されたのです。チャンピも参席していまして、マメーリの賛歌が演奏されたのです。ところがアバドの指揮は通常の演奏とは違ってゆったりとしたものでした。楽団も強くは演奏せず、合唱もがなり立てることはなく静かに歌っていました。聴き惚れてしまいました。とても美しく響いたのです。

——貴方のヴァージョンが演奏されないという報せにはがっかりさせられましたか？

それはもう。セレモニーが禁じられなければねえ……

――そのヴァージョンは録音しましたか？　存在します？

無駄にはなりましたけどね。改良した唯一のヴァージョンが収録されているのは、私が担当したTV映画『対独パルチザン戦線１９４３――ナチス包囲の島――〈D〉』で、これは大戦末期を舞台としたものです。ギリシャの島で、国民としてのプライドを捨てたくないために独軍に虐殺される数人のイタリア軍人らの痛切な冒険を描いています。

――クイリナーレからヴァチカンに飛びます。フランチェスコ教皇との関係についてお聞かせください。

いえ、関係はないんですよ。説明するには『ミッション』に取り組んでいた時期にまで遡らなければなりません。インディオらをキリスト教に改宗すべくヴァチカンによって南米の危険区域に送られたイエズス会士らの物語です。歴史の局面を表す音楽について私が研究したことはお話ししましたね。最近、イエズス会士であり、初のイエズス会士の教皇であるフランチェスコに捧げるミサを作曲したくなったんです。入祭唱と定型的なミサの構成楽曲、そして主題こそありませんが、あの映画を思い出させる終曲とで成っています。ジェズ教会でフランチェスコ教皇と会いまして、この作品について語り、私にとっても極めて重要な楽曲であると言いました。同教会で行われる初演に聴きに来てもらいたかったのです。ところが彼は来てくれませんでした。コンサートの一時間前になってプーチンとの会談が決まったと知らされたのです。実際のところ、教皇は音楽にほとんど関わることがなくて、ヴァチカンで催されるコンサートにもあまり足を運ばないとの説明をされました。仕方なく諦めました。でもその時は私にとって残念な事態であったことは確かで、ミサを聴いてもらいたかっただけに憤りも覚えました。この作品は『ミッション』で私が直面した歴史的問題を問うものであるということが私の頭にはありました。初のイエズス会士出身の教皇であるフランチェスコには、彼とイエズス会士らに捧げたこのミサの上演を聴いてほしかったのです。でも叶いませんでした。以前、謁見の場でも彼に会ったことがあります。私とマリアとで10分ほどでしたけどね。ミサについて説明し、「重大な意味のある作品です」と彼の前で強調したんですよ。悔やんでも仕方ありませんね。プーチンには勝てません。

＊1　ホ長調の音階を使っているが、導音に当たる♯レが抜けている。終結部のソプラノで♯レ、または♮レが歌われて完全な音階となる。また、この曲ではコントラバスが打楽器として四重奏に組み入れられている（勿論、ピッツィカート奏法で）。
＊2　スマトラ島沖地震。2004年12月26日。

# 12章　100歳で引退——現役のままでいて

——エンニオ、怒涛のような私の質問を受けて、お疲れではありませんか？

いいえ、そんなことはないです。ただ、精神分析医の診察を受けているような気分になった時はありましたね。言えないと思っていたようなことまで言ってしまったのは間違いないです。私の、かなり私的な問題にまで入り込むことになりまして、厄介で恥ずかしいことまで喋ってしまった気がします。だいぶ昔の人の話や今も健在な方の話。いずれも困ったことではなく、有益なことです。忘れていたことを思い出すのに役立ちまして、再び光が当てられることで忘れることはなくなります。他にも沢山忘れていることがあって、申し訳なく思います。人生において最近のことも含め、初期のことなどを忘れてしまうと老いを感じ始めます。でも、過去のことも憶え続けているものです。おそらくこういう道を進んでいくのでしょう。でも、いいですか、現在の出来事で当然忘れるべきことをまだ鮮明に憶えていたりします。疑問に思うことも出てきます。よくわからないことだらけです。でもそれが普通の生き方でしょう！　君との長い対話をしている間は、豊潤な河を流れているような感じがしました。今は河口に至ったままでしょうか。つまり自分がしてきたこと、自分が何者であり何者であったか、何を考えているかを完全に打ち明けたようなものです。私が自分のことを必ずしも良く言わなかったり、自分を大した人間と思っていないことに気づかれているでしょう。欠点があるのはわかっています。欠点だらけと感じています。直していけると思います。私の年齢では容易ではないことはわかっています。でも努力しています。

――今もクラシック音楽を聴いたりされるんですか？

時々ね。望んでいるわけではない時がほとんどですが。妻を連れてサンタ・チェチリアのコンサートに行っています。定期会員なもので、クラシックでも現代音楽でもそこで演奏されるものは何でも聴きます。現代音楽を当てにはしていません。聴いていると現代を震撼させられるような才能を持つ者が現れ出ていないことに気づいてしまいます。それで不安を覚えるのですが、根拠のないことであるのはわかっています。音楽創作においては、いささか停滞した状態にあります。音楽的に興味深い実験であっても、特異な効果を上げるには至っていないという状況で止まっていると言えるでしょう。それから私にとって嘆かわしいのは、今は亡き作曲家が演奏で光を当てられなくなっていることです。サンタ・チェチリアではゴッフレード・ペトラッシはほとんど演奏されません。3シーズンか4シーズンに一度くらいです。あれほど素晴らしい作品を残しているのに。2、3年前の夜のコンサートで、プログラムの後半にストラヴィンスキーの傑作「春の祭典」が演奏されたのですが、多くの人たちが席を立ち、出て行ってしまいました。今、私は疑問に思います。ああいう人たちは、モーツァルト風のテーマが流れれば自分たちが知っていることを見せつけようとして興奮するような連中と変わらないのでは？　精通しているように見えますが、実際のところ現代音楽を何ら理解していないのです。音楽の沈滞化は表面的に過ぎません。とてもゆっくりとして見逃されがちではありますが、何かが起きています。いずれも私の中でも発生しているのでわかるのです。

――貴方は長らく両極端の世界を往来してきました。映画音楽で得た人気は、貴方と学識ある音楽との問題を生じさせ、純音楽では映画界との問題が生じました。要するに2つのダメージです。どちらがより深刻ですか？

純音楽の作曲家として見なされることは、映画音楽の作曲家としての場合もそうでしたが、私と多くの同僚との間に壁を作りました。おわかりでしょうが、私の師匠との間にもです。これは私にとってダメージでしたが、結局そのダメージは専らモラルの問題なのです。今、ちょっと笑ってしまうのは、現代音楽が映画音楽になっていることです。そうして今や本格的な音楽は映画音楽となっており、映画音楽だけが現在のあらゆる音楽を含んだものとなっています。純音楽と映画音楽との収斂が徐々に生まれてきています。おそらく触れ合うことは今後もないでしょうが、近づいてはいます。少しずつね。

――でも仕事で恥ずかしい思いをしたものもありますよね？

良い質問です。沢山あります。特に、今はもうありませんが川岸にあった小屋で米軍相手の楽団で演奏したことは恥じ入るばかりです。その小屋で米軍兵は楽団に、演奏している私たちにわずかな金を支払いました。こうした事があって私はトランペットにも恥を感じるようになったんです。そんな時代が過ぎ去っても屈辱感は私につきまといました。戦争について感じることは、ペップッチョ、あの小屋の中で困窮とみじめさとの葛藤がどれだけ哀しいものであったことかを悟ることとほとんど同じなんですよ。

――映画では？

白状すると、RCAでレコードの仕事を始めた頃に少し恥ずかしい思いをしました。特にカミロ・マストロチンクエ監督の映画でルチアーノ・サルチェが作詞をした歌です。あれは安易で、あまりにも安直なものです。ええ、恥ずかしい曲ばかりです。幸い、今は興味深い手法を使って、違った歌を作曲できます。

——創作の危機という時期は経験しましたか？

いつもそうですよ。毎回感じているんです。仕事を引き受けると、決まって個人的に創作の危機が訪れてきます。どういうことかって？　映画では吟味する時間がないということです。公開しなくてはいけませんから前進しなくてはなりません。音楽も渡さなければなりません。こうして想定外の危機を急いで乗り越えなければならないのです。乗り越えないとどうなるかって？　音楽を作曲することに変わりはないです。音楽で培った経験、自分が理解している技法、長年の仕事を経て体得したもの、いずれも私の発想の中で強化されているものですが、それらが明確で強力な助けとなっているのです。こうした問題にはよく直面しますが、いわゆるインスピレーションで解決することはしません。言葉は悪いですが、小手先の技術で乗り切るんです。まだ大きな危機に出会っていないのかもしれませんね。メロディー作りに向かう時も、ある危機に直面せざるを得なくなります。その危機は新たに作り上げるものによって徐々に克服されるものです。私の発想、音楽への心構えは常に活気づいています。これが小さな危機を生み出します。音程の使用、調性音楽に12音技法の響きを適用するといったところでしょうか？　厄介なことになりますよね？　そこで私は解決すべく骨を折らなければなりません。大切なのは危機であると口にするのではなく、向上するための活動、その過程にあるのだと自分に言い聞かせる、それで充分なのです。この本ではマルコ・ベロッキオ、サルヴァトーレ・サンペリ、アルド・ラド、ダリオ・アルジェントその他多くの監督について君と語ってきました。彼らとはそれぞれ冒険、かなり異様な冒険をしてきまして様々な音楽を模索し、そうして危機を乗り越えたのです。要するに自分にとっての危機を克服するために、そのような実験を試みたということです。時には意図的に荒っぽくて不穏な楽曲、監督ですら理解できないような音楽を作曲しました。必ずしも革新的となり得たわけではありません。わかりやすいもの、大衆が望むもの、シンプルであるべきものに身を委ねた時があります。映画はヒットしなければなりません。とにかくいつでもそれが第一の目的ですから。

——仕事が嫌になってくるという、そんな怖れを感じた時期はありませんでしたか？「もういい、作曲はやめだ、仕事を変えよう」などと口にしたことは？

いいえ、それはなかったです。でも良い質問ですよ。実はとても若い頃に妻に言っていたんです「40歳になったら映画とは手を切る」。でも続いてしまい、40歳を越えると彼女に「50歳になったらやめる」と言いました。でもまた続けてしまったので彼女にこう言います。「60歳になったら本当に引退する」。言うまでもなく70歳、80歳を過ぎても続けています。数年前に90歳で映画音楽の作曲から身を引くと言いました。本当にそうなるか今もわかりません。

――引退宣言はあまり信用できませんね。でもどうして、そのような事を繰り返し口にするのですか？

長年、純音楽の方が疎かになっていたからです。ところで、ひとつはっきりさせましょう。私は純音楽と呼びますが、現代音楽と呼ぶ人もいます。私は純音楽という言い方を好みます。と言うのも他の芸術に左右されることなく、専ら作曲家から生まれてくるものなので。お話ししましたが約15年間、純音楽の作曲に手を着けず、'80年代に入って再開したんです。ですのでやめたくはありませんし、自分の音楽を、ただ奉仕するだけの要素というものにしたくないのです。内的な価値、いく通りかの鑑賞や研究の仕方ができるような、音楽のみの価値を持つものにしたいのです。私の自惚れと思っていただいていいですよ。無邪気な自惚れということですね。

――ご自分の音楽を聴き直したりしますか？

あまりないです。ただレコードを発売するとなると、何回か聴き直すことになるのは避けられませんね。いつもは充分満足するのですが、時々違うふうに書き直してみたいと思うことがあります。時間も費用もありませんが。ですのでＯＫとします。40年前、50年前に作曲した作品を聴き直すこともあります。後悔したりすることはまずありません。進歩していることは感じますね。つまり長い年月が過ぎ去っていったのです。自分の書式、書体の向上は今も好ましく思っています。昔は自分がこれらすべてを身に付け、多作の作曲家になる日が来るなんて、およそ考えられませんでした。

——遥か昔に作曲された音楽に対して、いつもそのような反応を？

違った形で作曲できるというような考えが湧いてくることがよくあります。お話ししたように後悔などはなく、向上と進歩が認められるのです。『荒野の用心棒』のことを想うと、自分が行った手法における大胆さに気持ちが行きます。今ではおそらく、ああいうものを作曲しないでしょうし、できません。明らかに何か違ったものを作り出すでしょう。

——あたかもあの時代、音楽がわかりやすいものだったような言い方ですね。

あの頃はそうでした。今となっては私にとっての先史時代に属しているように感じています。ですので、もうあれを作曲することはないだろうと言えるのです。

——エンニオ、貴方は75年に渡って音楽活動をしてきました。プロとして精力的に75年生きてきたのです。こんなに長く続けているという意識はありましたか？

光陰矢の如し……そんなに経っている気はしませんね、家族と音楽は特別な連れ合いです。

75年も仕事をしてきたとは思えません。そう感じたこともないです。新鮮な気分です。新たなものを作り出す心構えはできていますし、既にもう頭にあるんです。

——何かを正したり改めたりするために引き返したいとしたら、人生のどの局面になりますか？

いいえ、引き返したいとは思いませんね。正すという目的で引き返すとしたら、失敗のあった時期、仕事または家庭のことで悩んでいた時期に戻ることになるでしょう。若い時分に失われることの多かった喜びを、今の自分に与えるという目的だけに引き返すでしょう。妻のことを言っているんです。

——音楽家として貴方が通ってきた道のりについてですが、今ご自分で考えてみて、いかがでしょうか？

評価されているように感じられるので、仕事としては順調だったのでしょう。でも異例なほど好調だったとはいつも考えないようにしています。多くの称賛の言葉を貰いましたが、私には悪い癖が残っていましてね。それはおそらく父から受けた躾が原因だとは思いますが、そうした賛辞を……嘘だとは言いませんが軽薄なものと取ってしまうんですね。判断を下す者に対して深く理解する術を持たない人たちが大げさな形容をよく用いるんです。それで称賛の声に対してはあまり信用していないのが常です。沢山いただいていますけどね。今は、もう何年も前からですが賛辞をいただいても黙っていようという事を学んだのです。こう思っているから です。「いいんだ、もしこの人がそう思っているのなら……放っておこう。もし心にもないお世 辞だったら……それも放っておこう」。かつては応じていましたが、今はもうしません。

——沢山の質問をしてきました。私が尋ねなかったことで何か重要なものはありますか？

矛盾するような回答で申し訳ない。私が答えられないような質問を聞かれるのが楽しみでし たよ。

——それでは私に返球してください。

手加減してあげるよ。私も答えられないような質問を君に投げかけましょう。「すべての映画 監督の中で君にとって最も好ましいのは誰？」

——私が答えられないのがよくおわかりですね。困ったな。

私は多くの監督と良好にやっていけましたが、君ほどではないです。説明しましょう。君の 才能、君との友情、信頼関係を尊重しているんです。それから君の進歩が私にとって、とても 大きいのです。作品を重ねるごとに理解力が増していきますし、有効で的確な判断をします。 ジッロ・ポンテコルヴォとも良い関係を築きましたし、他の監督らとも上手くやっていけまし た。無言の監督も何人かいましたけどね。君はその系統とは別で、前進をしています。君と仕

**事するのは楽しいです。何故なら君の能力はとても大きく、その好奇心も大変洗練されたものだからです。**

——私はセンチメンタリズムに陥りかねないというリスクを冒していまして、自分でもそれは意識していますが、私が貴方に対してどれだけの敬愛と信頼感を育んできたか貴方もおわかりになっています。でも貴方の賛辞は私には褒めすぎに思えまして、片腹痛いですね。そう思うのも私たちの関係が始まった頃ですが、貴方に音楽について語った時、自分がいかに純朴だったかを忘れられないからでもあるんです。自分なりの意図はあったのですが、いかんせん言葉が足りなくて……

**『ニュー・シネマ・パラダイス』の時は、君は私に対してはにかんでいただけだったのかもしれないね。私の方は君に対して間違いなくはにかんでいました。**

——話題を変えるのにちょうどよい頃合いのように思われますが、どうです？

**いいですよ。話題を変えましょう。**

——音楽家としての貴方は多くの功績をもって記憶されるでしょう。世界じゅうの人々から愛され、忘れられることのない楽曲を生み出してきました。でも、もし貴方が選べるとしたら、どのような形で記憶されたいですか？

結婚した時、私は23歳、マリアは19歳でしたが、彼女にはある大切な事を何度も言いました。「わずか数センチの長さでいいから、音楽史に自分の名を残したいんだ」と。音楽史に作曲家として名を残し、音楽に生きた者として小さく短い一行ででも記載されることを夢見てきたのです。今は取るに足らぬ存在ですが、それに値するものとして認められることを切に望んでいます。働いてきたのはそのためでもあります。実現するかどうかはわかりません。祈るばかりです。今、誰も読まないような本や事典に名前が載ることは大して期待していません。何よりも自分の仕事、自分が選んだこの仕事に良心的かつ誠意を込めて取り組んできたということが大切なのです。

——最後になりますが、何か付け加えたいことは？

語るに慣れていない、自分の事について言わされてきました。わかりにくい言い回しもありましたが、読者の方々に評価していただけることを望みます。この仕事の難しさ、映画音楽や純音楽を聴く人たちには見えてこない部分に少しでも光を当てられたらと思います。君の長いインタビューでは「作曲家」という言葉についての私の解釈が、かなりの割合で現れ出ていると考えられます。私は大して弁が立つわけでもないので、自分の胸の内にあるものを説明したのです。おそらく一部分だけでも伝わったのではないでしょうか。近年、自分の中で湧き上がってくる苦悩というものを経験しています。それは音楽を作曲している時であり、音楽を考えている時であり、自分で理解しようとしている時であり、また困難を排除している時ですらあります。創作者の抱える問題というのはいつも決まっています。白紙を前にして、それに形を与え、意味を吹き込み、そして心を込めなければならないのです。ちょっと劇的な状況です。いかにしてそのページを満たすか？　そこで思考が生み出され、発展し、あらゆるものを求めて前進しなければならないのです。可能なものもあれば時に不可能なものもあります。このような常に前向きな思考と願望は途絶えることがあってはなりません、ペップッチョ、決して途絶えてはならないのです。

# 訳者あとがき

本書（原題『ENNIO, UN MAESTRO』）は2020年7月6日に惜しくもこの世を去ったイタリアの映画音楽の巨匠《マエストロ》エンニオ・モリコーネが、盟友である映画監督ジュゼッペ・トルナトーレをインタビュアーに迎えた対話本で、この対話は同監督によるマエストロを描いたドキュメンタリー映画『モリコーネ　映画が恋した音楽家』の為に行われたものである。生前のモリコーネのインタビューはいくつか書籍化されているが、その中でも本書が優れている点は、その硬軟のバランスが取れた内容であろう。自らの理想とする音楽、作曲技法（12音技法と調性音楽との融合、実験音楽など）について熱く語る一方で、学生時代（ペトラッシとの師弟関係）、トランペット奏者としてのアルバイト、兵役など青春時代を彩った出来事の数々を濃密に話しているのはこれまでにはなかった事である。勿論、映画音楽作曲での裏話的なエピソードにも事欠かず、例えば長らく演奏指揮を務めてきたブルーノ・ニコライとのコンビ解消については、ファンの間でも揣摩臆測が飛び交っていたが、今回モリコーネの口からその裏事情、当時の偽らざる心情が赤裸々に語られているのは興味深い。さらにスタンリー・キューブリック監督の『時計じかけのオレンジ』の音楽を担当する機会を逸した件については、（今まで遠慮があって言えなかったのか）本書で初めてその真相を明らかにしており、こうなるともはや興味津々という言葉では追いつかない。霧が晴れてくるかのような読後感が与えられると言っても過言ではない。

読み進めるうち、個人的にはっとさせられる部分に突き当たった。第10章での「バッハのような曲を書いたとしても誰からも讃えられません」というマエストロの発言で、まさにこのような事を間接的ながら私も言われたのだ。私事で恐縮だが、もう20年も前の話になる。私は作曲家の原博（1933〜2002）に師事していた。原は現代に生きる作曲家でありながら前衛的作風を嫌い、古典的な均整美に根ざした調性による音楽を書き続けた。そのため現代音楽の世界からは白眼視されてきたが、徐々にその作品を高く評価する演奏家と聴衆が増え始めていたのだ。しかしその矢先に病に倒れ、志半ばでの死を迎えることとなった。残された不肖の弟子の私としては師匠の作品を紹介するなどの活動をしていたのだが、ある日、同じく敬愛するモリコーネにも師の作品を知ってもらいたいという気になった。現在よりも直情径行だった私はそれを実行に移す。師の作品（楽譜とCD）、そして紹介の手紙を添えてローマのモリコーネ宅に送ったのだ。数日後、何とモリコーネからEメールが届いた（実際の送信者は息子のジョヴァンニ・モリコーネ）。次のような感想である。

「貴方のお手紙を拝読し、CDも聴かせていただきました。貴方の先生は保守的作曲家であると理解します。ここ100年の間で起こった事に背を向けながら、既に書かれたような音楽を今日作曲するというのは無意味な事です。革新があったのです。そしてそれら革新はたとえ小さくとも痕跡を残さなければいけません。貴方の先生にはそれが見受けられないのです」

けんもほろろ、といった内容ではあるが、モリコーネの音楽理念を知った今となれば、このような反応となるのは当然なのかもしれない。向こう見ずな私の行為に失笑する方もおられるだろうが、たとえ自らの志向、主義信条と異なる作品でも真摯に対応してくれたマエストロの誠実な人柄がうかがえるエピソードとして紹介した。

名曲を量産しながらも映画音楽の作曲家として有名になってしまうことに当初モリコーネは悩んでいたようだが、いまやその作品は高名なクラシックの演奏家らにも愛奏されるようになっている。この点、音楽と文学の違いはあるが私はシェイクスピアを連想する。シェイクスピアが活躍していた時代、戯曲は文学とは見なされず、小説や詩と比べて程度の低いものとされていた。シェイクスピア本人も戯曲で名を残そうなどとは考えていなかった。今日、シェイクスピアの作品は世界じゅうで上演され、また多くの英文学者・演劇学者らにとっては研究対象でもある。モリコーネの映画音楽も同じ経過を辿っていくことを願うばかりであり、本書がそうしたモリコーネ研究の一助になれば幸甚である。

本書での二人の語らいの中からは、プロフェッショナルな音楽家としてのモリコーネだけではなく、愛妻家であり、そして自分と同じ音楽の道を歩んでいく息子アンドレアの成長を暖かく見守る家庭人としてのマエストロの顔もかいま見られる。敬愛するモリコーネからそうした姿までも引き出そうとするトルナトーレは、さながら『ニュー・シネマ・パラダイス』のトト少年のようである。そして本書の最後に語られたマエストロの言葉は我々への激励とも取れる真のラスト・メッセージであり、ラストに感動を与えてくれるというところも、まさにあの映画を髣髴とさせるものがある。共に多くの名作を世に放ち、公私に渡り関係が深く気心の知れた二人による対談が、数あるモリコーネ関連の書籍の中でも本書を特別なものにしていると言えるだろう。

最後に、私も所属している東京エンニオ・モリコーネ研究所のリーダーで、今回の出版プロジェクトの為に奔走してくださったセルジオ石熊さん、DU BOOKSの稲葉将樹さん、飯島弘規さん、この御三方をはじめとする多くの人たちの尽力によって本書の出版が実現しました。この場を借りて心からの感謝と敬意を表します。

２０２２年10月　真壁　邦夫

モランディ、ジャンニ
——31-32, 36, 42
モリコーネ、アンドレア——20, 319, 369-370, 372-374, 376
モリコーネ、マリア——1, 38, 142-144, 183, 226, 369, 410
モンタルド、ジュリアーノ
——210, 249-250, 252, 269, 371
モンテヴェルディ、クラウディオ
——4, 182

ヤ

ヤング、テレンス——280
『夕陽のガンマン』——81, 134, 170, 189, 191-193, 198, 201, 204, 226, 254
『夕陽のギャングたち』——201-202, 209, 291, 355
『夕陽の用心棒〈TV〉』——219
『用心棒』——167
ヨーヨー・マ——362-363

ラ

『ラ・カリファ〈M〉』——275
ライン、エイドリアン——289-290
ラヴァニーノ、アンジェロ・フランチェスコ
——180, 260
ラヴィナーレ、イルマ——370
ラチェレンツァ、ミケーレ
——173-174
ラド、アルド——233-234, 404
ラトゥアーダ、アルベルト——253
ランツァ、マリオ——72
リージ、ディノ——262-263
リッツァーニ、カルロ
——183-184, 265, 338
ルスティケッリ、カルロ——18
『ルナ』——248
レアリ、ステファノ——249
レヴィンソン、バリー——224, 321, 371
レオーネ、セルジオ——28, 147-148, 166-168, 170-174, 176-177, 179-180, 182, 184-185, 187-190, 194-207, 210-211, 213-215, 217, 225-227, 255, 280, 282, 291, 304-306, 324, 327, 341, 354-355, 358, 377
レオパルディ、ジャコモ——125
『労働者階級は天国に入る〈TV〉』
——338, 352
ロータ、ニーノ——67, 150, 260
ローリング・ストーンズ——342
ロス、ダイアナ——174, 205
ロッソ、ニニ——173, 174
ロバーズ、ジェイソン——200
『ロリータ』——289
ロンバルド、ゴッフレード——233

ワ

ワーグナー、リヒャルト——37, 135
『ワンス・アポン・ア・タイム・イン・アメリカ』——164, 174, 176, 200, 202-203, 205, 226, 282, 346

ブアルキ、シコ――30
フレスコバルディ、ジローラモ
――4, 22, 77, 106, 255, 315, 371
ベイカー、チェット――60
ベイティ、ウォーレン――320-321
『ヘイトフル・エイト』
――321-322, 324, 328-329
ベヴィラックァ、アルベルト――275
ペーターゼン、ウォルフガング
――308
ベートーヴェン、ルートヴィヒ・ヴァン
――4, 64, 74, 109, 135, 342
ペトラッシ、ゴッフレード――15, 76-82, 85-86, 90-93, 100, 119, 124, 147, 152-153, 270, 278, 401
ペトリ、エリオ――59, 94, 159-160, 260-261, 281, 312, 356, 358
ベルトルッチ、ベルナルド
――246, 248, 268
『ベルトルッチの分身』――248
ベロッキオ、マルコ
――157-158, 326, 404
ホークス、ハワード――171
ポーチェ、アントニオ――96, 343
『ポケットの中の握り拳』――157
ポランスキー、ロマン――317-318
ポレーナ、ボリス――138, 152
ボロニーニ、マウロ――12, 101, 147-148, 220-221, 253
ボワッセ、イヴ――309
ポンキエッリ、アミルカーレ――111
ポンテコルヴォ、ジッロ
――142, 185, 247, 249, 254, 256-260, 269, 277, 304, 408

マ

マーラー、グスタフ――109-110
マクレーン、シャーリー――306
マストロチンクエ、カミロ
――148, 402
マストロヤンニ、マルチェロ――320
マストロヤンニ、ルッジェーロ
――357-358
マゼッティ、エンツォ――46, 124
マッキ、エジスト――272, 343
『マッチレス殺人戦列』――253
『真昼の死闘』――224, 305, 351
黛敏郎――85
マリック、テレンス――303, 318
マリヌッツィ、ジーノ――253
マルティーノ、ミランダ
――30, 32, 64, 74
『マレーナ』――328-329
ミーナ――12, 31, 354
『ミスター・ノーボディ』――212
『ミスター・ノーボディ 2〈D〉』
――211
ミチェリ、セルジオ――97, 179-180, 278
『ミッション』――164, 187, 288, 294-295, 298-300, 305, 319, 328-329, 397-398
『ミッション・トゥ・マーズ』――284, 287
「みのりの牧場」――169
『みんな元気』――282
ムーティ、オルネラ――314
ムッソリーニ、ベニート――117, 127
『めぐり逢い』――320-321
メッチア、ジャンニ――31, 66, 70
『目をさまして殺せ』――338
メンデルスゾーン、フェリックス――4
モーツァルト、ヴォルフガング・アマデウス――4, 74, 135, 235, 325, 342, 401
モートン、ジェリー・ロール――381
モドゥーニョ、ドメニコ
――34, 45, 239-240

ドパルデュー、ジェラール
――378, 380
ドリア、エンツォ――157
ドレッリ、ジョニー――320
トロヴァヨーリ、アルマンド――124, 277

ナ
ナシンベーネ、マリオ――51-52
ニコライ、ブルーノ――88, 96, 147-148, 215-216, 253
ニコルズ、マイク――228
『ニュー・シネマ・パラダイス』
――18, 20, 164, 187, 282, 319, 327, 372, 376, 409
ニューマン、ポール――329
ネグリン、アルベルト――59
ノーノ、ルイジ――63

ハ
バーゼ、ジュリオ――371
バーンスタイン、エルマー
――181-182, 298-299
ハイドン、フランツ・ヨーゼフ
――4, 135
パヴァロッティ、ルチアーノ
――220-221
パヴェーゼ、チェーザレ――390
パウジーニ、ラウラ――65
バエズ、ジョーン――251-252
パオリ、ジーノ――41, 62, 66, 342-343
バカロフ、ルイス――33, 36, 98, 217, 260, 347
『バグジー』――321, 329
パゾリーニ、ピエル・パオロ
――234, 236-237, 240-245, 267
バッティスティ・ダマリオ、ブルーノ
――99
パットナム、デヴィッド――295, 299
バッハ、ヨハン・セバスティアン
――1, 3-4, 21, 56-57, 106-108, 190, 233-235, 259, 311, 313, 315, 342, 346-347, 371
パトローニ・グリッフィ、ジュゼッペ
――14, 151, 366
『華やかな魔女たち』――241
バリー、ジョン――225, 302-303
パリス、ダニエレ――96
パレストリーナ、ジョヴァンニ・ピエルルイジ・ダ――4, 22, 301
ハンコック、ハービー――328
ピオヴァーニ、ニコラ――316
ピッチオーニ、ピエロ――124, 260
ヒッチコック、アルフレッド
――315-316
ヒューストン、ジョン――81, 84, 86
『ヒューマノイド／宇宙帝国の陰謀〈V〉』
――233
『豹／ジャガー』――350
ファエンツァ、ロベルト――247, 269
ブアマン、ジョン――229
フィッシャー、エヴァ――343
プーチン、ウラジーミル――398
フェスタ・カンパニーレ、パスクァーレ
――261, 265
フェッレーリ、マルコ――183
フェラーラ、フランコ――83, 148
フェリーニ、フェデリコ――243, 245
『復讐のガンマン』――219
フライシャー、リチャード――51
ブラスコ、リカルド――166, 168
ブラゼッティ、アレッサンドロ――46
フランキ、フランコ――276
フランチェスコ教皇――397-398
『フランティック』――317
ブランド、マーロン――258
フルチ、ルチオ――276

『シチリア！シチリア！』——270
ジマー、ハンス——305
シューベルト、フランツ——261, 325
シューマン、ロベルト——4, 78, 388
ショパン、フレデリック——140
ジョフェ、ローランド——295, 297, 302
ジョルダーノ、ウンベルト——111
『スカーレット・レター』——302
スコラ、エットーレ——48
ストラヴィンスキー、イーゴリ
——1, 3-4, 31, 56, 106, 110, 135, 401
スパスキー、ボリス——25
スプリングスティーン、ブルース
——391
ズルリーニ、ヴァレリオ——267-269
ゼフィレッリ、フランコ
——174-177, 205
『続・夕陽のガンマン』
——16, 170, 177, 181, 184, 202, 222, 268
『ソドムの市』——236, 267
ソリーマ、セルジオ——219, 222, 316

タ

『題名のない子守唄』——381
タヴィアーニ、ヴィットリオ——271
タヴィアーニ、パオロ——271-273
『タタール人の砂漠〈V〉』——268
ダミアーニ、ダミアーノ——161, 192, 211, 217, 269, 314, 364
タランティーノ、クエンティン
——321-324
タルティーニ、ジュゼッペ——354
タンポーニ、フランコ
——15, 148, 155, 207, 271
チェッキ・ゴーリ、マリオ——275
チェリ、アドルフォ——163
チェリビダッケ、セルジウ——110
チコニーニ、アレッサンドロ
——49-50, 103
チャンピ、カルロ・アツェリオ
——395-396
『中国は近い〈TV〉』——158
チリアーノ、ファウスト——317
チンクイーニ、ロベルト——146, 171
「束の間に燃えつきて」
——12, 20, 300, 354
デ・アンジェリス、マウリツィオ
——201, 231
デ・シーカ、ヴィットリオ
——49-50, 103, 219, 221
デ・ジェミニ、フランコ
——196-198
デ・セータ、ヴィットリオ
——276-277, 279
デ・パルマ、ブライアン
——283, 285-287
デ・マルティーノ、アルベルト
——215-217, 289, 290
デ・ラウレンティス、ディノ
——84-85, 87, 146, 183
ティオムキン、ディミトリ
——134, 171-173
『テオレマ』——235-236
『デカメロン』——236
テッサリ、ドゥッチョ——218, 220
「デボラのテーマ」
——174, 176-177, 205-206, 333
デロルソ、エッダ——15, 157, 207-209
『天国の日々』——303, 329
『天地創造』——81, 83, 85, 92
『ドクター・コネリー／キッドブラザー作戦』——289
トト——44, 239-240
トニャッツィ、ウーゴ——43-44

『革命前夜』――248
『影の暗殺者／フランスの陰謀〈V〉』――309-310
『カジュアリティーズ』――284, 286
カステラーニ、レナート――84
ガスマン、ヴィットリオ――163
ガスリー、ウディ――169-170
カゼッラ、アルフレード――107
カタニア、フランチェスコ――15
ガッゼローニ、セヴェリーノ――138
『彼女と彼』――12-13
ガリネイとジョヴァンニーニ――45, 216, 274, 319
カルヴィーノ、イタロ――125
カルタビアーノ、アルフィオ――358
カルディナーレ、クラウディア――200, 291
カルニーニ、ジョルジョ――383
『華麗なる大泥棒』――316
『カンタベリー物語』――236
『鑑定士と顔のない依頼人』――210, 270, 363, 367, 381
ギア、フェルナンド――295, 298
『黄色い戦場』――253
『記憶の扉』――282, 378-380
『奇蹟の輝き』――101
ギブソン、メル――176
『ギャングスター』――358
キューブリック、スタンリー――290-291
ギリア、ベネデット――73-74
キンスキー、ナスターシャ――254
クァジモド、サルヴァトーレ――125
グラツィオージ、アルナルド――15, 74, 96, 280
クラッソ、ニーノ――359
グラフ、マウリツィオ――220
クリスタルディ、フランコ――326
クリスティ――220
グリマルディ、アルベルト――159, 222
グルッポ・ディ・インプロヴィザツィオネ・ヌオヴァ・コンソナンツァ――137, 139, 141, 345, 380
クレメンティ、アルド――138, 270-271
クレメンティ、ムツィオ――346
ケージ、ジョン――139
ケジチ、トゥッリオ――252
ケトフ、パオロ――102
『ケマダの戦い』――255, 257-258
『荒野の用心棒』――69-70, 134, 166-169, 171, 174, 177-179, 182, 188, 190, 219, 221, 314, 406
コッチャンテ、リッカルド――37
コルブッチ、セルジオ――214, 350

サ

サヴィーナ、カルロ――40, 55, 66, 169
『殺人捜査』――159, 260, 290, 311-312, 356, 375
『さらば美しき人』――151
サルチェ、ルチアーノ――31, 48, 145-146, 148-149, 220, 402
サルトル、ジャン＝ポール――59
『サン・セバスチャンの攻防』――311
『残虐の掟』――280
ザンフィル、ジョルジュ――204
サンペリ、サルヴァトーレ――218, 404
『ザ・シークレット・サービス』――308
シーゲル、ドン――224, 305-306
シェーンベルク、アルノルト――6-7
『死刑台のメロディ』――251
『シシリアの恋人』――192, 314
『シシリアン』――108, 311, 313, 316

0-9, A-Z
『1900年』——246, 248, 268
『Ogro』——255, 259

ア
アイアンズ、ジェレミー——297
『赤い砂の決闘』——166
アズナブール、シャルル——73
『アタメ！』——308-309
アッショーラ、ディノ
——96, 102, 271, 280
アバド、ロベルト——396
『ある愚か者の悲劇〈V〉』——248
『アルジェの戦い』
——107, 185, 254-256, 260, 277
アルジェント、ダリオ
——154-156, 363, 404
アルモドヴァル、ペドロ——308-309
『ある夕食のテーブル〈M〉』
——14, 20, 107, 294, 316, 366, 375
アレッサンドローニ、アレッサンドロ
——168, 207, 220, 280
『アロンサンファン／気高い兄弟』
——271, 273
アンカ、ポール——41, 64
『アンタッチャブル』——284, 286, 329
イーストウッド、クリント
——171, 182, 248-249, 305, 307
『今のままでいて』——253-254
イングラシア、チッチョ——276
ヴァレリ、トニノ——212
ウィアー、ピーター——204
ヴィアネッロ、エドゥアルド
——31, 41, 70
ヴィスコンティ、ルキノ——219
ウィリアムズ、ジョン——191, 329
ウェーバー、カール・マリア・フォン
——111, 115
『ウエスタン』——184, 193, 195, 197-198, 200, 202, 204, 207, 209, 219, 225, 291, 305, 391
ヴェルディ、ジュゼッペ
——52, 160-161
ヴェルドーネ、カルロ——212-213
ウェルトミュラー、リナ——274-275
ヴェルヌ、ジュール——53
ヴェルヌイユ、アンリ
——311-312, 316
ウォード、ヴィンセント——101
ヴォロンテ、ジャン・マリア
——171, 182, 190
『海の上のピアニスト』
——156, 282, 381
ウルビーニ、ピエルルイジ
——146, 149
エヴァンジェリスティ、フランコ
——138, 152, 345
『エクソシスト２』——229
エリサ——324
エンドリゴ、セルジオ
——66, 162-163, 343
エンメル、ルチアーノ——58
『狼の挽歌』——316
『大きな鳥と小さな鳥』
——234, 237, 240
『大空を裂くジェット野郎〈TV〉』
——218
オノラート、マリア・ヴィルジニア
——68, 338
『オペラ座の怪人』——156

カ
カーペンター、ジョン——266-267
カイアーノ、マリオ——166, 168
『怪奇な恋の物語』——94, 159, 260
カヴァーニ、リリアーナ——258-259

### エンニオ・モリコーネ　Ennio Morricone

1928年、ローマ生まれ。映画音楽を中心とする作曲家・指揮者。サンタ・チェチリア音楽院で、20世紀を代表するイタリア人作曲家ゴッフレード・ペトラッシに作曲を学んだ後、テレビ・ラジオ向けの作曲活動を開始。61年公開のルチアーノ・サルチェ監督作『Il Federale』で初めて映画音楽を手掛ける。60年代から70年代にかけては、セルジオ・レオーネ監督の『荒野の用心棒』『夕陽のガンマン』『続・夕陽のガンマン』といった「マカロニ・ウェスタン」で名声を高めた。87年には、ブライアン・デ・パルマ監督『アンタッチャブル』でグラミー賞を受賞。『天国の日々』(78)『ミッション』(86)『アンタッチャブル』(87)『バグジー』(91)『マレーナ』(2000)で、計5回のアカデミー賞作曲賞ノミネートの後、2007年アカデミー賞名誉賞を受賞。2016年に、かねてよりモリコーネのファンを公言していたクエンティン・タランティーノ監督による『ヘイトフル・エイト』の音楽を作曲し、悲願のアカデミー賞作曲賞を受賞。2017年、イタリア共和国功労勲章受章。2019年、旭日小綬章受章。2020年7月6日、ローマの病院で死去。91歳没。

### ジュゼッペ・トルナトーレ　Giuseppe Tornatore

映画監督・脚本家。1956年、シチリア生まれ。86年、『教授と呼ばれた男』で劇場映画の監督デビュー。『ニュー・シネマ・パラダイス』(89)でアカデミー賞、『明日を夢見て』(95)『海の上のピアニスト』(99)『題名のない子守唄』(2006)『鑑定士と顔のない依頼人』(2013)でダヴィッド・ディ・ドナテッロ賞受賞。2023年1月にモリコーネとの〈最後のタッグ〉を組んだ『モリコーネ 映画が恋した音楽家』が日本公開。

### 真壁邦夫　Kunio Makabe

1963年生まれ。作曲を原博、指揮法を村方千之の各氏に師事。音楽団体「千の会」に所属し、同団体が主催するコンサートでは指揮者として活動している。少年時代からのモリコーネ・ファンで、その作品研究はライフワークである。東京エンニオ・モリコーネ研究所 所属。

# エンニオ・モリコーネ　映画音楽術

## マエストロ創作の秘密――ジュゼッペ・トルナトーレとの対話


初版発行　2022年11月30日

著者　エンニオ・モリコーネ+ジュゼッペ・トルナトーレ
訳者　真壁邦夫《まかべくにお》
デザイン　川畑あずさ
日本版制作　稲葉将樹+飯島弘規（DU BOOKS）

発行者　広畑雅彦
発行元　DU BOOKS
発売元　株式会社ディスクユニオン
東京都千代田区九段南3-9-14
［編集］TEL.03.3511.9970　FAX.03.3511.9938
［営業］TEL.03.3511.2722　FAX.03.3511.9941
https://diskunion.net/dubooks/

印刷・製本　大日本印刷

ISBN978-4-86647-184-6
Printed in Japan




本書の感想をメールにて
お聞かせください。
dubooks@diskunion.co.jp

## 映画に耳を
### 聴覚からはじめる新しい映画の話
小沼純一 著

「キネマ旬報」「読売新聞」「BRUTUS」にて紹介されました！

待望の映画（と）音楽の論考集。約100本の映画と音楽の豊かな関係。

「映画音楽は死語になりかけている、映画は何かもの凄く大切なモノを失いかけている」――岩井俊二

本体2500円＋税　B6変型　400ページ

---

## それからの彼女
アンヌ・ヴィアゼムスキー 著　原正人 訳　真魚八重子 解説

1968年のパリを主な舞台に、ふたりの結婚生活と、フランソワ・トリュフォー、フィリップ・ガレル、ベルナルド・ベルトルッチ、ジョン・レノン、ポール・マッカートニー、ミック・ジャガーなど時代の寵児たちに囲まれた日々が、みずみずしく、時にユーモラスに描かれた話題作。アカデミー賞監督ミシェル・アザナヴィシウスによる映画『グッバイ・ゴダール！』の原作。

本体2400円＋税　四六　288ページ

---

## ヌーヴェル・ヴァーグの作家たち オリジナル映画ポスター・コレクション
### ポスター・アートで見るフランス映画の“新しい波”
井上由一 編

フランス映画史の常識を覆し、映画界にかつてない影響をもたらした一大ムーブメント「ヌーヴェル・ヴァーグ」の肖像を、アートワークから探る。

フランス版、日本版を中心にデザイン性に優れたオリジナル映画ポスターが世界21か国から集結！　掲載枚数500枚、全288ページの圧倒的ボリューム。

完全限定生産1,000部。

本体3500円＋税　A4　288ページ（オールカラー）

---

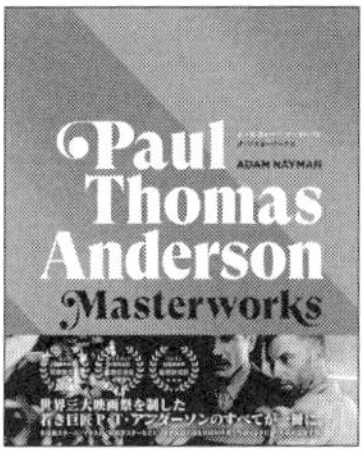


## ポール・トーマス・アンダーソン
### ザ・マスターワークス
アダム・ネイマン 著　ジョシュ＆ベニー・サフディ 序文　井原慶一郎 訳

世界三大映画祭を制した若き巨匠P・T・アンダーソンのすべてが一冊に。名場面スチール／描き下ろしイラスト／映画ポスターなど豊富なビジュアル300点＆PTAの共同制作者たちのインタビューも収めた豪華決定版。ロバート・アルトマン、マーティン・スコセッシなど、P・T・アンダーソンに影響を与えた過去作品との関係をひも解くコラムも収録。

本体4500円＋税　B5変型　288ページ

DU BOOKS

## 鷺巣詩郎 執筆録 其の1
およびﾞ、壮絶なる移動、仕事年表
鷺巣詩郎 著

日本を代表する作編曲家／劇伴音楽家、鷺巣詩郎による初の単著！
英→仏→日を行き来する音楽制作生活のエッセイで、筒美京平、写譜についてなど80年代のエピソードも満載。自身の音楽哲学やスタジオ録音、プロトゥールズについての記述のほか、『エヴァンゲリオン』シリーズの全セッション・データなども収録。ファンのみならず、音楽に携わる人必携の一冊です。

本体2500円＋税　A5　346ページ

---

## 映画の感傷
山崎まどか映画エッセイ集
山崎まどか 著

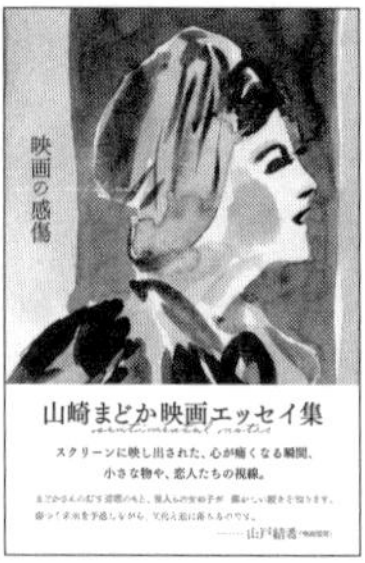


スクリーンに映し出された、心が痛くなる瞬間、小さな物や、恋人たちの視線。
山崎まどか待望の映画エッセイ集。2011年からの女子映画大賞もコンプリート！
「まどかさんの灯す道標のもと、幾人もの女の子が、輝かしい躓きを知ります。
傷つく未来を予感しながら、文化と恋に落ちるのです。」
――山戸結希(映画監督)

本体2200円＋税　四六　312ページ　上製

---

## デビュー作の風景
日本映画監督77人の青春
野村正昭 著　宮崎祐治 絵

デビュー作を知らずして、映画は語れない！
映画評論家・野村正昭による人気連載が、大幅に加筆され単行本化。戦前からゼロ年代の映画監督による処女作77本を紹介。マキノ雅弘『青い眼の人形』から上田慎一郎『カメラを止めるな！』まで、デビュー作と、それらをたどることで見えてくる、もうひとつの映画史とは。宮崎祐治氏による全監督の似顔絵付き！

本体2800円＋税　四六　496ページ

---

## いま見ているのが夢なら止めろ、止めて写真に撮れ。
小西康陽責任編集・大映映画スチール写真集
小西康陽 監修　山田宏一、山田参助 ほか

いま世界でいちばんヒップで美しい映画写真集ができた――小西康陽
大映作品の約二千作品・数万点に及ぶスチールのストックのなかから、魅力的なものを厳選。映画評論家の山田宏一氏、漫画家の山田参助氏、音楽家の遠藤倫子氏によるエッセイのほか、『炎上』や『ぼんち』などのスチール写真を撮影した西地正満氏、日本映画の黄金時代を支えた名優・杉田康氏へのインタビューも所収。

本体3000円＋税　B5変形（横長）　272ページ　上製（糸カガリ）